L'ENFANT QUI NE PARLAIT PAS

Torey Hayden

L'ENFANT QUI NE PARLAIT PAS

Document

PRESSES
DE LA CITÉ

Laurédit inc.

Titre original : *Ghost Girl*
Traduit par Agnès Marcadier

© 1991 by Torey Hayden
© Presses de la Cité 1992 pour la traduction française.
ISBN 2-258-03444-2

1

Deux cent quarante kilomètres me séparaient de Falls River et de là, il me restait trente-sept kilomètres pour atteindre Pecking. Des prairies s'étendaient à perte de vue, sillonnées par l'autoroute. Les villes se succédaient, et même si le terme de « ville » semble un peu excessif pour les décrire, elles portaient toutes des noms pleins d'espoir : Harmony, New Marseilles, Valhalla.

Je me donnai deux heures et demie pour faire le voyage, munie d'un sandwich aux crudités et d'une thermos de café. Sans les impondérables que peut réserver la météorologie du mois de janvier, je comptai arriver à Pecking vers huit heures.

Les routes furent désertes la plupart du temps et seul un ralentissement aux abords de Falls River vint troubler mon parcours à travers les plaines immaculées. Un vent assez violent faisait tournoyer la neige sur la route, effaçant instantanément mes traces de pneus. Un soleil voilé se leva dans un ciel blafard. En traversant une bourgade, je repérai un thermomètre qui affichait – 5°.

Originaire des montagnes du Montana où j'ai passé toute mon enfance, j'étais restée attachée aux grands espaces. Malgré le côté stimulant de la vie citadine, je demeurais oppressée par le manque de place, la saleté et surtout le bruit. Par conséquent, l'idée de commencer une vie nouvelle m'obsédait moins que cette sensation de liberté infinie. J'avais fui la ville et je me retrouvais au milieu de ces étendues silencieuses avec une impression de délivrance qui frisait l'extase. Et peu importe l'endroit où je me rendais.

Plus exactement, je n'osais pas trop y penser, car après trois ans passés comme directeur de recherche et thérapeute à la Sandry Clinic, j'avais tout planté là sur un coup de tête. En feuilletant le journal du dimanche juste avant Noël, j'avais repéré une annonce qui demandait un professeur-éducateur pour des enfants atteints de troubles du comportement. A cette offre parfaitement claire, je fis une réponse tout aussi claire, car à l'instant même je *voulus* ce poste.

Curieusement, à cette époque, je n'envisageais pas de changer de fonction. J'aimais mon travail et cela m'intéressait sur le plan professionnel. Le personnel de cette clinique privée située dans un cadre agréable se composait d'une équipe de sept psychiatres et de quelques psychologues spécialisés, dont je faisais partie. On m'avait choisie pour mes recherches et mon expérience dans le traitement d'enfants souffrant de troubles du langage pour des raisons psychologiques. Pendant des années je travaillai d'arrache-pied avec bien sûr des hauts et des bas, mais cela en valait la peine. Je me croyais alors sincèrement heureuse. Rien de tangible ne me permettait de penser que j'aurais un jour envie d'abandonner ce centre de soins plein de jouets, ces collègues sympathiques et ces recherches passionnantes, pour traîner en jean élimé dans une salle de classe poussiéreuse, moyennant un salaire dérisoire. Mais sans la moindre hésitation, j'avais répondu au chant des sirènes.

Comme toutes les autres communes que je venais de traverser, Pecking était plus ou moins en décrépitude. Les larges rues bordées d'arbres témoignaient d'une époque révolue qui précédait l'implantation du chemin de fer supplanté ensuite par l'autoroute. Aujourd'hui, il ne subsistait plus que le fantôme d'une petite ville américaine classique, avec l'éternelle affiche montrant une pin-up souriante vantant les vertus du Coca-Cola. Le centre-ville n'existait pratiquement plus, les magasins ayant pris leurs quartiers dans la galerie marchande de Falls River. Dans la grand-rue on trouvait encore une banque, un drugstore, quelques cafés, une agence immobilière et une pompe à essence. Au carrefour principal il y avait une boutique de cow-boys où l'on vendait des selles, des *boots* ainsi que des chapeaux. Tout le reste de Pecking s'était installé dans la périphérie sud pour essayer d'attirer les automobilistes qui empruntaient l'autoroute. On y avait construit quelques années plus tôt un centre commercial composé d'un supermarché, d'un drugstore et d'une aire de parking pouvant contenir toutes les voitures des environs à huit kilomètres à la ronde.

L'institut se situait à deux pas de la grand-rue. Fondé en

1898, c'était autrefois la grande école de la ville, ainsi que l'attestait la plaque en bois accrochée au-dessus de l'entrée, bien que le mot « Grande » eût été depuis longtemps effacé. J'ignore combien d'écoles Pecking avait pu compter à son heure de gloire, mais il ne restait plus que cette monstrueuse bâtisse en brique qui abritait les classes depuis le jardin d'enfants jusqu'à la terminale ainsi que le seul cours spécialisé de la région.

Tandis que je gravissais les marches du perron, une porte à deux battants s'ouvrit sur le directeur, Glen Tinbergen, qui m'accueillit d'une voix chaleureuse.

– Bonjour. Alors, ça y est? Vous êtes installée?

– Pas tout à fait, répondis-je en tapant des pieds pour ôter la neige qui collait à mes chaussures. J'arrive de la ville car je n'aurai les clefs de l'appartement que vendredi.

– Juste ciel! Vous avez fait tout ce trajet aux aurores?

Cet homme à la silhouette élancée avait un sourire avenant. Il portait un complet gris et pouvait avoir environ quarante-cinq ans, mais il est difficile de donner un âge à ce type de visage doux et lisse.

– Eh bien, j'espère que tout se passera comme vous le souhaitez et que vous vous plairez à Pecking. Nous sommes très heureux de vous avoir parmi nous.

Nous empruntâmes le couloir en devisant.

– Je vous présenterai à vos collègues pendant le déjeuner, parce que je présume que vous avez envie de voir votre classe. Elle n'attend plus que vous.

Mon nouveau domaine se trouvait au second étage, la dernière porte à gauche. Lors de mes entrevues à l'école, personne n'avait pris le temps de me faire visiter les locaux, trop impatients qu'ils étaient de pourvoir le poste vacant. De mon côté, j'habitais trop loin pour penser à autre chose qu'aux entretiens et à la recherche d'un appartement, que j'avais trouvé en un après-midi. Je m'attendais donc au pire, connaissant trop bien le penchant des directeurs pour installer les classes spécialisées dans les bibliothèques, les toilettes, ou tout autre lieu de fortune. Quelle ne fut pas ma surprise de découvrir une pièce spacieuse éclairée par de grandes fenêtres sur deux pans de mur, offrant une vue panoramique sur les vieux ormes enneigés de la cour de récréation. Devant l'aménagement conçu avec soin, mon cœur se remplit de gratitude pour mon prédécesseur. Je ne connaissais rien d'elle ni des motifs qui l'avaient amenée à démissionner de façon si subite avant les vacances de Noël, et je n'avais pas osé poser de questions puisque personne ne semblait vouloir m'en parler. Cependant, à en juger par l'ambiance chaleureuse qu'elle avait créée, cette femme m'aurait plu.

A côté, il y avait les vestiaires avec des patères accrochées aux murs et des bancs en dessous pour se déchausser. Le pupitre du professeur avait été relégué dans un coin et cette initiative m'impressionna. Je n'avais jamais su comment me servir de ce meuble où je m'asseyais rarement et la solution de le déménager tout en le gardant à portée de la main me séduisait. J'ouvris l'un des tiroirs pour ranger mon casse-croûte.

– Bien entendu, vous faites comme bon vous semble, me suggéra M. Tinbergen tandis que j'accrochais ma veste. Depuis le départ de Mme Harriman, nous n'avons rien bougé, pour ne pas traumatiser davantage les enfants. Dieu les bénisse. Le défilé des remplaçants pendant trois semaines les a beaucoup éprouvés, car ils se sont montrés sévères avec ces petits. Nous en avons eu combien? Huit ou neuf, je ne sais plus au juste, mais en tout cas beaucoup trop. Aussi ai-je préféré ne pas toucher au décor. Mais maintenant cette salle vous appartient. Vous avez carte blanche.

De retour dans la classe, le directeur rangea les chaises autour des petites tables afin de donner une impression d'ordre.

– Souhaitez-vous que je reste pour vous présenter à vos élèves?

Honnêtement, non. J'avais surtout envie de me retrouver seule pour parcourir à nouveau les dossiers des enfants, me familiariser avec les coins et recoins de la pièce afin de mieux m'imprégner de mon nouveau royaume. Cependant, par politesse, je répondis avec un sourire que j'apprécierais son aide.

J'avais une classe de quatre enfants et je n'avais jamais connu d'effectif aussi réduit, à part dans un hôpital psychiatrique. Ajouté à cela des locaux agréables, un directeur sympathique, une vie loin de la ville, et j'avais toutes les raisons de me féliciter pour cette décision impulsive qui se révélait une excellente initiative.

A neuf heures moins le quart, le premier élève arriva, poussé par sa mère. Reuben était un beau garçon de neuf ans, grand, brun et bien découplé. Sa coupe de cheveux aux enfants d'Édouard lui donnait un charme désuet, presque irréel. Il ressemblait à un comédien interprétant un rôle du répertoire classique. Ses grands yeux noirs furetaient partout, sauf dans ma direction.

Le diagnostic de son dossier faisait état d'autisme, et il me fallut peu de temps pour comprendre à quel point c'était juste. Pourtant, Reuben semblait bien se comporter dans les limites de son handicap. Il parlait, allait aux toilettes et accomplissait un certain nombre de tâches scolaires avec une aptitude remarquable.

Ses parents, qui exerçaient tous deux une profession libérale, n'ayant que lui comme enfant, l'avaient particulièrement gâté et avaient tout tenté pour combattre sa maladie. Ils l'avaient envoyé en Californie, en Pennsylvanie et en Caroline du Sud pour suivre des cours spécifiques. A la maison, il avait deux « nounous » à sa disposition qui veillaient à ce qu'il fasse bien ses devoirs et prenne ses vitamines. Il prenait également des leçons de natation et de piano, non seulement pour parfaire son éducation, mais aussi pour lui donner la possibilité de côtoyer des enfants normaux. En dépit de leur lieu de travail situé à Falls River, ses parents avaient délibérément choisi de faire construire leur villa sur un terrain de huit hectares à la sortie de Pecking dans l'espoir qu'un contact avec la nature et ses saisons plus marquées qu'à la ville se révélerait bénéfique pour leur fils. M. Tinbergen souligna également que M. et Mme Adams étaient à l'origine de la création de ce cours spécialisé. En effet, ils avaient usé de leur influence pour l'ouverture de ce cours quatre ans plus tôt afin que les enfants n'aient plus à prendre le bus jusqu'à Falls River. En filigrane, le directeur laissait entendre que nous devions tous marquer une pointe de respect pour les Adams, car sans leur action, rien de tout ceci n'aurait existé.

Après avoir installé Reuben à l'une des tables avec un jouet entre les mains, j'aperçus en me retournant un petit minois à travers la porte vitrée.

– Bonjour, lui dis-je. C'est ici ta classe?

La porte s'entrouvrit sur une fillette aux jambes minces comme des allumettes. Une coiffure qu'il conviendrait de situer à l'époque pré-Raphaélique accentuait ses traits tirés. Une raie au milieu séparait sa sombre tignasse frisée qui lui descendait dans le dos. Son style diaphane lui donnait un certain charme.

Je sus immédiatement qu'il s'agissait de Jade Ekdahl, parce qu'elle était la seule fille du groupe. Le fait qu'elle eût délibérément choisi de rester muette m'avait intriguée au cours de la lecture de son dossier. Apparemment, elle parlait chez elle mais à l'école elle n'avait jamais prononcé le moindre mot. En outre, elle ne riait, ne pleurait, ne toussait, ne rotait, ne hoquetait et ne reniflait pas davantage. A ce sujet, on racontait qu'elle laissait la morve couler de son nez. Pour lui donner une chance de surmonter ses difficultés, on lui avait fait redoubler le jardin d'enfants, mais son état était resté stationnaire. En cours préparatoire, elle semblait suivre sans problème mais demeurait désespérément renfermée sur elle-même. Ne parlant toujours pas à la fin de cette année-là, et âgée de presque huit ans, elle avait atterri dans cette classe.

Si le cas de Jade avait attiré mon attention, c'était parce que durant ces dix dernières années, entre la faculté et la Sandry Clinic, l'autisme électif avait constitué mon principal sujet de recherches. J'avais beaucoup travaillé avec des enfants souffrant de ce trouble, fascinée par ces êtres physiquement et intellectuellement capables de s'exprimer comme tout le monde mais qui s'y refusaient pour des raisons psychologiques. Il me paraissait étrange qu'au moment où j'avais pris la décision de tirer un trait final sur mes activités passées, je retrouve dans ma classe une petite fille atteinte de ce handicap.

Lorsque j'avais fait remarquer cette coïncidence à M. Tinbergen, il s'était contenté de me dire :

– Dieu vous a faite pour eux.

J'avais alors marmonné une réponse qui signifiait que je me sentais plutôt poursuivie par eux.

– Bonjour, Jade, dit le directeur. Entre, n'aie pas peur. Voici ton nouveau professeur et cette fois-ci, il n'y en aura pas d'autre.

Les yeux de la fillette se levèrent sur moi puis elle alla pendre son manteau dans le vestiaire. Sa façon de se tenir me frappa immédiatement car elle ne correspondait en rien à ce que j'avais déjà vu. Courbée presque à angle droit, elle croisait les bras comme si elle portait une pile de livres. Je me promis de m'informer sur les différents types de scoliose.

Les deux derniers élèves arrivèrent avec le bus et entrèrent ensemble dans la classe. Philip, âgé de six ans, était un petit Noir maigrichon avec un visage chevalin. Ses cheveux coupés à ras et ses deux canines apparentes accentuaient cette ressemblance. Né à Chicago d'une mère toxicomane, ce petit garçon avait eu des débuts difficiles. Enfant prématuré, lui-même drogué de naissance, sa croissance en avait été altérée durant sa première année de vie. Sa mère qui se sentait incapable de l'élever et ses séjours dans plusieurs familles nourricières avaient contribué à rendre son développement cahotique, voire inexistant. A tel point qu'à l'âge de trois ans, une fois confié définitivement à l'Assistance Publique, personne ne connaissait vraiment ses possibilités. A cinq ans, on le plaça chez un couple de la région qui avait déjà eu à s'occuper d'enfants réputés « difficiles » et qui avait obtenu d'excellents résultats. Sans l'ombre d'un doute, cette stabilité et cette chaleur toutes nouvelles lui firent le plus grand bien, mais l'amélioration de son état demeurait désespérément lente. Hormis des grognements et des gestes, il ne parvenait toujours pas à parler. Il urinait dans les toilettes, mais ne faisait ses gros besoins que s'il portait des couches, ce qui générait de terribles crises de constipation et des pantalons souvent souillés. En deux années de scolarisation, ses progrès étaient quasiment nuls. Un cours pour enfants à handicap mental léger lui aurait certainement mieux convenu, mais son comportement le rendait indésirable. Tenaillé par la peur, il se mettait à l'écart et refusait d'affronter toute situation nouvelle, puis, se trouvant frustré par cette attitude, il réagissait avec une violence désespérée.

Le dernier élève, Jeremiah, avait huit ans. D'origine sioux, il était l'aîné d'une famille de cinq enfants qui subsistait Dieu sait comment sur un terrain vague couvert d'épaves de voitures et de fourneaux rouillés. Jeremiah avait un tempérament bagarreur. Sa pugnacité poussée à l'extrême et son langage ordurier avaient incité les parents d'élèves de son école précédente à tout faire pour qu'il ne soit pas repris à la rentrée suivante. Voilà pourquoi il avait échoué ici, dans une ultime tentative pour lui éviter la maison de correction. J'éprouvais un amour irrationnel pour ces gamins des rues grossiers et violents qui ne savent pas comment s'intégrer. A l'instant où je le vis avec ses cheveux noirs plantés sur le dessus de la tête comme s'ils n'avaient jamais vu un peigne, et son air suffisant de jeune coq, je sus que j'avais affaire à l'un d'entre eux.

Tout le monde étant arrivé, M. Tinbergen annonça sur un ton enjoué :

– Eh bien, les enfants, vous connaissez la nouvelle? Voici le nouveau professeur, Mlle Torey Hayden, *votre* professeur. Car cette fois, il ne s'agit plus d'un remplaçant. Elle vous autorise à l'appeler par son prénom. Alors, disons tous bonjour à Torey.

Les quatre enfants me dévisagèrent sans dire un mot.

– Allons, souhaitons-lui la bienvenue. Reuben, tu veux bien dire bonjour?

– Bonjour, psalmodia-t-il d'une voix de fausset.

– Philip?

Celui-ci émit un grognement et se cacha le visage dans les bras.

– Jeremiah?

Il eut un bougonnement guère plus intelligible que celui de son camarade.

– Et Jade aussi. Dis bonjour à Torey.

Puis M. Tinbergen se tourna vers moi :

– Soyez la bienvenue dans notre école.

Je répondis par un sourire timide.

– Bien, je vous laisse car vous avez certainement hâte de vous mettre au travail.

Sur ces mots, le directeur sortit enfin.

Après avoir refermé la porte derrière lui, je me retournai sur ces quatre enfants qui constituaient ma classe.

– Eh bien, bonjour Philip, bonjour Reuben, bonjour Jeremiah, et bonjour Jade. Jade? C'est bien comme cela que tu t'appelles?

– Faut pas s'en occuper, expliqua Jeremiah, elle parle pas.

– Ça ne m'empêche pas de m'adresser à elle.

– Bon sang, gémit l'enfant en levant les yeux au ciel, vous n'allez pas nous empoisonner la vie comme les autres profs?

– C'est ce qui t'inquiète?

– C'est ce qui t'inquiète? répéta-t-il en m'imitant à la perfection. Non mais les gars, vous avez entendu cette vieille emmerdeuse.

« Me voilà à nouveau en piste », pensai-je avec un sourire.

2

Inutile de le nier, cette première matinée fut un enfer. Dès que je tournais le dos, Jeremiah sortait de la classe comme un bolide, mais sans jamais quitter le bâtiment. Ce qui me semblait pis que tout, car contrairement à moi, il connaissait bien les lieux et n'avait aucun mal à me semer. Si je l'ignorais, il courait dans les couloirs et tapait du poing dans toutes les portes. Au secrétariat, il a semé la pagaille dans le courrier interne. Puis il a dévidé tout le papier hygiénique et verrouillé les toilettes. Enfin, alors que j'essayais de le rattraper, il a réussi à s'enfermer dans la classe, me laissant dans le couloir. Et tout cela avant 11 h 30.

De son côté, Philip pleurnichait, recroquevillé sur sa chaise, mais dès que je m'approchais de lui, il esquissait un mouvement de recul. Si je lui demandais de chanter avec nous ou d'écouter une histoire, il se bouchait les oreilles des deux mains et se balançait sur son siège comme un fou, les yeux fermés.

Quant à Reuben, il courait autour de la salle en effleurant les murs du bout des doigts tout en poussant des petits cris. Il lui arrivait de s'arrêter brusquement, fasciné par un cordon de rideau ou par toute autre chose. Puis sans me laisser le temps d'intervenir, il redémarrait à toute allure. Deux fois il eut envie d'uriner et se soulagea dans la corbeille à papier à côté de la bibliothèque.

Et parmi tout ce remue-ménage, Jade agissait comme si elle se trouvait dans une classe parfaitement normale. Sans en avoir reçu l'ordre, elle avait sorti ses cahiers de mathématiques et de lecture. Ses devoirs terminés, elle les avait rendus pour correction. Puis elle s'était attaquée à un exercice d'orthographe qui traînait sur une étagère et l'avait replacé dans la corbeille située sur la table. Ensuite, elle écouta une cassette sur la chaîne stéréo avec le casque sur les oreilles. Il lui arrivait de jeter un coup d'œil dans ma direction tandis que je me débattais avec les garçons, mais la plupart du temps ma présence semblait la laisser parfaitement indifférente.

A mon grand soulagement, la cloche du déjeuner retentit. Jeremiah, que je venais juste de rattraper, disparut au bout du couloir en un éclair. Sur ses talons, je croisai le professeur de cours moyen qui rassemblait ses élèves. Avec un sourire chaleureux, elle me dit :

– Je le récupérerai en bas de l'escalier.

– Merci, répondis-je du fond du cœur.

Je devais avoir l'air épuisé, car elle ajouta d'une voix tout aussi cordiale :

– Voulez-vous que j'emmène vos petits avec les miens ? Je les conduis au réfectoire.

– Ce serait très gentil de votre part.

De retour dans la classe, je constatai avec étonnement l'absence de Jade. Je réapparus dans le couloir en compagnie de Philip et de Reuben. Après avoir expliqué à ma collègue que j'avais perdu une élève, celle-ci me rassura :

– Jade rentre déjeuner à la maison car elle habite juste en face.

Puis elle me tendit brusquement la main pour se présenter :

– Au fait, je m'appelle Lucy McLaren. Bienvenue à bord.

Harassée, je poussai un soupir :

– D'habitude, je m'en tire mieux, même les premiers jours. Mais pour l'instant, ils ont pris l'avantage, car ils sont sur leur territoire. Moi pas.

– Ne vous inquiétez pas, me dit-elle en riant. Vous vous en sortez bien mieux que la plupart des remplaçants. L'un d'eux a abandonné au bout d'une demi-heure.

De retour dans la classe déserte, je m'écroulai sur l'une des petites chaises dans l'idée de reprendre mon souffle avant ma première dans la salle des professeurs. Une expérience qui s'annonçait presque aussi éprouvante que la matinée avec mes nouveaux élèves. « Cinq minutes de répit, me dis-je, puis je descends déjeuner. »

J'étais sur le point de m'assoupir quand des bruits de pas saccadés résonnèrent dans le vestiaire, me tirant de ma torpeur.

Jade apparut :

– Que fais-tu ici ? Je te croyais partie déjeuner chez toi.

Comme elle se tenait cassée en deux, la fillette dut jeter la tête en arrière pour m'étudier de son œil perçant derrière ses paupières mi-closes.

Moi aussi je la dévisageai. Ses yeux bleus contrastaient étrangement avec des cheveux très sombres, presque noirs tout comme ses cils et ses sourcils. Avec ses vêtements dépenaillés et sa tignasse ébouriffée, elle n'était pas précisément belle, mais l'expression de son regard lui conférait une certaine beauté.

– Que veux-tu?

Pas de réaction, ni le moindre battement de paupières.

– Approche un peu, dis-je en tapotant la chaise à côté de la mienne.

Elle avança en clopinant, les yeux rivés sur moi, avec une expression indéfinissable.

– Sais-tu ce que je faisais avant de venir ici?

Silence.

– Je travaillais dans une clinique en ville avec des petits garçons et des petites filles qui, comme toi, avaient du mal à parler.

Jade scruta mon visage.

– C'est amusant de te retrouver ici. Ces enfants avaient le même problème que le tien et je devais les aider.

La fillette plissa les yeux.

– Tu savais qu'il existe des enfants qui, comme toi, ne parviennent pas à s'exprimer à l'école?

Au bout d'un moment, elle esquissa un signe de tête, très timide.

Je poursuivis, avec le sourire:

– Eh bien, il y en a. Pas beaucoup. Voilà pourquoi je considère comme une coïncidence de t'avoir dans ma classe. Mais moi, j'en ai souvent rencontré. Et je devais les aider à parler.

Jade ouvrit de grands yeux étonnés, et pour la première fois, son visage exprima quelque chose.

Pour mieux la voir, je dus me déboîter le cou comme une autruche.

– Tu ne me crois pas trop, n'est-ce pas? Tu pensais être toute seule dans ce cas et tu t'imaginais que personne ne connaissait ces problèmes?

Toujours pas de réponse.

– Ça fait peur, non, de se dire qu'on est la seule à ne pas pouvoir parler.

De nouveau un faible signe de tête.

De nouveau, un sourire de ma part:

– Nous avons de la chance toi et moi de travailler

ensemble. J'ai déjà aidé beaucoup d'enfants et maintenant je vais pouvoir t'aider.

Jade eut les larmes aux yeux, comme si elle allait éclater en sanglots. Mais elle se cramponna à son manteau déboutonné et prit la fuite en refermant soigneusement la porte derrière elle.

Après le déjeuner je sortis un chevalet et des gouaches. Dès son retour, Jeremiah se précipita sur les pots de peinture et entreprit de mélanger les couleurs. Je tentai de l'arrêter dans son élan. Lorsque Reuben arriva, Jeremiah avait commencé à peinturlurer les boîtes de goûter. Philip fut bouleversé de voir son Superman transformé en une tache boueuse. J'envoyai immédiatement Jeremiah au lavabo pour réparer les dégâts. Ces catastrophes en chaîne avaient le don de me porter sur les nerfs, et vers quatorze heures, je fis la connaissance du concierge, M. O'Banyon, muni de son seau et de son éponge. Mais, comparé aux événements de la matinée, il y avait un net progrès.

En toute logique, ce défilé de remplaçants pendant trois semaines avait rendu les enfants perturbés et perturbateurs. Je savais qu'il était difficile de reprendre une classe en cours d'année, et c'était en connaissance de cause que j'avais accepté ce poste. Jade, Philip et Jeremiah semblaient avoir changé de comportement. Reuben en était incapable. Rien de ce que j'entreprenais ne parvenait à capter son attention. Il passait le plus clair de son temps à courir autour de la classe. Puis, une fois persuadé qu'il valait mieux rester assis, il s'auto-stimulait en se balançant sur sa chaise et en tirant sur ses cils.

Philip fit un effort de participation dans le courant de l'après-midi. Séduit par la séance de peinture, il projetait de grandes taches de couleurs sur le papier.

– Pourquoi pas du rouge? lui dis-je pour l'encourager. De l'orange?

En guise de réponse, il grommela quelque chose d'incohérent.

– C'est pour les mômes, déclara Jeremiah. Merde, il n'y a même pas de dessin. Vous voulez que je vous montre comment on fait de la *vraie* peinture?

Il arracha le pinceau des mains de Philip et traça un grand trait noir sur les taches que son camarade venait de créer. Indigné, le garçon se mit à hurler.

– Jeremiah! m'écriai-je. C'est la peinture de Philip. Donne-moi tout de suite ce pinceau. Tu as déjà eu ton tour.

– Madame! Je voulais seulement aider ce petit con. Regardez, il ne sait même pas dessiner. Et *vous*, vous n'êtes même pas capable de lui montrer comment on s'y prend.

De frustration, Philip dansait sur place pour reprendre le pinceau. Mais son adversaire, plus grand et plus leste, le tint en respect tout en éclaboussant le sol de peinture noire.

– Rends ceci immédiatement, lui ordonnai-je.

– Tu veux que je t'apprenne à dessiner Mister T? proposa tout à coup Jeremiah. Ça devrait te plaire. C'est un nègre, comme toi, mais un grand con. Je te parie qu'un jour, toi aussi, tu deviendras un grand con.

Il passa son bras autour de l'épaule de Philip, comme s'il s'agissait de son copain. Celui-ci, touché par ce geste, prit son camarade par la taille.

– Cependant, poursuivit Jeremiah, il y a un truc que je n'ai jamais compris chez vous les négros. Je ne pige pas pourquoi vous avez la paume des mains plus claire que le reste. Comment ça se fait? Ce serait cent fois mieux si tu étais noir de la tête aux pieds.

Avec la rapidité de l'éclair, il entreprit de lui peindre la main jusqu'à sa manche de chemise.

Philip poussa des hurlements et j'envoyai Jeremiah au coin, sur un tabouret situé devant la porte du vestiaire, en lui expliquant qu'il n'en bougerait pas tant qu'il ne serait pas calmé.

Contrarié par cette entrave à sa liberté, Jeremiah bondit sur ses pieds en vociférant des jurons. Je dus user de ma force physique pour le maintenir en place. Au bout d'un quart d'heure, il daigna se tenir tranquille en murmurant dans un souffle :

– Vous me le paierez.

Jade errait comme un fantôme. Personne ne lui adressait la parole ou ne se souciait de sa présence. De son côté, la fillette avait la même attitude envers les autres, absorbée par ses occupations, comme si rien n'existait autour d'elle.

Elle réalisa un dessin élaboré représentant une maison blanche avec un toit bleu et des arbres en forme de sucettes. Devant la maison, il y avait une sorte de cloche avec deux jambes et des cheveux jaunes. J'en conclus qu'il s'agissait d'une personne. En haut, elle avait peint une bande de ciel bleu avec un soleil. Le tout tenait sur le tiers inférieur du papier, le reste était vide.

– J'aime ton dessin, lui dis-je en me reculant pour mieux voir. Tu as utilisé beaucoup de couleurs.

Puis en désignant la silhouette du doigt, je demandai :

– Qui est-ce?

– Un bonhomme ou une bonne femme! cria Jeremiah. Vous n'y pigez donc rien? On vous a déjà dit qu'elle ne parlait pas. Alors, n'enquiquinez pas le monde pour savoir ce qui ne va pas chez eux. Vous ne pouvez rien y faire. Ça vous plairait à vous qu'on vous casse les pieds parce que vous êtes bouchée? Et pourtant c'est pas votre faute!

– Merci pour ton opinion, mais je m'adresse à Jade.

A ce moment-là, la cloche retentit. Jeremiah ouvrit la porte, Philip sur ses talons. J'aurais dû me précipiter derrière eux, soit pour obliger Jeremiah à un départ plus correct, soit au minimum pour surveiller sa sortie. Mais je n'en fis rien et je me retrouvai seule avec Reuben et Jade. J'attendis un moment pour m'assurer que personne ne franchissait le seuil de la porte. Comme tout paraissait calme, je jetai un œil sur Reuben qui se balançait béatement dans son coin. Alors, je pointai le doigt en direction du dessin et je répétai ma question :

– Qui est cette personne?

Pas un mot.

– Qui est-ce?

Toujours rien.

Je savais qu'il me fallait agir vite pour éviter que ce silence ne se dresse comme une barrière entre nous. Mes recherches avaient abouti à une méthode simple et efficace pour traiter les symptômes les plus aigus du mutisme électif. Une personne inconnue de l'enfant doit se comporter comme si celui-ci allait parler, le plaçant ainsi au pied du mur. En ma qualité de nouveau professeur, j'étais la personne idéale, mais il ne fallait pas que le silence ait le temps de s'immiscer dans notre relation. Pour provoquer cette réaction, je devais rabâcher ma question sans me laisser décourager par ce mur inébranlable.

– Qui est sur ton dessin?

Le néant.

– Raconte-moi qui tu as dessiné?

Toujours rien.

– De quelle personne s'agit-il?

Pas un mot. La fillette se raidit et ses mains commencèrent à trembler.

– Qui est *cette personne*? demandai-je en prenant un ton péremptoire, mais dénué de colère.

Je désignai le dessin du bout de mon crayon. Alors, Jade finit par murmurer :

– Une fille.

– Comment?

– Une fille, répéta-t-elle un peu plus fort, d'une voix rauque.

– Je vois. Comment s'appelle-t-elle?

Le silence.

– Quel est son nom?

– Tashee.

Toujours ce murmure rauque.

– Tashee? Voilà un joli nom. C'est une amie à toi?

Jade approuva d'un signe de tête.

– Que fait Tashee ici?

– Elle est devant la maison de sa grand-mère.

– Alors, tu as dessiné la maison de sa grand-mère. Elle est jolie avec ce bleu et ce blanc. Surtout la porte. Tu l'as très bien réussie. Et quel âge a Tashee?

– Six ans.

– Comme toi, alors?

– Non, moi j'ai huit ans. J'avais sept ans avant mon anniversaire à Noël.

– Je vois. Vous jouez ensemble, Tashee et toi?

– Non.

– Tu l'as déjà accompagnée chez sa grand-mère?

– Non.

Le silence retomba tandis que Jade contemplait son dessin.

– Je ne connais pas sa grand-mère, mais elle m'en a parlé quelquefois.

– Oh!

Jade effleura la silhouette sur le papier, étalant la peinture jaune. Après avoir retiré son doigt, elle déclara tout en considérant son œuvre:

– J'aurais dû lui faire des cheveux noirs.

– Tashee n'est pas blonde?

L'enfant secoua la tête.

– Non. Elle avait les cheveux noirs et raides, comme ceux de Jeremiah. C'était peut-être une Indienne, mais je ne sais pas au juste.

– Je vois.

Puis avec un sourire, j'ajoutai:

– J'aime beaucoup ton dessin. Si tu veux nous pouvons le faire sécher au fond de la salle. Maintenant, je crois que nous devrions aller rejoindre les autres.

Jade reboucha les pots de peinture tandis que je me retournai sur Reuben. Recroquevillé sur les coussins dans la position du fœtus, il fermait les yeux et se caressait les tempes.

– Reuben? Viens. Nous partons.

3

– Je n'en reviens pas! Mince alors! Glen, tu entends ça? A peine débarquée, et voilà qu'au bout de six heures elle réussit à faire parler Jade Ekdahl! Tu as embauché Wonder Woman!

Terriblement gênée, je baissai la tête pour dissimuler mes joues cramoisies.

– Il s'agit d'une simple coïncidence, vraiment... Cela constituait l'objet de mes recherches...

Mon interlocutrice, âgée d'environ cinquante ans, s'appelait Alice Havers. De petite taille et bien habillée, elle enseignait au jardin d'enfants et Jade avait passé deux ans dans sa classe.

– Comment avez-vous fait? Livrez-nous votre secret. Que nous conseillez-vous maintenant?

Tous les professeurs rassemblés autour de moi me dévisageaient. Il ne manquait personne, depuis M. Tinbergen jusqu'à M. O'Banyon. J'eus un sourire penaud, le regard rivé sur le bout de mes doigts. Je leur expliquai qu'à mon avis il valait mieux agir comme si Jade avait toujours parlé et ne pas monter cet événement en épingle. L'expérience professionnelle m'avait appris que beaucoup de ces enfants avaient choisi de se taire après une première tentative. La crainte de refocaliser l'attention sur eux les bloquait, assimilant tout nouvel essai à un échec, comme s'ils perdaient la face. Il fallait alors beaucoup de travail pour leur donner le courage de recommencer. D'où la nécessité de minimiser la chose. Après tout, il ne fallait pas attacher de l'importance à la parole mais au message.

Voilà, j'avais terminé mon cours, et par la même occasion, je ne m'étais pas fait des amis. Je venais d'impressionner tous ces inconnus en passant à la fois pour Wonder Woman et pour un puits de science. C'était trop pour le premier jour et, dès que je le pus, je m'éclipsai dans ma classe.

Environ vingt minutes plus tard, Lucy McLaren apparut :

– Comment ça va ?

Je levai les yeux au ciel.

– J'ai agi comme une imbécile. Même si j'ai donné l'impression du contraire, je ne voulais pas me rendre intéressante avec le cas de la petite Jade. Mais mes collègues ne partagent sûrement pas cette opinion.

– A votre place, je ne m'inquiéterais pas, répondit la jeune femme en souriant. Alice est quelqu'un de bien et elle ne cherchait pas à vous mettre dans l'embarras. Simplement elle connaît bien Jade pour l'avoir eue deux ans dans sa classe.

– Seul un étranger, une entité inconnue pour l'enfant, peut déclencher une réaction. Tout le secret réside dans ce fait précis. Il ne faut pas trop dorloter ces petits. D'instinct, on a envie de les protéger et en général ils en profitent. Dans la plupart des cas, on s'aperçoit que le mutisme électif n'est rien d'autre qu'un chef-d'œuvre de manipulation.

Ma collègue s'assit en face de moi sur le bord de la table.

– Je veux bien vous croire. Pauvre June, je parle du professeur que vous remplacez. En fait elle et Jade avaient engagé un rapport de forces. Pourtant elle a tout tenté. Au début, elle l'a abordée en douceur, pensant que la fillette avait besoin de se sentir en confiance pour parler. Ce qui, bien sûr, ne s'est jamais produit. Alors June lui a expliqué la configuration des étoiles dans l'espoir de susciter chez elle des questions. Puis elle a demandé aux parents d'enregistrer sa voix pour lui prouver qu'elle était capable de parler. Ensuite June a employé la ruse, l'obligeant à courir de façon à ce que, à bout de souffle, elle émette un bruit. C'est alors que...

Lucy marqua un temps d'arrêt.

– Pauvre June, elle en avait par-dessus la tête et cet après-midi-là, elle décréta que Jade ne partirait pas sans dire au revoir. Seigneur, quel supplice ! La fillette resta assise, inerte, se contentant de se mettre les doigts dans le nez. La pauvre devenait folle à force de vouloir l'obliger à s'exprimer, mais elle échoua dans sa tentative. A dix-sept heures trente, elle capitula en libérant la petite.

Je hochai la tête.

– Il ne faut jamais établir de rapport de forces avec ces

enfants parce qu'ils ont beaucoup plus d'entraînement que nous. Voilà pourquoi l'intervention d'un inconnu peut se révéler efficace car les bases d'un rapport de forces n'existent pas encore. Alors, avec un peu de ruse et quelques talents d'acteur on peut leur faire croire que le jeu...

Mes paroles s'évanouirent et le silence tomba. Par la fenêtre, je regardai la cour de récréation couverte de neige.

Pendant ce temps, Lucy inspectait ses ongles tandis que je la détaillai à la dérobée. Plus jeune que moi, elle devait avoir moins de trente-cinq ans et s'habillait d'une façon terriblement classique pour notre génération. Dotée d'un certain piquant, elle portait les cheveux mi-longs et dissimulait sa beauté naturelle derrière un maquillage sophistiqué. Cependant la hauteur démesurée de ses talons m'incita à vérifier si je n'avais pas devant moi une naine porteuse de prothèses.

Puis je jetai un coup d'œil circulaire pour voir si tout était rangé.

– Pourquoi June a-t-elle quitté son poste en milieu d'année?

Il me paraissait étrange d'appeler une inconnue par son prénom.

Lucy me dévisagea en ouvrant de grands yeux.

– Ils ne vous ont rien dit?

– En fait, je n'ai pas osé poser la question. Je ne voulais pas paraître indiscrète.

– Zut! On ne vous a *vraiment* rien raconté?

– Non.

Ma compagne esquissa une grimace en m'étudiant, puis elle baissa les yeux:

– Elle s'est suicidée.

– Oh!

Il s'ensuivit un silence pesant. Que répondre à cela? Ne l'ayant pas connue personnellement, je m'en voulais car ma curiosité prenait soudain des allures morbides et je n'en étais pas très fière.

Je finis par demander:

– Quelle explication ont-ils donnée aux enfants?

– Nous ne pouvions leur cacher son décès, mais croyez-moi, ce fut une scène terrible. Cela se passait juste avant Noël et nous enchaînions fêtes, jeux et chants.

Puis après un nouveau rictus, elle ajouta:

– Cette nouvelle a démoralisé tout le monde.

– Je l'imagine.

– J'ignore si quelqu'un sait ce qui est arrivé au juste. June paraissait bien. Elle travaillait ici depuis deux ans et tout le monde la connaissait. Je l'ai toujours considérée comme une amie même si elle était un peu plus âgée et... Je veux dire que nous n'avions pas les mêmes rapports que ceux que vous pouvez entretenir avec des personnes de votre âge, mais...

Lucy reprit son souffle :

– Quelque part au fond de moi, je savais que les choses n'allaient pas fort car elle avait passé une année éprouvante. D'ailleurs, elle nous en avait parlé plusieurs fois. Mais il nous arrive à tous de dire ce genre de choses. J'étais triste pour elle. Depuis son divorce quelques années plus tôt, elle ne voyait plus beaucoup ses enfants qui l'avaient quittée pour aller à l'université. Il lui arrivait de s'en plaindre et j'essayais de l'aider en l'écoutant, même si je pensais que... enfin vous voyez ce que je veux dire. Tout le monde se lamente sur son sort, n'est-ce pas? Je n'aurais jamais imaginé que...

Après un court silence, elle poursuivit :

– J'ignore pourquoi, mais lorsque quelque chose dans ce genre se produit, vous passez un temps fou à ruminer. Ce drame m'a forcée à évoluer et à affronter certaines réalités que je préférais ignorer jusqu'ici.

– Merci de m'en avoir parlé. J'aurais pu gaffer.

– Comme ils n'ont trouvé aucun remplaçant dans la région, ils ont passé une annonce dans la presse. Mais vous devinez l'état d'esprit qui règne dans une petite ville comme celle-ci, et...

– Oui, je sais.

Lucy me regarda droit dans les yeux.

– Si les enfants s'énervent un peu, ne vous inquiétez pas, d'accord? Nous pouvons tout comprendre. Vous êtes dans une bonne école, même si les professeurs ont agi comme des vieilles barbes tout à l'heure.

Elle reprit dans un éclat de rire :

– Croyez-moi, en vous croisant la première fois, j'ai constaté avec joie que vous aviez moins de cinquante ans. Mais peu importe. Tout le monde ici a bon cœur Si les choses tournent mal, on se serre les coudes. Il suffit de nous en parler, d'accord?

Je répondis avec un sourire :

– D'accord.

Ce soir-là, le travail me poursuivit jusqu'à ma chambre d'hotel de Falls River. Beaucoup plus affectée par le suicide de June Harriman que je voulais bien l'admettre, je n'arrêtais pas de songer à ce qu'elle avait dû ressentir face à ces enfants. Ce matin, je n'avais pensé qu'à la chance d'avoir trouvé ce poste. L'effectif réduit, la salle si bien agencée, l'abondance de fournitures, le directeur chaleureux et mes collègues accueillants, tout ceci avait contribué à me donner de l'enseignement une image idyllique, comme jamais encore dans toute ma carrière. Et tout à coup, une ombre planait sur cette image d'Épinal.

Comprenant mieux la crise que venaient de traverser ces enfants, je pris la décision de définir des règles et une routine bien à moi. Normalement, j'aime la spontanéité dans ma vie et une certaine anarchie dans le déroulement des événements. Cependant, dans le cas présent, je ne pouvais pas accorder la moindre place à l'imprévisible.

Il me paraissait indispensable de mettre mon empreinte sur cette classe. Au départ, je n'avais voulu toucher à rien jusqu'à ce que nous nous adaptions les uns aux autres. Mais, tout compte fait, je jugeai préférable de chambouler les meubles sur-le-champ pour donner l'impression d'un nouveau départ. Alors, le mardi soir, je changeai les étagères de place, mis les tables de façon à n'en former qu'une très grande et déplaçai le tableau d'affichage. J'installai d'énormes poufs et un bout de moquette rouge afin de créer un espace réservé aux conversations matinales et à la lecture. Les rayonnages et les armoires divisèrent la pièce en plusieurs ateliers : dessin, construction et Lego, sciences naturelles, déguisement et arts ménagers. Puis avant de rentrer à Falls River, j'achetai un lapin aux oreilles tombantes, trois pinsons verts, et un couple de hamsters.

Inutile de dire que les semaines qui suivirent prirent l'allure d'un véritable pari. Je me montrai intraitable sur ce que j'attendais, arrêtant tout le monde dans son élan, et particulièrement Jeremiah, à chaque fois qu'une règle était transgressée. En contrepartie, je m'évertuai à trouver de nombreuses distractions, comme le chant, le dessin, la cuisine et la construction de maquettes de bateaux ou d'abris pour oiseaux. Tous les matins, j'emmenais les enfants en promenade en dehors des heures de récréation. Sous le prétexte d'étudier les changements de saisons, le temps, ou toute autre chose. Mais cela donnait surtout la possibilité de décompresser et de se défouler en criant un peu sans déranger les autres classes. Cette sortie offrait également la perspective d'une bonne partie de rire pour inciter les plus turbulents à rester sages en classe. Bien sûr, il fallait s'attendre à de mauvaises surprises lorsque la météo nous obligerait à consacrer le plus clair de nos journées à des activités d'intérieur. Cependant, je n'avais pas l'impression de perdre notre temps ou notre énergie. Le besoin de former un groupe homogène, de nous créer une mémoire collective dont je devais faire partie pour oublier June Harriman, de ressusciter cette année scolaire de ses cendres, tout ceci me paraissait plus vital que de suivre un programme déterminé. Par chance, je bénéficiai du soutien du directeur.

— Comment allez-vous?

Je ne connaissais pas la femme plantureuse qui se tenait dans l'encadrement de la porte. Elle avait une forte poitrine et de larges hanches avec une taille de guêpe. L'ensemble paraissait d'autant plus disproportionné qu'elle ne devait pas mesurer plus d'un mètre cinquante. Une écharpe rouge retenait ses cheveux sombres en queue de cheval. On aurait dit une chanteuse de music-hall.

Je répondis avec un sourire hésitant.

— Très bien, merci.

— Glen m'a appris que vous vous étiez vite adaptée. Il dit que vous avez maté Jeremiah. Et que vous avez réussi à faire parler Jade.

Puis elle s'assit sur une chaise pour enfant.

Mal à l'aise, je me demandai si je devais lui préciser que je n'avais pas l'honneur de la connaître. Ou bien avais-je oublié son visage? Son physique ne m'était pas inconnu et je me torturai l'esprit afin de me rappeler les personnes qui avaient participé à mon entretien d'embauche.

Paraissant comprendre mon dilemme, la jeune femme m'adressa un large sourire.

— Je vous demande pardon. Je m'appelle Arkie Peterson et je suis la psychologue de l'école.

Je reconnus immédiatement son nom puisqu'il figuráit dans chaque dossier de mes élèves sous forme de signature.

— Alors, j'aimerais bien que vous me racontiez tout ça, ajouta-t-elle sur un ton vif. Surtout pour la petite Jade. Glen vous a-t-il expliqué que j'avais déjà fait plusieurs tentatives? Cela a duré presque deux ans. Je venais tous les jeudis pour essayer d'obliger cette enfant à parler. Voilà pourquoi j'aimerais bien savoir comment vous avez fait.

Une sympathie se créa immédiatement entre nous, un peu comme si je retrouvais une amie de longue date. Sans nous en rendre compte, nous passâmes plus d'une heure à parler de psychologie, d'éducation et d'enfants atteints de troubles mentaux.

Arkie avait appliqué les méthodes traditionnelles pour Jade qu'elle avait rencontrée à l'âge de cinq ans, moment où l'on avait décelé son handicap à la garderie.

– J'avais envie de gagner sa confiance, m'expliqua-t-elle. Lorsque je vis ce petit bout de chou pour la première fois, elle paraissait terrorisée et perdue sous sa tignasse. A l'infirmerie qui me sert de bureau, je lui ai dit : « Chérie, nous allons devenir des amies et nous viendrons ici pour nous amuser. Peu importe si tu n'arrives pas à parler tout de suite, parce que nous serons des amies. » J'avais imaginé qu'une fois en sécurité avec moi elle se mettrait à parler et je croyais qu'elle le *voulait*. Mais j'avais tort. Nous avons passé tous nos jeudis à ces jeux stupides, jusqu'à ce qu'il me prenne l'envie de l'assommer.

A partir de là, leurs relations s'étaient détériorées pour ressembler au rapport de forces qui avait existé avec June. En fait, Jade avait atterri dans ce cours spécialisé sur l'initiative d'Arkie.

– Je ne sais toujours pas si j'ai bien fait, me confia-t-elle, parce que cette enfant a toujours obtenu de bons résultats scolaires. Elle est intelligente et son QI se situe entre 112 et 116. Sans ce mutisme, serait-elle aujourd'hui dans cette classe?

J'eus un léger haussement d'épaules.

– Voilà une question difficile. Jade mérite qu'on se penche sur son cas comme la plupart des enfants comme elle, mais les adultes ne s'occupent pas d'eux parce que leur handicap ne les gêne pas trop. Cependant, toute forme de mutisme volontaire qui dure des mois ou des années prouve un besoin aigu d'autorité. Reste à déterminer laquelle. Vous avez une idée?

– Pas vraiment.

– A quoi ressemble sa famille?

– On ne peut plus normale. Un père, une mère et deux sœurs cadettes. Le schéma traditionnel. Maman reste à la maison avec les enfants et Papa travaille dans le matériel agricole. D'un point de vue socio-économique, ils se situent dans une tranche de revenus modestes, mais ils ne sont pas pauvres.

– Et sur le plan psychologique?

Arkie se tut tout en regardant ses mains.

– La mère ne me paraît pas très intelligente et d'un tempérament plutôt docile. Elle ne vous contredit jamais. Le père paraît plus rusé. Fanatique de la nourriture écologique, il a piqué une crise parce qu'un jour la cantine avait servi du porc avec des haricots. Selon lui, le problème de Jade tient au fait qu'elle mange trop sucré et pas assez diététique.

– Je n'avais encore jamais entendu parler du mutisme électif comme d'une allergie.

– Oui, un peu simpliste. Mais au fond, les deux ont une nature facile. J'ai connu des parents beaucoup plus compliqués.

– Quelqu'un a-t-il cherché à comprendre pourquoi cette fillette se tient courbée en deux? dis-je en changeant de sujet. Souffre-t-elle de scoliose?

– Non, répondit Arkie sans hésiter. A mon avis, il faut attribuer cette attitude à des problèmes émotifs. Le pédiatre et l'infirmière de l'école l'ont examinée, mais personne n'a trouvé d'explication logique. Je crois surtout que nous avons affaire à une enfant repliée sur elle-même dans tous les sens du terme.

La plupart du temps, Jade marchait cassée en deux, les bras croisés et les mains ballantes, sauf pour porter quelque chose. Cette position la forçait à pencher la tête de côté pour mieux voir, ce qui expliquait sa façon de regarder par en dessous et ses yeux dissimulés par ses cheveux. Cette manière de se tenir affectait sa démarche et la faisait clopiner légèrement.

Cette attitude me laissait perplexe. Au cours de mes recherches j'avais souvent croisé des enfants avec les membres collés au corps et renfermés sur eux-mêmes, mais aucun n'avait ressemblé à Jade. Arkie avait beau affirmer qu'on l'avait examinée correctement et que la nature de son problème relevait de la psychologie, je demeurai sceptique tout simplement parce que cette fillette semblait difforme.

Un matin, peu après cette conversation, je l'observai en train de travailler.

– Jade? Viens ici, s'il te plaît.

L'enfant avança clopin-clopant.

Je la fis pivoter pour qu'elle me tourne le dos et je lui demandai de toucher ses chevilles. Elle s'exécuta avec précaution. Après avoir soulevé son chemisier, j'étudiai le haut de son dos pour m'assurer qu'il n'y avait pas la moindre trace de scoliose. Puis je lui ordonnai de se redresser et de me regarder. Elle dut pencher la tête de côté pour mieux me voir.

Très doucement, je passai une main sur ses clavicules et l'autre sur son dos.

– Essaie de te redresser un peu.

Je tentai de la forcer d'une légère pression.

Je manquai d'assurance et cette incertitude dut se ressentir dans mes mains, car très vite je rencontrai une résistance. Je n'osai pousser plus loin l'expérience de peur de causer de plus amples dégâts.

– Tu peux détendre ces muscles? lui demandai-je en effleurant le bas de son dos.

Puis je massai du bout des doigts sa colonne vertébrale qui ressemblait à de la pierre. Plus je la touchais, et plus elle se contractait. Finalement, j'abandonnai.

– Tu as mal quand j'appuie ici?

– Je ne veux pas.

– Mais tu souffres.

– Non.

– Dans ce cas, montre-moi que tu sais te tenir droite.

Jade secoua la tête.

– Si je ne te touche plus, peux-tu te redresser?

– Non.

– Pourquoi? Ça te fait mal?

– Non.

– Alors pourquoi?

– Parce que j'ai besoin de me pencher en avant.

– Comment cela?

– Parce qu'il le faut.

– Mais *pourquoi*?

– Pour garder ce qu'il y a en moi.

4

La semaine suivante, je pris rendez-vous avec les parents de Jade. Comme ils habitaient près de l'école, je leur proposai de me rendre chez eux. Offre acceptée d'autant plus volontiers que leur dernière fille n'avait que quelques mois.

Leur petite maison, construite pendant l'entre-deux-guerres, tombait en ruine : peinture écaillée aux fenêtres, moustiquaire trouée à la porte d'entrée, jardin en friche, tricycle cabossé dans la boue. Mais lorsque M. Ekdahl m'accueillit, il me conduisit dans une pièce propre et bien rangée.

Les parents formaient un couple quelconque. La mère était petite et fade avec des cheveux châtains et des mains gercées. Visiblement elle avait fait l'effort de se maquiller et de se coiffer, mais le résultat accusait ses traits et la vieillissait. Pourtant elle devait avoir environ mon âge. Le père avait le teint pâle d'un Scandinave. Maigre comme un ascète, il avait l'air éreinté et ressemblait aux champs dévastés par les vents.

Il y avait également Ambre, la sœur de Jade, âgée de cinq ans, qui me considérait avec circonspection, sa poupée dans les bras. A ma grande surprise, je me retrouvai face à l'un de ces phénomènes où la beauté des enfants contraste étrangement avec le physique ordinaire des parents. La petite fille se différenciait beaucoup de son aînée. Ses cheveux blonds et moins frisés lui donnaient un air plus froissé que négligé. Ses yeux bleu-gris n'avaient pas la même pureté que ceux de Jade mais ses longs cils noirs donnaient à son regard la même sensualité juvénile. Jade resta invisible. Je reconnus sa démarche traînante dans la pièce voisine et Mme Ekdahl m'expliqua qu'elle s'occupait du bébé.

Visiblement mal à l'aise, les parents m'invitèrent à m'asseoir et m'offrirent une tasse de café. Puis, sans un mot, ils se contentèrent de me regarder, installés sur un canapé en skaï marron recouvert d'un plaid au crochet représentant un cheval. Dans l'espoir de rompre la glace, je leur parlai de mes expériences passées en leur expliquant que j'avais soigné des enfants comme leur fille. Je leur soulignai ma joie d'avoir Jade comme élève et j'insistai sur sa gentillesse, sa participation en classe et ses bons résultats.

Dix minutes suffirent pour me convaincre qu'une grande partie du problème de la fillette venait de sa famille. Malgré mes efforts pour engager la conversation, je parlais toute seule puisque personne ne relevait mes propos. La mère, le père et la sœur restaient prostrés et muets, sans esquisser le moindre signe de tête. Je résolus de me taire à mon tour, et pendant plusieurs minutes, il ne se passa rien.

– Vous pouvez incliner le fauteuil, déclara tout à coup Mme Ekdahl.

– Je vous demande pardon?

– Le fauteuil sur lequel vous êtes assise a plusieurs positions. Si vous voulez vous mettre à l'aise, vous pouvez changer l'inclinaison du dossier. C'est très bien conçu.

– Oh! Merci. Mais je suis très bien ainsi.

– Vous voulez une autre tasse de café?

– Non, merci. Tout va bien.

– N'hésitez pas. Notre cafetière fait dix tasses et comme nous venons de l'entamer, il en reste encore.

Tout ceci avait un côté pathétique qui me donnait une sensation de malaise, au point de me sentir presque importune.

– C'est parfait. Merci. J'aimerais vous parler de... Jade.

Ils me dévisagèrent.

– Que pensez-vous de ses difficultés d'élocution en classe?

– Rien, me répondit la mère d'une voix douce.

– Rien?

– Pour nous, ce n'est pas un problème. A la maison, elle se conduit normalement et il nous arrive même de ne pas savoir comment la faire taire.

– Oh! Expliquez-moi.

– Elle joue les idiotes, intervint le père.

– Comment cela?

Il haussa les épaules.

– Les idiotes, tout simplement. Elle court et saute dans tous les sens avec Ambre.

Il sourit à la fillette qui baissa la tête.

– Et elle parle?

– Oui, sans arrêt. Elle crie et raconte des bêtises.

– Comment réagissez-vous?

– Je lui demande de se calmer et de ne pas sauter sur le canapé car elle va le trouer. Tenez, elle a déjà fait des dégâts ici, vous voyez?

Il désigna un endroit rapiécé avec ce qui ressemblait à un épais ruban adhésif.

– Nous lui défendons d'employer des gros mots, précisa Mme Ekdahl. Cela lui arrive parfois en présence d'Ambre.

Ce que j'entendais me paraissait inconcevable vu le comportement de Jade à l'école.

– Elle doit entendre les grands à la récréation et elle répète ce qu'ils disent pour nous mettre en colère parce qu'elle sait que nous ne tolérons pas ce genre de langage à la maison.

– Est-ce qu'elle s'arrête quand vous le lui ordonnez?

– Pas toujours, répondit le père.

– Que faites-vous alors? Vous lui donnez la fessée?

– Non! répondit-il avec indignation. Les parents ne doivent pas frapper leurs enfants. Nous les punissons. La plupart du temps, je l'envoie dehors pour qu'elle puisse hurler à sa guise.

– Je vois.

Le silence retomba et je les contemplai assis devant moi en train de fixer le bout de leurs doigts.

– Selon vous, le problème de Jade n'est pas très grave.

Mme Ekdahl me regarda droit dans les yeux.

– De la timidité, rien d'autre. Jade ne s'entend pas bien avec les étrangers. Elle a toujours agi ainsi, comme sa sœur d'ailleurs. C'est de famille.

– Autre chose... Que pensez-vous de sa façon de marcher?

– Elle n'y peut rien, m'expliqua la mère. Elle est née comme ça. J'ai eu un accouchement très pénible, elle était mal positionnée et est restée coincée en moi.

Elle désigna son ventre.

– Après sa naissance, on m'a fait quarante-deux points de suture. Les médecins m'ont prévenue qu'elle pourrait avoir quelques problèmes parce qu'elle avait manqué d'oxygène pendant un certain temps.

– Oh! Je n'y avais pas pensé. Personne ne m'a jamais parlé de traumatisme de naissance.

– Voilà pourquoi nous devons nous montrer patients avec Jade, reprit Mme Ekdhal. Sa petite taille et sa timidité ne signifient pas pour autant qu'elle est anormale. Elle travaille bien et rapporte toujours de bonnes notes. Le temps fera le reste.

Je rentrai chez moi troublée. Ces nouvelles théories embrouillaient mes conclusions précédentes. Maintenant Jade parlait, puisqu'elle avait réagi à la méthode que j'avais mise au point pour traiter le mutisme électif. Ce qui confirmait l'existence d'un problème psychologique. Si ce traumatisme de naissance avait paru d'une importance quelconque, son dossier en ferait état. D'un autre côté, elle ne s'exprimait jamais de façon spontanée, mais seulement quand on lui adressait la parole. De plus, il ne fallait pas oublier sa façon de se tenir cassée en deux. Dieu sait si des renseignements ne figurant pas aux dossiers m'avaient par le passé joué bien des tours. En réfléchissant bien, il me paraissait raisonnable de ne pas exclure l'hypothèse de l'aphasie.

Au début du mois de mars, nous eûmes deux jours de congé. J'en profitai pour retourner voir mes anciens confrères à la clinique. Bien sûr, je voulais prendre de leurs nouvelles et connaître l'évolution des enfants dont j'avais eu la charge. Cependant, ma visite avait un autre but. Je voulais emprunter le magnétoscope.

Depuis longtemps j'utilisais ce genre de matériel en cours. Au début de ma carrière dans les années soixante-dix, j'avais eu la chance d'enseigner dans une école munie d'un équipement vidéo, fait rare à l'époque. Et comme la plupart de mes collègues ne savaient pas s'en servir, je me l'étais petit à petit approprié. Pour moi ces enregistrements constituaient une aide inestimable. En effet, j'étais tellement absorbée dans mes cours qu'il m'arrivait de passer à côté de certains indices capitaux pour comprendre le comportement de mes élèves. Alors, en fin de journée, je visionnais les cassettes pour étudier à la fois les enfants et mon attitude, chose impossible autrefois.

A Pecking, nous n'avions rien de ce genre. Avec sa gentillesse coutumière, M. Tinbergen m'expliqua que malgré leur désir les finances de l'école ne leur permettaient pas une telle dépense. Alors je rendis visite à mon ancien directeur, M. Rosenthal, dans l'espoir de le convaincre de me prêter son matériel pendant quelques semaines. Je repartis avec un vieux magnétoscope et une caméra qui s'entrechoquaient sur la banquette arrière de ma voiture.

– Je sais ce que c'est, déclara Jade en pénétrant dans la classe le lundi matin.
– Vraiment?
Cette nouvelle me surprit car ce genre d'équipement n'était pas encore très courant.
– Oui. Ça fait des films que l'on regarde à la télé.
En claudiquant, elle s'approcha de l'appareil.
– Vous allez nous faire passer à la télé?
– Juste sur ce petit écran qui s'appelle un moniteur.
– Vous les montrerez à papa et maman?
– Non. C'est seulement pour nous. Une fois tes camarades arrivés, nous l'allumerons et tout le monde pourra se voir. Qui sait, à la fin de la semaine on pourrait jouer une petite pièce de théâtre et l'enregistrer. Ça ne te plairait pas? On trouvera bien une idée dans le manuel de lectures.
– C'est pour nous que vous l'avez apporté?
– Disons, plutôt pour moi. Ainsi, je peux mieux me voir pendant les cours.
– Pour quoi faire?
– Une fois l'appareil en marche, je n'y prête plus attention. En passant la cassette dans la soirée, je peux étudier soigneusement tout le monde et juger de ce qu'il convient de modifier chez moi pour mieux vous aider et devenir un meilleur professeur.
– Rien que pour vous? Vous regarderez toute seule et personne d'autre que vous ne le verra?
– Rien que moi.
Jade regarda dans l'objectif de la caméra puis passa derrière.
– On l'allume ici, n'est-ce pas?
– Oui.
– Et on appuie sur ce bouton pour l'arrêter.
Elle se pencha sur l'appareil pour déchiffrer:
– En-registrer.
– Tu presses là si tu veux voir l'image.
– Oui, je comprends.
Je regardai la fillette:
– Tu as déjà vu ce genre d'appareil?
Elle approuva d'un signe de tête.
– Bobby Ewing en a un.
– C'est un de tes amis?

– Oui, lui et J.R. Quand ils viennent, ils nous font passer à la télé.

– J.R.?

Déroutée, je scrutai son visage en espérant y trouver une explication.

– Tu veux parler de J.R. et de Bobby Ewing qui passent dans le feuilleton « Dallas »?

– Non, ils ne passent pas à la télé, ils nous font passer à la télé. Ainsi plus tard, on devient une vedette de cinéma et on gagne beaucoup d'argent.

Perplexe, je ne répondis rien, mais je notai cette conversation dans un coin de ma mémoire. Je venais d'avoir ma première discussion spontanée avec Jade, laquelle d'ailleurs n'avait pour moi ni queue ni tête. Ceci ajoutait du crédit à la théorie de l'aphasie.

La caméra installée sur le rebord de la fenêtre, j'enregistrai la classe une bonne partie de la matinée, prenant ainsi un bon échantillon de nos différentes activités, comme la lecture et le dessin. J'arrêtai l'appareil avant de partir déjeuner avec l'intention de poursuivre l'enregistrement dans l'après-midi. Cependant, à mon retour, je m'aperçus que je n'avais plus de cassette. Tant pis. Je visionnerais ce que j'avais et enregistrerais les activités de l'après-midi un autre jour.

Ce n'est que le lendemain soir que je parvins à revoir mes deux heures de film. Je branchai le moniteur et m'assis sur une petite chaise, le menton dans les mains.

La dernière partie de l'enregistrement était consacrée à Jeremiah et moi, juste avant la pause repas de la veille. J'étais en train de l'aider dans sa lecture, ou du moins j'essayais. Il avait un niveau si bas dans la plupart des matières qu'il dissimulait ses difficultés derrière un mur de remarques insolentes.

Je me penchai en avant pour mieux voir et entendre le son de ma voix, décelant dans mes intonations une pointe d'exaspération. N'étais-je pas inconsciemment en train de le provoquer ou d'encourager sa rébellion? J'observai le garçon avachi sur la table, qui refusait de travailler. Alors, je m'entendis lui expliquer qu'à son air fâché il n'avait manifestement pas envie de prendre son classeur. Puis je lui expliquai que parfois la peur de se tromper empêche certaines personnes d'entreprendre quelque chose et que cette situation peut engendrer de la colère, car la colère rassure et conjure la peur.

36

En scrutant de plus près ces images et en écoutant mes commentaires, j'eus un mouvement de recul. J'avais sans doute choisi le moment approprié pour établir le lien entre la rébellion permanente de Jeremiah et la peur qui la masquait, mais la façon dont je l'avais exprimé... On aurait dit que je savais, alors que personne ne peut réellement *savoir*.

Au son de la cloche, Jeremiah sortit de l'écran, puis je surgis pour éteindre l'appareil. Ensuite plus rien.

Je n'avais pas fait deux pas pour rallumer la lumière qu'une image réapparut sur l'écran, floue et granuleuse en raison du manque d'éclairage. Pensant que la scène avait été tournée à la clinique, j'essayai d'identifier les lieux. Mais j'eus un choc en reconnaissant *notre* salle de classe, prise sous un angle légèrement différent, comme si on avait déplacé la caméra. L'appareil avait dû continuer à fonctionner après l'extinction des spots. Mais comment? Quand? Je me souvenais parfaitement l'avoir éteint avant le déjeuner. Et ma silhouette sur la dernière image en témoignait.

– OOOoooo.

Parmi des bruits de pas et de chaises, une petite voix off résonna :

– OOOooo.

Troublée et mal à l'aise, je me rassis pour essayer de comprendre.

– OOOoooo-oo-ooooo.

Jade se matérialisa à quelques centimètres de la caméra tout en continuant à psalmodier d'une voix aiguë.

– OOoooooo.

Elle se balançait devant l'objectif, d'abord si près que seule sa bouche occupait tout l'écran, puis si loin qu'elle disparut presque totalement. Sa plainte dura deux à trois minutes.

Puis elle se tut et scruta l'appareil quelques secondes. Ensuite, avec deux crayons, elle se retroussa les lèvres pour se faire une grosse bouche tout en émettant un son en direction de la caméra.

Stupéfaite par cette scène étrange, je restai clouée sur ma chaise. On la voyait à peine et sa voix semblait presque irréelle. En s'éloignant de l'objectif, sa tignasse sombre arrivait à se fondre dans le noir, et seul son visage pâle se détachait. Jade s'immobilisa et resta un moment silencieuse. Puis elle s'approcha une nouvelle fois pour chuchoter quelque chose d'incompréhensible mais elle se tenait trop loin du micro et parlait d'une voix trop faible. Alors elle s'avança :

– Aide-moi, disait-elle dans un souffle. Aide-moi, aide-moi, aide-moi, aide-moi, aide-moi...

Elle se retrouva si près qu'on ne voyait plus que sa bouche sur l'écran, qui prononçait inlassablement les mêmes mots.

– Aide-moi, aide-moi, aide-moi, aide-moi, aide-moi, aide-moi...

Puis l'image se brouilla.

Au moment où la neige apparut sur l'écran et qu'un bourdonnement résonna dans mes oreilles, je réalisai que pendant toute la durée de cet épisode déconcertant, Jade se tenait droite.

5

Je passai et repassai cet extrait une douzaine de fois pour essayer d'en saisir le sens. De toute évidence, Jade avait dû se faufiler dans la classe pendant que je déjeunais, ce qui explique pourquoi les lumières n'étaient pas allumées. Et aussi pourquoi, à mon retour, je n'avais plus de cassette pour enregistrer les cours de l'après-midi. A ce moment-là, je n'avais pas fait le rapprochement.

Mais que signifiait tout ceci? Avait-elle voulu m'adresser un message en direct? Ou bien avait-elle simplement joué avec le magnétoscope sans penser que quelqu'un pourrait la voir? Et sa position courbée en deux alors que, sur l'écran, elle se tenait tout à fait normalement? Avait-elle voulu me démontrer qu'elle pouvait se redresser ou bien avais-je fortuitement percé à jour un secret?

Ne sachant que penser, j'optai pour la patience en m'abstenant de tout commentaire les jours suivants. Nous continuâmes de nous servir du magnétoscope, et comme promis, j'enregistrai la représentation théâtrale donnée par les enfants, que nous regardâmes ensuite tous ensemble. Dans l'hypothèse d'un message délibéré, j'espérais provoquer par mon silence une réaction de sa part, soit en me parlant, soit en me laissant un nouveau message. Mais rien ne se produisit.

Comme il arrive souvent dans ce type de situation, un événement survint, qui fit interférence et m'arracha à ma réflexion concernant Jade.

Une crise d'épilepsie frappa Philip en classe. Il n'en avait pas eu depuis des années, mais il passa une semaine éprouvante, car les attaques s'enchaînaient et on finit par l'hospitaliser à Falls River. Cet incident perturba les autres enfants,

39

surtout Jeremiah qui à chaque fois était persuadé que son camarade allait mourir et semait la panique autour de lui. Je dus alors consacrer mon temps et mon énergie à essayer de maintenir un certain équilibre.

Deux semaines s'étaient écoulées et un soir où je terminais le programme du lendemain, j'eus la curieuse sensation d'être observée. En levant la tête, je ne vis rien. Je me remis au travail, mais cette impression persista. Je jetai un coup d'œil à la pendule qui marquait seize heures quinze. Tous les enfants avaient quitté l'école depuis longtemps et la plupart des enseignants se trouvaient dans la salle des professeurs. Finalement, je décidai d'aller vérifier dans le couloir.

Jade s'y trouvait.

– Bonjour.

Elle leva la tête vers moi.

– Que fais-tu là ? Tu as le droit de jouer dans la cour une fois la classe terminée, mais pas à l'intérieur. M. Tinbergen déteste ça. Il pourrait se fâcher.

La fillette continuait de me dévisager.

– Tu veux quelque chose ?

Pas de réponse.

Je m'assurai qu'il n'y avait personne dans le couloir. En effet, je ne plaisantais pas au sujet de M. Tinbergen qui se montrait intraitable sur ce point.

– Je suis en train de travailler, mais si tu as besoin de moi, je veux bien t'aider. Sinon il me semble préférable que tu retournes chez toi.

Pas un mot.

Je scrutai son visage.

– Tu veux rentrer ?

Elle continuait de me regarder, la tête penchée et toujours cassée en deux.

– Je travaille dur, lui expliquai-je tout bas. Alors si tu restes ici, il faudra jouer sans bruit.

Elle se faufila dans la classe et se précipita dans le coin où étaient rangés les puzzles. Puis elle revint en clopinant. Posant son jeu sur mon bureau, elle s'assit et se mit à assembler les pièces. Je l'observai à la dérobée. Elle avait changé de vêtements et portait un sweat-shirt rose délavé avec un pantalon élimé en velours côtelé. Il me paraissait impossible de passer un coup de brosse dans cette masse de cheveux qui lui tombaient sur les épaules.

Dix, quinze puis vingt minutes s'écoulèrent dans un

40

silence total. Tandis que je préparais mes programmes, Jade s'affairait sur son puzzle. D'habitude, elle s'en sortait très bien, mais ce jour-là elle en avait choisi un de cent pièces. Je me surpris à l'observer de plus en plus souvent et malgré mes efforts, je ne parvenais pas à me concentrer sur ce que je faisais, troublée par la scène de la cassette.

– Redresse-toi un peu, s'il te plaît.

J'avais parlé d'un ton à peine audible.

– Montre-moi comment tu fais.

Ce n'est pas ma voix qui l'arrêta, mais plutôt une pièce du puzzle qui lui manquait. L'ayant trouvée elle continua, comme si je n'avais rien dit.

– Tu peux te redresser, comme sur la cassette vidéo ?

Toujours aucun signe attestant qu'elle m'avait entendue.

– Jade, je sais que tu peux y arriver.

Très timidement, elle esquissa un signe de tête, les yeux rivés sur son jeu.

Le silence.

– Très bien, dis-je en fermant mon planning. Comme tu voudras.

Elle leva la tête et se redressa suffisamment pour me regarder droit dans les yeux et non plus en dessous comme à son habitude. Mais pas davantage. Il m'arrivait si rarement de voir son visage en entier que le bleu de ses yeux avec ses longs cils noirs qui en rehaussaient l'intensité me frappa.

Sans cesser de me regarder, elle me demanda d'une voix étrangement plaintive :

– Qui êtes-vous ?

– Torey, répondis-je, désarçonnée par sa question.

– Torey ? répéta la fillette comme si elle découvrait ce nom pour la première fois. Torey. Vous êtes Torey ?

– Oui.

– Torey ? Mais qui êtes-vous ?

Incapable de comprendre ce qu'elle voulait savoir, je marquai un moment d'hésitation.

– Qui êtes-vous ?

– Un professeur qui aide les enfants.

Pour la première fois, elle détourna les yeux. L'air perplexe, elle regarda autour d'elle, puis se concentra à nouveau sur son puzzle. Pour la quatrième fois, elle reformula sa question.

– Qui êtes-vous ?

Toujours aussi déroutée et incapable de lui répondre, je lui dis :

– A ton avis?

L'enfant marqua un temps d'arrêt et haussa les épaules.

– Peut-être Dieu.

L'après-midi suivant, je me trouvais dans le vestiaire lorsque j'entendis la porte de la classe s'ouvrir. De ma place, je ne pouvais la voir.

Pensant que ma collègue venait me déposer les documents qu'elle m'avait promis, je questionnai :

– Lucy?

Pas de réponse.

En passant la tête par la porte du vestiaire, je découvris Jade.

– On dirait que tu viens me rendre une nouvelle petite visite?

Un faible hochement de tête. Je repris :

– Je crains qu'on ne puisse recommencer tous les soirs. Il m'arrive de sortir de la classe et je ne peux pas te laisser toute seule ici. Si M. Tinbergen l'apprenait, il se fâcherait. Tu comprends? Tu sais bien qu'il ne tolère pas la présence des enfants dans l'école après les cours.

De façon presque imperceptible, elle haussa les épaules et clopina jusqu'à l'endroit réservé aux animaux. Elle souleva doucement la cage du lapin et le prit dans ses bras pour le bercer. Je me remis au travail dans le vestiaire.

Au bout de vingt minutes, j'avais presque oublié la présence de la fillette qui jouait sans bruit dans la classe. Soudain, elle apparut avec une feuille de papier à la main.

D'habitude, le vestiaire n'était pas éclairé. Grâce aux deux portes vitrées, l'une donnant sur la classe, l'autre sur le couloir, on y voyait suffisamment pour se changer. Mais comme je travaillais au bureau, j'avais fermé la porte du couloir et allumé la lumière.

Jade s'arrêta, stupéfaite de découvrir les hauts murs, les étagères au-dessus des portemanteaux pour ranger les paniers-repas et les livres, ainsi que les bancs. Elle entra timidement.

– Tu n'avais jamais vu le vestiaire avec la lumière?

– D'habitude, il fait sombre ici.

– Je n'allume pas pendant la journée. On oublie toujours d'éteindre et je déteste gaspiller l'électricité. Il n'y a pas de fenêtre mais la lumière du couloir et de la classe suffisent.

– Il n'y a pas de fenêtre, murmura Jade en levant la tête.

– Non.

Une nouvelle fois, elle scruta les lieux, puis son attention se porta sur le papier qu'elle tenait à la main.

– Est-ce que je peux dessiner dessus?

– Oui, si tu veux.

Elle disparut dans la classe, puis revint au bout de quelques secondes, la feuille sous le bras, brandissant une boîte de crayons de couleurs. Elle s'installa par terre.

Jade coloria toute la feuille en noir, sauf un petit carré en bas à droite où elle dessina deux minuscules silhouettes en forme de cloche et sans visage.

– Cela me paraît intéressant, dis-je en me penchant par-dessus mon bureau.

Jade prit la feuille dans ses mains pour mieux la regarder.

– C'est moi et Ambre, me dit-elle en effleurant les personnages.

– Ah oui!

Après avoir contemplé le dessin, je sortis de ma réserve pour dire ce que je pensais, même si cette méthode semblait peu orthodoxe sur le plan psychologique.

– En vérité, Jade, elles n'ont pas vraiment l'air de petites filles. Elles ont une forme bizarre.

– Je vous ai dit que c'était Ambre et moi, mais je n'ai pas dit que nous étions des petites filles. Nous n'existons pas, nous sommes des fantômes.

– Je vois! Toi et ta sœur portez des déguisements de fantômes pour Halloween?

– Non, nous ne portons pas de déguisement. Nous *sommes* des fantômes.

– Oh!

Le silence.

– Laquelle des deux est Ambre?

Jade se leva avec difficulté pour m'apporter son œuvre. Puis, au crayon, elle inscrivit son prénom sous l'une des silhouettes et celui de sa sœur sous l'autre.

– Et ton père et ta mère? Et Saphir?

– Je n'ai pas de papa et pas de maman puisque moi et Ambre nous sommes des fantômes. Saphir ne sait encore rien parce qu'elle est trop petite.

– Je vois.

J'examinai le dessin de plus près.

– Mais il n'y a que vous deux? Deux petites filles ne s'ennuient pas toutes seules?

– Je vous l'ai dit, nous ne sommes pas des petites filles, mais des fantômes. Et les fantômes ne s'ennuient jamais. Au contraire, ils préfèrent rester seuls pour flotter dans les airs et observer les gens d'en haut. Mais eux, ils ne peuvent pas nous voir parce que nous sommes invisibles.

Je hochai la tête.

– Tout ceci me semble fort intéressant. Que font les gens que tu observes?

– Des choses. Par exemple ils vont se coucher ou ils regardent la télé. Nous passons dans toutes les maisons.

– Ah oui!

– Pour un fantôme, il vaut mieux qu'il n'y ait pas de lumière. Mais s'il fait trop sombre avant de sortir, c'est fichu. On reste prisonnier de son corps.

Je la regardai droit dans les yeux, abasourdie.

– Que veux-tu dire?

Une expression indéfinissable passa sur son visage. Exprimait-elle l'inquiétude? La peur? Elle détourna la tête sans répondre.

– Que se passe-t-il? Tu as peur de me le dire?

Au bout d'un instant, elle reprit:

– Je dois me taire.

– Pourquoi?

– Parce qu'il ne faut pas parler de ce qui se passe dans la tête. C'est personnel. Pas vrai? On ne doit pas raconter les choses personnelles.

Je haussai les épaules avec un vague sourire, avant de répliquer sur un ton naturel:

– Quelquefois, cela fait du bien. De plus, ton histoire m'intéresse. Comment te transformes-tu en fantôme? Je pourrais y arriver moi aussi? Tu pourrais m'apprendre?

– Je ne crois pas, répondit-elle d'une voix songeuse.

Puis elle marqua un temps d'arrêt en fixant son dessin.

– On doit rester calme et ne plus bouger, comme un mort. Alors on glisse hors de son corps et on part.

Elle observa un autre silence tout en fronçant les sourcils devant son œuvre.

– Mais je ne sais pas si une grande personne peut y arriver.

– C'est facile pour toi?

– Oui, assez.

– Comment réintègres-tu ton corps?

Jade ne répondit pas.

– Tu ne sais pas?

Elle secoua la tête.

– Quand je me réveille le matin, j'ai retrouvé mon corps.

– Tu as rêvé?

L'enfant plissa des yeux.

– Non, ce n'est pas un rêve, mais quelque chose que je fais pour de vrai. J'essaie de rester dehors, mais je finis toujours par m'endormir.

– On dirait que tu n'as pas envie de retrouver ton corps.

– Si on est toujours un fantôme au lever du jour, alors on reste un fantôme tout le temps. C'est ce que dit Tashee. On ne retourne jamais plus dans son corps si après le lever du soleil on n'est pas dedans. Alors, il meurt.

– Oh!

– Je bois du Coca pour rester éveillée, mais je m'endors quand même. Et à mon réveil, je suis toujours là.

– Tu préférerais rester un fantôme?

Jade approuva d'un signe de tête.

La conversation semblant épuisée, le silence nous enveloppa tandis que nous admirions son œuvre d'art.

Je finis par déclarer :

– J'aime bien ton dessin. Tu veux bien me le donner?

Jade me regarda :

– Qu'allez-vous en faire?

– Je veux juste le garder. Ou bien je l'accrocherai au mur pour que les autres en profitent.

– *Non*, rétorqua la fillette d'une voix angoissée. Je ne veux pas que quelqu'un d'autre le voie.

– Pourquoi?

– Je vous l'ai dit. C'est personnel. Si vous l'accrochez au mur, les araignées vont marcher dessus. Et elles pourraient le voir et la police va venir.

Là, elle me dérouta complètement.

– La police, répétai-je ahurie. Que veux-tu dire?

– Ils viendront me prendre et m'accuseront de mentir. Ils me jetteront en prison. Je risque même de mourir. Parfois quand ils croient qu'on essaie de fuir, les policiers tirent sur vous. Et une fois en prison, ils peuvent vous faire mourir sur une chaise.

Devant son agitation extrême, je changeai de tactique.

– Tashee aussi se transforme en fantôme?

– Oui, c'est elle qui nous a appris, à Ambre et à moi.

– C'est intelligent de sa part.

– Tashee connaît des tas de choses.

– On dirait qu'elle a une grande importance pour toi.

Pour la première fois, un vague sourire passa sur son visage.

– Oui, c'est ma meilleure amie. Je l'aime plus que tout au monde.

– Elle est dans la classe de Mme McLaren peut-être?

Jade me dévisagea avec stupéfaction.

– Bien sûr que non, répondit-elle, outrée devant une question aussi déplacée. C'est pour ça qu'Ambre et moi nous nous transformons en fantômes.

– Je ne comprends pas.

– Nous allons voir Tashee, parce qu'elle ne peut plus venir ici. Elle est morte depuis plus d'un an.

6

Le lendemain soir, je fus déçue de ne pas voir Jade. Si au début son apparition avait ressemblé à une véritable intrusion, maintenant, ma curiosité me donnait envie de la retrouver dans le calme de la fin d'après-midi. Une fois les enfants partis et mon travail terminé, je sortis mes affaires dans la classe, pensant me rendre ainsi plus accessible que dans le vestiaire. A la fin des cours, Jade rentra chez elle comme d'habitude, mais elle ne réapparut pas. A deux ou trois reprises, je crus l'entendre dans le couloir, mais à chaque fois que j'ouvrais la porte, il n'y avait personne.

Ce ne fut que bien plus tard dans la semaine que la fillette recommença ses visites. Il était plus de quatre heures et demie. Après un tour dans la salle des professeurs, je feuilletais une revue pédagogique dans le vestiaire. J'entendis la porte de la classe s'ouvrir, puis plus rien.

– Oui?

Jade apparut devant moi, vêtue d'un infâme jogging agrémenté d'une torsade mal cousue à l'encolure et aux manches.

– Bonjour, lui dis-je avec le sourire.

Elle entra en examinant la pièce avec soin. Au-dessus des patères, il y avait des étagères, et encore au-dessus, sur la droite, deux tuyaux de chauffage d'environ six centimètres de diamètre courant sur toute la longueur du mur. En fait, il y avait des tuyaux partout et également un conduit vertical de dix centimètres dans le coin de la porte près du couloir. Jade étudia tous ces détails avec la plus grande attention. Puis elle regarda la porte de communication entre le vestiaire et la classe, qui était restée ouverte. Faite en bois, comme on les fabriquait autrefois, on la devinait solide sans avoir besoin d'y toucher.

La fillette l'inspecta dans ses moindres recoins, faisant courir ses doigts sur le bois, s'attardant sur le contour des moulures, puis sur la poignée et le loquet. Comme sur toutes les vieilles portes, il y avait un vrai trou pour la clef. La fillette y enfonça le petit doigt, l'enleva, avant de le remettre à nouveau.

Cet examen lui prit dix bonnes minutes pendant lesquelles je ne dis mot. Sans bouger de mon bureau, je me contentai de l'observer. Elle ne paraissait d'ailleurs pas se soucier de ma présence, tout absorbée par son inspection. Doucement, elle nous enferma dans le vestiaire, puis elle entrouvrit légèrement la porte et étudia le mécanisme de blocage.

– Ça ne marche pas, murmura-t-elle presque pour elle-même.

Elle passa le doigt dans la gâche pour faire jouer le pêne, puis elle renouvela sa tentative au moins six ou sept fois avant de se retourner vers moi.

– Vous avez une clef?

Comme j'approuvais d'un signe de tête, son visage s'éclaira.

– Vous voulez bien me la donner? D'accord?

Fascinée par son comportement, je sortis la clef du tiroir. Sans un mot, Jade la tourna dans la serrure.

– Parfait, chuchota la fillette ravie.

Après avoir retiré la clef, elle tenta d'ouvrir la porte, bien sûr sans succès. Puis elle la déverrouilla et pointa le bout du nez dans la classe avant de la claquer violemment et de donner un nouveau tour de clef. Ensuite, elle se dirigea vers la porte qui donnait sur le couloir.

– Il y en a aussi une pour celle-ci? demanda-t-elle. Ou bien c'est la même?

Sans me laisser le temps de répondre, elle essaya. La clef allait aux deux portes, et Jade eut un sourire satisfait. Soudain, elle fit volte-face et revint à l'autre porte qui, verrouillée, refusa bien entendu de s'ouvrir.

– Il faut boucher le trou, déclara-t-elle.

Sur le bureau elle prit un morceau de papier adhésif qu'elle colla sur la serrure.

– Dans l'autre il y a la clef. Personne ne peut voir à travers, mais il fallait boucher celui-là.

Subitement, elle s'éloigna de la porte. Courbée en deux, elle se mit à faire le tour de la pièce, les yeux rivés au sol.

– Tu cherches quelque chose?

– Des araignées, murmura-t-elle. Il n'en faut pas, mais il n'y en a pas ici.

– Non. A la demande de M. Tinbergen, quelqu'un vient de passer pour vaporiser un produit. Donc il n'y en a pas.

Jade regarda en l'air.

– Pas d'araignée, pas de fenêtre et personne ne peut entrer.

– Non.

L'enfant se précipita sur la porte qui donnait sur la classe pour s'assurer qu'elle était bien fermée. Elle tira dessus à maintes reprises, prenant appui contre le chambranle pour avoir plus de force. Comme la porte ne bougeait pas, Jade éclata d'un rire inattendu.

Je ne l'avais jamais entendue rire. En fait, je ne lui connaissais que ce timide sourire, mais maintenant elle riait de bon cœur.

– Tu aimes l'idée que cette porte ne s'ouvre plus?

– Je nous ai enfermées. Plus personne ne peut venir ou regarder par la fenêtre et les araignées ne sauront rien. C'est bien.

– Oui.

– C'est bien, répéta-t-elle, parce que je me sens en sécurité ici.

– Tu te sens en sécurité.

Les yeux de Jade examinaient tour à tour les portes, les murs, puis elle me regarda.

– Vous voulez que je me tienne droite? me demanda-t-elle sur le ton de la confidence.

J'approuvai d'un signe de tête.

Avec lenteur et une certaine raideur, elle se redressa complètement. Se tenant d'une main contre le mur, elle rejeta les épaules en arrière et rentra le ventre. Puis elle m'adressa un sourire entendu.

Je le lui rendis en répondant:

– C'est très bien.

Puis, elle me tourna le dos pour s'accrocher aux patères. Alors, les pieds contre le banc, elle fit le dos rond pour détendre ses muscles. Elle exécuta de curieuses tractions en se hissant jusqu'à la hauteur des portemanteaux et poussa un soupir de soulagement. Toute cette scène se déroula dans le plus grand silence.

Redescendue du banc, Jade tira sur ses manches et remit de l'ordre dans sa tenue.

– Maintenant je comprends mieux la pancarte, dit-elle sans me regarder.

– De quelle pancarte parles-tu?

– Là-bas, vers la Neuvième Rue. Il y a une église marron avec une pancarte qui dit : « Dieu apporte la sécurité. » Je la lis à chaque fois que je passe devant, mais je ne savais pas ce qu'elle voulait dire.

Elle eut un sourire :

– Maintenant, je sais. Je me sens en sécurité ici, auprès de vous.

L'après-midi suivant, Jade revint après les cours. Dans cette perspective, je l'attendais dans le vestiaire. J'entendis la porte grincer et le clopinement de la fillette. Je lui souris et en retour elle m'adressa un léger rictus timide. J'ouvris mon tiroir pour lui donner la clef.

– Tu veux fermer la porte?

Cette initiative lui arracha un large sourire, comme si on partageait un secret. Elle me la prit des mains et courut fermer la porte du fond. Puis elle se dirigea vers celle qui se trouvait près de son bureau. Elle appuya sur le papier adhésif qui obstruait la serrure, puis elle s'assura une nouvelle fois que tout était bien hermétique. Son rituel terminé, elle se redressa et effleura le boîtier de la serrure.

– Ça te plaît?

– Je nous ai enfermées, me dit-elle.

– Nous nous sentons en sécurité avec les portes fermées.

Puis l'enfant exécuta les mêmes exercices de traction aux portemanteaux. Ensuite elle courut autour de la pièce dans le sens des aiguilles d'une montre en effleurant les murs, les patères et les bancs. A ma grande surprise, je constatai qu'elle évoluait très vite dans un espace réduit. Puis le gros tuyau vertical attira son attention. Alors comme pour grimper dessus, elle l'entoura de ses bras et de ses jambes. Elle resta dans cette position plusieurs minutes.

Subjuguée par ce spectacle, je restai immobile sans rien dire. S'agissait-il là de la même fillette que j'avais eue dans ma classe quelques heures plus tôt, celle qui ressemblait à une statue et qui ne parlait jamais à moins qu'on lui adresse la parole? Était-ce bien *Jade*?

Les visites de l'après-midi devinrent une habitude. Presque tous les jours entre quatre heures et quart et quatre heures trente, Jade s'enfermait avec moi. Là, elle se redressait et commençait ses tours dans la pièce. Il y avait peu de diversité dans ses gestes et ma présence paraissait totalement superflue. Toute son attention semblait dirigée sur les mouvements de son corps. Elle tournait inlassablement dans ce réduit et au bout de vingt minutes, décrétait qu'elle devait rentrer. En déverrouillant la porte, elle retrouva instantanément sa position cassée qui la faisait ressembler à un crabe.

Au bout de deux semaines, il y eut un changement subit. Après avoir fermé les portes, Jade se redressa. Je m'attendais à ce qu'elle se livre à sa gymnastique habituelle lorsqu'elle se mit à pousser un cri strident qui résonna dans la pièce. Puis elle tourna sur place, un large sourire aux lèvres, et se remit à hurler. Et encore et toujours. J'en avais les oreilles transpercées.

La fillette dansait en pivotant sur elle-même, la tête renversée et les bras tendus. Cette scène dura plus de cinq minutes avant qu'on ne frappe à la porte du couloir.

– Torey? demanda Lucy d'une voix inquiète. Tout va bien?

Elle voulut entrer, sans succès. Pétrifiée par la voix de ma collègue, Jade poussa un lourd soupir lorsque la porte résista.

– Oui, tout va bien.

– Vous êtes sûre? Avez-vous besoin de mon aide?

– Non, tout va bien.

– Parfait, répondit la jeune femme sans conviction. Si vous le dites.

Puis elle partit.

La fillette resta clouée sur place jusqu'à ce qu'elle eut la certitude que plus personne ne se trouvait de l'autre côté de la porte. Alors elle tourna la tête dans ma direction et, portant la main à sa bouche, elle pouffa de rire.

– Elle a entendu ma voix, murmura-t-elle.

– Oui, je le crois.

– Elle m'a entendue crier.

– Mais tu te sens toujours en sécurité, n'est-ce pas?

Jade se mit à courir autour de la pièce, toujours avec la même rapidité, tout en plaquant ses mains contre les murs. Puis elle sauta à pieds joints sur le banc et en redescendit. Au troisième tour, elle changea brusquement de trajectoire et se dirigea vers le tuyau vertical. Comme d'habitude, elle s'y agrippa avec ses bras et ses jambes, puis au bout d'un moment, elle se mit à l'escalader. Je n'eus pas le temps

51

d'intervenir qu'elle avait déjà atteint deux canalisations plus petites, telle une gymnaste aux barres parallèles. Inquiète de la voir suspendue à plus d'un mètre quatre-vingts du sol, je me levai.

– Jade, ces tuyaux ne sont pas faits pour grimper dessus.

Elle éclata d'un rire joyeux.

– Je doute qu'ils puissent supporter ton poids longtemps et je ne voudrais pas que tu te blesses. Alors, maintenant, descends de là.

Mais elle n'obéit pas.

Je pris la chaise du bureau pour monter dessus afin de l'attraper, ce qui provoqua chez elle une réaction brutale. Se glissant hors de ma portée, elle saisit un tuyau et se balança quelques secondes dans le vide pour finalement retomber sur ses pieds.

En classe, tout se déroulait comme si ces rencontres n'avaient pas lieu. Jade passait ses journées sans parler, courbée en deux, la tête baissée et les bras repliés contre elle. Je devais me convaincre de ne pas avoir rêvé ces visites de fin d'après-midi et de ne pas être victime d'hallucinations. En fait, j'en arrivais même à me demander si June Harriman n'avait pas vécu une scène similaire. La plupart du temps, je m'efforçais de ne pas trop penser à elle. Enseignant dans la même classe et ne connaissant pas sa situation personnelle, il était facile d'extrapoler à partir de ce que nous avions en commun au risque d'aboutir à des idées complètement erronées. Cependant, en observant Jade en cours, tordue sur sa chaise, j'eus l'idée subite que cela expliquait peut-être la raison de son suicide : elle avait fini par se prendre pour une folle. Cette idée me fit l'effet d'un coup de poignard. Le script idéal pour un film d'horreur.

Le vendredi de cette même semaine, je décidai d'organiser une séance de collage. J'arrivai avec une pile de magazines et une boîte pleine de plumes, de morceaux d'éponges, de bouchons et de pâtes fraîches et je tentai d'expliquer le côté spontané de l'art. Nous avions étudié une création basée uniquement sur l'émotion et j'espérais ainsi pouvoir établir un lien avec leurs collages. Je leur précisai qu'une fois l'exercice terminé, nous parlerions des motivations et des impressions de chacun.

Les garçons plongèrent sur la boîte avec délectation et se mirent aussitôt à la tâche.

Reuben aimait les morceaux de tissus, surtout la soie et le

velours. Avec tendresse, il en prit un de chaque qu'il effleura du bout des lèvres puis il tapa dans les mains de joie.

A ses côtés, Philip avait pris le catalogue Montgomery Ward et découpait avec bonheur des images de jouets.

– Qu'est-ce que c'est? lui demandai-je en m'asseyant près de lui.

– Haaahh! dit-il dans un souffle.

Philip s'exprimait essentiellement par onomatopées, le plus souvent inintelligibles.

– Des jouets?

Il s'agita. De l'autre côté de la table, Jeremiah intervint.

– Il essaie de vous expliquer qu'il prépare sa commande de Noël. Pas vrai, Philip? Lui et moi, nous gardons les photos des cadeaux que nous voulons.

Je jugeai préférable de ne pas lui rappeler que nous étions le 29 mars.

– Et Jade aussi, reprit l'enfant englobant tout le monde d'un geste large. C'est ce que le père Noël va nous apporter.

Tout en parlant, Jeremiah collait des images de Jaguar et de lingots d'or.

En fait, Jade ne faisait absolument rien. Elle restait là, recroquevillée sur sa chaise, le menton presque en appui sur la table et l'œil morne, à regarder la feuille de papier.

– Tu as du mal à démarrer?

Pas de réponse.

– Tu n'as pas besoin de passer ta commande de Noël. L'idée vient de Jeremiah et s'il a envie de coller sur sa feuille tous les cadeaux qu'il souhaite, c'est son problème. Mais toi, tu choisis ce que tu veux.

Silence.

– Il ne faut pas trop réfléchir pour réaliser une œuvre d'art. Tu n'as qu'à regarder dans la boîte et prendre ce qui te plaît.

Je me tus pour la regarder.

– Nous avons déjà parlé des émotions, tu t'en souviens? De l'endroit à l'intérieur de nous où elles habitent? Cherche au fond de toi et sors ce que tu ressens. Tout de suite. Alors tu verras ce que tu peux créer avec.

Je retournai m'occuper des garçons en laissant Jade face à sa feuille blanche. Elle se débrouillait très bien dans les matières dirigées, mais les activités libres semblaient lui poser des problèmes. En conséquence, il ne fallait pas lui faciliter la tâche en structurant cette séance.

Plus tard, elle se mit à découper des photos dont le rapport entre elles m'échappa sur l'instant.

53

Ayant terminé, Jeremiah s'impatientait. Il se pencha par-dessus l'épaule de la fillette pour lui demander :

– Qu'est-ce que tu fais?

Sans répondre, Jade continua son découpage. Après avoir réuni une bonne douzaine de photos, elle mit la revue de côté et étala les images. Puis avec une paire de ciseaux, elle se mit à les hacher menu.

– Madame, regardez! hurla Jeremiah. Elle est complètement dingue. Regardez un peu ce qu'elle fabrique.

Je lui décochai un œil sombre.

– Tu es folle, soupira-t-il en s'effondrant sur sa chaise. Maintenant j'imagine qu'il va falloir attendre qu'elle ait fini. Au début elle n'a rien foutu, alors qu'elle aurait pu travailler, et maintenant c'est *nous* qui devons l'attendre. Dis donc ma vieille, comment ça se fait que tu vas si lentement? Pourquoi tu ne fais jamais rien en même temps que les autres? Tu restes assise comme une idiote.

Sans lui prêter la moindre attention, Jade continuait son hachis.

De toute évidence, je devais renoncer à l'idée de discuter des œuvres de chacun. En effet plus le temps passait et plus le comportement des garçons risquait de dégénérer jusqu'à un point de non-retour. En fait, le temps de flairer le danger, et Jeremiah avait jeté en l'air le travail de Reuben.

– Espèce de con, hurla Reuben. Va te faire foutre.

– Va te faire foutre toi-même.

Je mis un disque sur la platine pour calmer Jeremiah et je forçai Philip à danser. Nous chantâmes plusieurs couplets avec force gestes pour les défouler. Une fois le calme revenu, je pris le livre de lecture en m'asseyant dans le coin réservé à cette activité. Je lus un nouveau chapitre jusqu'au moment où la cloche sonna la récréation.

Pendant tout ce temps, Jade n'avait pas interrompu son travail. En allant au vestiaire, Jeremiah passa devant elle et lui arracha la feuille des mains.

– Madame! Regardez ce qu'elle a fait, cria-t-il en me tendant l'ouvrage.

Cette fois, le rapport entre les photos sautait aux yeux. Toutes étaient à dominante rouge. Les petits morceaux réunis formaient une mosaïque en forme de cercle autour d'une croix noire faite dans du fil de coton.

– Pas mal, ma vieille, commenta Jeremiah. Tu n'es pas si bête quand tu veux.

– Je trouve cela intéressant, Jade.

54

– Intéressant? Mais c'est supeeeer! reprit le garçon avec virulence. Vous savez ce que ça représente, madame? Une cible. De la connerie, oui!

Il jeta le papier en l'air et tira dessus en simulant un pistolet avec ses doigts.

Jade ne bougea pas d'un pouce.

Je me penchai pour ramasser la feuille tandis que Jeremiah montait sur le dos de Reuben.

– Il faut que tu nous expliques, dis-je à la fillette d'une voix enjouée. Tu as eu une très bonne idée.

La main devant la bouche, Jade murmura quelque chose d'inaudible.

– Comment?

Elle se pencha vers moi et répéta sa phrase.

– Je ne t'entends pas, ma chérie. Que dis-tu?

Je m'approchai d'elle.

– Jetez-le.

– Tu veux que je jette ton collage? Après tout le travail que cela t'a demandé?

Crispée, elle approuva d'un brusque signe de tête.

– Pour quelle raison?

Pas de réponse.

– Tu es contrariée parce qu'il a joué avec ton dessin? Elle hocha légèrement la tête.

– Moi je le trouve intéressant et j'aimerais le garder. Si tu veux, nous ne l'exposerons pas, mais on ne va pas le jeter. D'accord?

Des larmes lui montèrent aux yeux.

– *Jetez-le!*

– Pourquoi?

– L'endroit est marqué d'une croix.

7

Au fil des années, j'avais constitué une collection de poupées avec leurs vêtements. En tout il y en avait dix, six filles, deux garçons et deux poupons. Tous avaient la peau blanche, des cheveux que l'on pouvait coiffer et une expression nostalgique, voire mystérieuse.

Une année où je m'ennuyais ferme dans un job d'été, j'avais tué le temps en confectionnant des vêtements, ce qui expliquait la garde-robe impressionnante de chemises, pantalons, robes, combinaisons, vestes, pyjamas, sous-vêtements et autres accessoires. Prise au jeu, une amie avait tricoté des petits pulls, des chapeaux et des mitaines, ainsi que des chaussons pour les poupons. De plus, j'avais récupéré toutes sortes de choses pour jouer avec, comme de la dînette, des draps, des animaux, des jouets et des livres miniatures. Pendant mes séances de thérapie, mes poupées avaient toujours eu beaucoup de succès. Alors, lorsque je les redécouvris en déballant mes affaires, j'eus envie de les emporter à l'école. Malheureusement, les influences culturelles m'avaient largement devancée.

– *Des poupées?* s'écria Jeremiah d'une voix consternée. Vous n'espérez tout de même pas que je vais jouer avec? C'est pour les filles.

Il retira brusquement ses mains du carton, comme s'il risquait d'attraper une maladie.

– Il y a des poupées garçons et des poupées filles. Tu pourrais habiller les garçons comme s'ils allaient jouer au foot. Et si nous cherchions quelque chose pour fabriquer des casques?

– Si vous vous imaginez que je vais jouer avec ça, vous

vous trompez. Philip et Reuben, venez avec moi. On n'a rien à faire de leurs poupées à la con.

– *Personne* ne t'oblige à jouer avec, ni avec quoi que ce soit d'autre, d'ailleurs. Mais il ne faut pas pour autant empêcher les autres de s'amuser. On peut aussi considérer ces poupées comme des copies d'êtres humains.

– Ce *sont* des poupées.

Tout aurait été plus simple si je les avais apportées au début de l'année, comme dans mes autres classes. Elles se trouvaient là dès le premier jour et les élèves, garçons et filles, jouaient avec sans que personne n'y prête la moindre attention. Cependant, leur apparition au milieu de l'année faisait ressortir leur nature intrinsèque. J'avais eu beau les disposer de façon attrayante sur l'étagère du fond, personne n'y toucha.

Ce jour-là après l'école, Jade arriva dans le vestiaire, en clopinant comme à son habitude. Elle verrouilla la porte avec la clef que je lui avais tendue, colla du ruban adhésif sur le trou de la serrure et alla fermer l'autre porte. Puis elle se redressa en poussant un petit cri et se mit à courir autour de la pièce. Elle s'arrêta enfin pour me regarder avant de s'approcher de mon bureau.

Le silence régnait entre nous. Je travaillais sur mon planning pour organiser les programmes et aussi pour me concentrer sur autre chose que la fillette, de façon à accorder moins d'importance à nos petites réunions.

– Je n'ai rien à faire ici, dit-elle à voix basse.

– Tu t'ennuies?

Elle approuva d'un signe de tête.

– Tu as une idée?

J'espérais ainsi l'amener à rouvrir la porte.

– J'aimerais bien avoir les poupées ici.

– D'accord.

– Mais elles se trouvent dans la classe!

– Tu peux aller les chercher. Tu trouveras le coffre de vêtements sur l'étagère. Choisis celles qui te plaisent et rapporte le tout ici.

Jade me dévisagea. Bien sûr, elle voulait que je m'en charge à sa place, mais comme elle n'en dit mot, je me remis au travail. La fillette resta debout, la mine renfrognée.

Sans lever les yeux de mon bureau, je repris:

– Si tu ouvres cette porte, tu peux aller chercher les poupées. Il n'y a pas beaucoup de chemin entre la porte et l'étagère. Quand tu les auras rapportées, tu n'auras qu'à refermer.

L'enfant contempla la porte. Non seulement il fallait quitter ce lieu de sûreté, mais porter le coffre exigeait qu'elle se tienne droite. Si Jade s'exprimait de plus en plus devant ses camarades, elle semblait incapable de se redresser ailleurs que dans l'intimité de ce vestiaire. En poussant un soupir déchirant, elle s'écroula sur un banc.

– Tu veux de l'aide?

Elle répondit oui de la tête.

– Si tu m'expliques, je pourrai peut-être t'aider. Je ne sais pas lire dans tes pensées. Il faut parler quand tu as besoin de quelque chose.

Un silence de mort.

– Je vais ouvrir cette porte, déclarai-je en me levant.

Dès que j'eus retiré le ruban adhésif de la serrure, Jade se recroquevilla sur elle-même. Je lui tendis la main.

– Viens, nous y allons ensemble. Tu choisis les poupées que tu veux et moi le coffre à vêtements.

La fillette accepta. Prenant ma main, elle se faufila derrière moi dans la classe. Je lui mis la plupart des poupées dans les bras. Complètement voûtée, elle se précipita dans le vestiaire avant moi. Une fois la porte refermée à clef, elle se détendit, mais sa méfiance l'obligea à vérifier que tout était bien verrouillé. Puis elle remit la clef dans l'autre serrure pour l'obstruer.

De toute évidence, le traumatisme provoqué par cette sortie l'épuisa. Effondrée sur un banc, elle examina les poupées qu'elle venait d'acquérir au prix d'un effort surhumain. Mais la force lui manquait pour en choisir une en particulier. Pendant plus de cinq minutes, elle resta assise, momentanément dépourvue de l'entrain qui caractérisait ses visites. Finalement elle sortit les poupées une à une pour les aligner sur le banc. Puis elle prit du recul pour mieux les contempler.

– Elles sont jolies.

– Oui, très.

– Où les avez-vous trouvées?

– Je les ai achetées. Pas toutes d'un seul coup, mais au fur et à mesure.

Avec précaution, Jade toucha les cheveux de l'une d'elles.

– Ce sont les petits garçons et les petites filles qui me ressemblent parce qu'ils ne parlent pas?

– En effet.

– Vous avez *vraiment* travaillé avec eux?

– Oui.

Elle me regarda.

– *Vraiment?* Vous ne me racontez pas d'histoires?

– J'ai vraiment travaillé avec des enfants comme toi. Et je les ai aidés à surmonter les problèmes qui les empêchaient de parler. C'était ma spécialité. Quand on veut en savoir plus sur un sujet particulier, on appelle cela de la « recherche ». Je voulais comprendre les raisons de leurs difficultés et trouver une solution.

– Et vous avez réussi? demanda la fillette, reportant son attention sur les poupées.

– Je crois que oui.

Le silence retomba. Jade ne jouait pas avec, elle se contentait de les admirer sans les toucher.

– Les autres enfants, reprit-elle lentement, ils ne disaient absolument rien, comme moi?

– Oui, exactement comme toi.

– Mais vous les avez guéris? N'est-ce pas? Et ils se sont mis à parler? A vous parler? Ils vous racontaient des histoires?

– Oui.

Elle leva les yeux sur moi.

– Ils vous racontaient des histoires?

J'approuvai d'un signe de tête.

– Et vous les avez crus?

– Eh bien, je m'efforce toujours d'écouter ce qu'on me raconte.

– Et vous les avez guéris.

– J'ai essayé.

A nouveau, le silence. Jade prit une poupée aux longs cheveux noirs qui lui tombaient jusqu'à la taille. Elle les caressa doucement.

– Je peux l'habiller autrement?

– Bien sûr. Choisis ce que tu veux.

De nouveau, elle caressa la chevelure de la poupée en la regardant dans les yeux. Puis elle sortit du coffre des sous-vêtements, un chemisier, une salopette, un pull, des gants, un manteau, des chaussures, des chaussettes et un chapeau en laine. Je l'observais à la dérobée. Plus tendue que d'habitude, elle gardait le dos voûté et les membres collés au corps. Les portes fermées ne parvenaient même pas à la décontracter. Elle paraissait si absorbée par ce qu'elle faisait qu'elle ne donnait pas l'impression de jouer.

Avec le plus grand soin, Jade déshabilla la poupée. Une fois nue, elle la contempla en faisant courir ses doigts le long de son corps et effleura le nombril. Elle étudia les articulations, plutôt relâchées avec le temps, et chercha les organes génitaux. Puis, avec la même douceur, elle lui passa de nouveaux vêtements, en commençant par les chaussettes et les sous-vêtements. Elle allait si lentement que je jetai un coup d'œil à la pendule.

– Jade, il ne nous reste plus que cinq minutes. Il est presque cinq heures.

– Non, pas ça! rétorqua l'enfant sans lever la tête.

– Tu peux finir d'habiller ta poupée, mais ensuite, il faudra partir. M. O'Banyon veut fermer l'école.

– Ne *dites* pas ça.

Il y avait dans sa voix une note irascible.

– Tu n'as pas envie de rentrer chez toi?

– Je n'ai pas le temps de jouer aujourd'hui.

– Peut-être demain. Nous pouvons tout laisser ici. Je ne crois pas que les garçons y verront d'inconvénient. Comme ça, si tu viens demain après-midi, tu retrouveras toutes tes affaires.

Son menton se mit à trembler et elle serra la poupée entre ses mains.

– Tu ne veux pas partir, hein?

– Je veux terminer ce que j'ai commencé. Il me faut *plus* de temps.

Jade éclata en sanglots. Après avoir sauté sur le banc, elle colla la poupée contre sa poitrine.

– Je dois lui trouver une place! Je ne peux pas partir tant qu'elle ne se sent pas en sécurité.

A ces mots, la fillette se précipita de l'autre côté de la pièce, le visage collé au mur.

Déroutée par ses larmes car je ne l'avais jamais vue pleurer, je me levai.

La poupée toujours dans les bras, elle recula à mon approche.

– Il n'y a pas d'endroit où la cacher, gémit-elle en tournant la tête dans tous les sens pour trouver un coin approprié. C'est une pièce bête. Bête. Où va-t-elle pouvoir se cacher dans un endroit aussi bête? Pourtant il faut que je la cache avant de partir.

– Jade, mon petit...

– Vous ne pouvez pas comprendre.

– Peut-être que si, répondis-je d'une voix réconfortante. Il nous reste encore quelques minutes. Tu as encore un peu de temps.

60

Elle me regarda à travers ses yeux embués de larmes puis elle se détendit petit à petit.

Je lui souris :

– Viens, trésor. Finis ce que tu dois faire.

Lentement, Jade s'approcha de moi, les joues humides.

– Il faut que je lui trouve une place, dit-elle à voix basse. Je veux qu'elle soit bien au chaud.

La fillette leva la tête vers moi, presque embarrassée.

– Je l'ai bien couverte parce qu'elle a toujours froid. Je lui disais toujours que je lui trouverais des vêtements chauds.

– Ah oui!

– Et maintenant, il faut que je lui trouve un abri.

– Comment puis-je t'aider? A quel genre d'abri penses-tu?

– Voilà le problème, répondit l'enfant en examinant la pièce. Il n'y a pas de place ici. Et je n'ai pas le temps d'en faire un avant de rentrer.

Les sanglots faisaient chevroter sa voix.

– Tu veux trouver un abri pour ta poupée?

– Un endroit chaud, où elle se sentira en sécurité. Il faut qu'elle se cache.

Jade avait raison en disant qu'il n'y avait pas beaucoup de cachettes dans cette pièce. Soudain, mon regard se porta sur le coffre de vêtements.

– Et pourquoi pas là-dedans? lui dis-je. Tu pourrais lui faire un nid douillet au milieu de ses vêtements.

Sans un mot, Jade se pencha pour tester l'épaisseur des vêtements. Puis elle approuva de la tête.

Je mis les autres poupées dans le couvercle, tandis que la fillette s'affairait à creuser un trou parmi les habits. Tendrement, elle allongea sa poupée aux longs cheveux noirs et la recouvrit jusqu'au visage.

– Voilà, murmura-t-elle. Tu seras bien au chaud.

Elle contempla le résultat, puis la fit presque disparaître en installant avec précaution les autres poupées dessus.

– Je lui ai laissé un peu d'air pour respirer. Mais personne ne la verra. Ils penseront que ce n'est qu'un vieux coffre à jouets. N'est-ce pas?

Elle jeta un œil inquiet dans ma direction.

– Sans aucun doute, répondis-je.

– Ici elle ne risque rien parce qu'ils ne devineront pas sa présence.

Jade me regarda enfiler ma veste.

– Et vous allez fermer la porte à clef, d'accord?

– Comme d'habitude.

Satisfaite, Jade alla chercher ses affaires.

Lorsque je voulus remettre le couvercle sur le coffre, la fillette hurla :

– Non! Non, pas sur le coffre. Elle pourrait croire qu'on l'a enterrée vivante. Tashee a toujours eu peur de ça.

8

Les après-midi suivants, Jade ne revint pas me voir après les cours. Une fois, j'avais une réunion. L'autre, elle était invitée à l'anniversaire de Reuben. Plusieurs jours s'écoulèrent ainsi sans qu'elle se manifeste. Puis, elle réapparut un vendredi.

Comme d'habitude, son premier réflexe fut de fermer toutes les portes. Ensuite, elle courut au coffre qui se trouvait toujours sur le banc.

— Où es-tu? cria-t-elle d'une voix anxieuse en retirant les poupées du dessus. Où es-tu?

Ma certitude d'assister à la même scène de tendresse du lundi fut balayée en la voyant tirer sa poupée par les cheveux pour la sortir du coffre.

— Elles ont fait caca dans leur culotte, hurla-t-elle en jetant les autres poupées par terre. Elles sont toutes crottées et je vais devoir les changer et ramasser toute cette merde, parce que c'est de la merde. Il va y en avoir un gros tas ici.

Du doigt, elle désigna un endroit précis sur le banc. Assise par terre, elle entreprit de déshabiller la poupée aux longs cheveux noirs.

Elle jouait avec des gestes de maniaque, donnant des coups secs, secouant, criant et jetant au sol. Elle hurlait après cette poupée qu'elle avait si tendrement chérie la première fois.

— Toi aussi, tu as fait caca dans ta culotte? demanda-t-elle à une poupée. Eh oui! Eh bien, nettoyons tout ça.

Puis elle regarda autour d'elle.

— Qu'est-ce que je peux prendre? Je sais.

Alors elle bondit sur ses pieds.

— Donnez-moi de la pâte à modeler. J'en ai besoin.

Elle avait désigné du doigt la boîte de Play-Doh sur le bureau. Jade retira le couvercle et repartit jouer auprès de ses poupées.

– Ça va servir de caca.

Elle plaça des morceaux de pâte dans les culottes.

De toute évidence je n'entrais pas dans le cadre de son jeu. Elle ne faisait rien de précis pour m'exclure mais ses commentaires s'adressaient à elle seule. Je me trouvais dans la même pièce par l'effet du hasard.

Tout le scénario tourna autour des culottes souillées. Avec soin, la fillette allongea les poupées, garçons et filles, pour insérer dans leurs sous-vêtements les matières fécales symbolisées par la pâte. Puis il y eut une longue scène consistant à vérifier les culottes pour trouver le caca.

– Regardez-moi ça! Tu as fait dans ta culotte? Il y a quelque chose là? Tout le monde a fait caca dans sa culotte?

Elle répétait ces paroles inlassablement en prenant une voix de plus en plus forte si bien qu'à la dernière poupée elle hurlait.

Puis elle ramassa le caca pour le mettre dans un des bols de la dînette.

– Tiens! murmura-t-elle. Tiens! Maintenant, il y en a plein. Regardez un peu cette crotte.

Elle jouait de façon si obsessionnelle que toute intervention de ma part risquait de la perturber. Aussi me contentai-je de l'observer.

Une fois l'opération Play-Doh terminée, elle déshabilla complètement les poupées et les disposa les unes à côté des autres sur le banc.

– Voilà ce qui vous attend, dit-elle en prenant une petite boule d'excrément. Maintenant, vous allez en manger.

Elle enfonça la pâte dans la bouche de la poupée. Visiblement pas satisfaite, elle en étala sur leurs yeux et sur leur visage.

– Mange! ordonna-t-elle. Allez, mange!

Je me décidai alors à intervenir.

– Pourquoi?

Jade avait dû oublier ma présence car elle tressaillit au son de ma voix et renversa le reste de la boîte. Elle se leva pour me la lancer à la figure.

– Merde, hurla-t-elle. Vous faites chier!

Puis elle se mit à courir autour de la pièce comme une folle en se heurtant dans les bancs.

– Je vais t'attraper. Je t'aurai et je vais te tuer.

Mais elle semblait proférer ses menaces dans le vide.

Soudain au quatrième tour, elle fonça droit sur mon bureau et m'arracha le feutre des mains en vociférant :

– Merce, merde et merde!

Avant que j'aie le temps de réagir, elle dessina sur le mur de grandes croix entourées de cercles.

– Non, m'écriai-je en me levant. Je ne peux pas te laisser faire ça.

– Vous ne pouvez pas m'en empêcher, rétorqua-t-elle sans s'arrêter.

– Oh que si!

Je la saisis par le bras et la tirai vers moi.

– Non! Je vais vous tuer!

Elle tenta de tracer sur ma peau une croix dans un cercle jusqu'à ce que je réussisse à lui immobiliser le bras. Jade se débattit pour se libérer, gesticulant et donnant des coups de pied. Mais je tins bon, la serrant contre moi jusqu'à ce qu'elle ne puisse plus bouger. Ses cris hystériques se transformèrent en sanglots et nous nous écroulâmes toutes deux au sol. La fillette pleurait, d'abord de rage pour n'avoir pas pu se dégager de mon étreinte, puis de désespoir elle se cacha le visage dans mon corsage.

– Je vous demande pardon, dit-elle entre deux hoquets. Pardon, pardon.

– Ne t'inquiète pas. Ça va.

Elle tenta d'effacer les marques qu'elle avait faites sur mes bras avec le feutre. Voyant qu'elle n'y parvenait pas, elle humecta ses doigts avec les larmes qui coulaient sur ses joues pour tenter de les estomper. Touchée par le caractère poignant de son geste, je la pris dans mes bras.

– Calme-toi. Ce n'est que du feutre et ça ne fait pas mal.

– Je ne veux pas que vous mouriez. Ne mourez pas.

– Jade, le feutre va disparaître avec de l'eau. Il n'y a pas de quoi pleurer.

– Ne mourez pas, je vous en supplie.

Ce soir-là, je rentrai chez moi profondément perturbée. Ne sachant pas si je devais attribuer ma réaction à la scène que je venais de vivre ou simplement à l'effet de surprise, cet incident m'obsédait, alors que d'habitude je réussissais à mettre de côté les événements qui se déroulaient en classe. Normalement, j'aimais vivre seule. Le calme de mon appartement et l'absence de contraintes m'offraient un contraste salvateur par rapport à mes journées de travail. Mais dans le cas présent, ma maison ne me parut pas l'endroit idéal pour m'enfermer avec un problème dont je ne pouvais me libérer. Alors je partis faire quelques courses au supermarché situé à la sortie de la ville. Cependant, alors que je parcourais les rayons, Jade hantait mon esprit.

Sur le chemin du retour, je m'arrêtai machinalement devant chez Lucy. Nous étions devenues de bonnes amies et j'aimais sa compagnie. Elle était d'abord facile et notre jeune âge nous unissait dans un travail où nos collègues frisaient tous la retraite. Cependant, nous ne nous fréquentions jamais en dehors de l'école.

Malgré un environnement professionnel qui avait tendance à aplanir toutes les différences, nous menions des vies radicalement opposées. Née à Pecking, Lucy avait épousé un de ses voisins à vingt et un ans avec carrosse et chevaux blancs comme dans un conte de fées. Après avoir décroché son diplôme d'enseignante, elle avait passé sa lune de miel en Europe. Autrement, son univers se limitait à Pecking. J'admirais sa facilité de contacts et la certitude qu'elle avait de son rôle sur terre. Chaque fois que nous abordions ce sujet, elle prétendait m'envier ma liberté, mais j'en doutais.

– Bonjour! dit-elle, ravie de me voir sur le pas de la porte.

– Désolée de vous déranger un vendredi soir, mais je passais par là et j'ai songé à vous rendre vos dossiers pédagogiques qui traînent dans ma voiture.

C'était vrai, même si ma visite avait un autre but.

– Entrez, je vous en prie.

Je pénétrai dans un salon propre comme un sou neuf, avec un orgue électrique recouvert d'un tapis vert.

– Vous avez eu une excellente idée de passer. Ben est parti avec son père à Falls River pour un devis et il ne rentrera que tard dans la soirée.

Je la suivis dans la cuisine.

– J'étais justement en train de faire réchauffer un peu de soupe. Vous en voulez?

Elle lut l'étiquette sur la boîte.

– Parfumée à la viande. Ça vous tente? Sinon je peux préparer autre chose.

– Non, ça ira très bien. Ben travaille dans le bâtiment, n'est-ce pas?

Lucy approuva.

– Oui. Il a construit cette maison avec son père, dit-elle avec un geste circulaire. Après manger, je vous ferai visiter. Il y a trois chambres, au cas où nous aurions des enfants.

Pour l'instant, Jill nous suffit amplement. Attendez de la voir.

Jill était un caniche nain, heureuse maman de trois semaines. Ensuite, Lucy me montra ses tapisseries et ses photos de mariage. Ce qui nous ramena à la lune de miel en Europe. Mon hôtesse m'apportait la détente dont j'avais besoin.

Une fois l'album refermé, elle le garda entre ses mains.

– Je n'ai probablement pas besoin de vous montrer tout ceci, car vous avez dû visiter l'Europe.

– Oui, mais je n'ai pas vu autant de choses que vous.

– Cependant vous avez beaucoup voyagé. Vous connaissez New York.

J'approuvai d'un signe de tête.

– Comment avez-vous atterri ici?

– Le travail m'a paru intéressant et j'en avais assez de la ville. Je suis née dans un lieu pas tellement plus grand que Pecking et je m'y sens bien.

– Vous vous plaisez ici?

– Oui.

– Nous n'avons pas les mêmes problèmes que dans les grandes agglomérations, voilà ce que j'aime. Nous n'avons pas besoin de nous battre contre toutes ces cochonneries comme la drogue ou les enfants martyrs. Vous avez dû en voir de toutes les couleurs, non?

Je la regardai droit dans les yeux.

– Vous savez, ces phénomènes ne s'arrêtent pas aux villes.

– Oui, peut-être là-bas dans la réserve.

– Voire à Pecking même. Il y a gros à parier que vous en avez dans votre propre classe.

Lucy se tut.

– Cela paraît impensable que de telles choses se produisent dans notre entourage, mais malheureusement, c'est souvent le cas.

La jeune femme fixa la couverture grise en simili cuir de son album orné d'un liséré doré.

– J'ai sans doute eu une vie protégée. Mais tant mieux. Il est plus facile de croire à la bonté des gens quand on ignore le mal.

Je scrutai le visage de mon hôtesse. Je souhaitais par-dessus tout lui parler de Jade et de nos séances dans le vestiaire car sa conduite me troublait au point de ne plus savoir que penser. Souffrait-elle d'aphasie? D'un traumatisme au cerveau? Y avait-il une explication organique pour justifier son comportement? Ou bien son cas relevait-il uniquement de la psychologie? Le mutisme avait disparu puisque la fillette répondait à qui lui adressait la parole. Mais elle ne s'exprimait spontanément qu'avec moi. Pourquoi? Ma nouvelle vie à Pecking me plaisait en dépit de mon extrême solitude. Mes collègues et amis étaient restés en ville et il paraissait difficile de prendre de nouveaux contacts ici. Mais avais-je parlé de ma classe à Lucy? Le fallait-il au risque de lui faire supporter un poids dont elle ne voulait peut-être pas, ou encore de me montrer déloyale envers mes élèves?

Finalement, je résolus de me taire. Ma collègue m'entraîna dans la cuisine où elle m'apprit à faire des gâteaux au chocolat et aux noix dans le four à micro-ondes. Nous nous installâmes ensuite devant la télévision pour les déguster avec un grand verre de lait tout en riant comme deux collégiennes.

Le lundi après l'école, Jade me rejoignit dans le vestiaire. Contrairement à son habitude, elle arriva en retard. Son premier geste fut de fermer les portes à clef et d'obstruer les trous de serrures. Cette fois-ci, elle se contenta de les verrouiller sans essayer de les rouvrir. Toujours cassée en deux, elle se dirigea jusqu'à un banc en traînant des pieds.

– Tu parais triste.

Pas de réponse.

– Tu as été très calme aujourd'hui. Tu vas bien?

– Oui.

– Qu'as-tu fait pendant ton week-end?

L'enfant haussa les épaules.

Le silence s'installa entre nous. Deux fois plus courbée que de coutume, ses cheveux tombaient sur ses épaules.

– On dirait que tu as envie de pleurer.

Alors, sa bouche se tordit et elle enfouit son visage dans la veste qu'elle avait sur ses genoux.

J'allai m'asseoir à ses côtés et la pris par les épaules.

– Que se passe-t-il, ma chérie?

– J'ai perdu mon chat, gémit-elle.

– Quelle terrible nouvelle! Comment est-ce arrivé?

– Elle a disparu.

Je la serrai contre moi.

– C'était un bébé, sanglota Jade en se reculant pour me regarder. Rien qu'un bébé.

– Pauvre minou. Pauvre Jade.

68

– Elle s'appelait Jenny. Je lui gardais toujours un peu de mon repas dans une serviette parce qu'elle était toute maigre et qu'elle avait toujours faim.

– Que lui est-il arrivé? Une voiture l'a écrasée?

En séchant ses larmes du revers de la main, la fillette secoua la tête.

– Non. Elle dormait dans la grange et puis elle a disparu.

– C'était un petit chat perdu que tu avais trouvé?

Trop bouleversée pour répondre, Jade se tut. Je voulus la consoler.

– Elle va probablement très bien. La plupart partent comme ça un jour, surtout les petits chats sauvages. Ils n'ont pas l'habitude de vivre avec les humains. Même si tu te montres très gentille avec eux, ils ne se croient pas obligés de rester.

– Elle ne s'est *pas* sauvé, répondit Jade. Elle ne le pouvait pas puisqu'elle se trouvait dans une boîte.

– Une boîte? Où cela?

– Je vous l'ai dit, dans notre grange. Juste derrière ma maison. Je lui avais apporté de la nourriture et je l'avais installée dans une boîte. Mais maintenant, elle n'y est plus.

– A qui appartient cette boîte?

– Ils l'ont prise et ils vont la tuer, gémit la fillette d'une voix brisée.

– Qui va la tuer?

– *Eux.*

– Je ne comprends pas. Qui ça, eux?

Les larmes se volatilisèrent et elle ouvrit de grands yeux sombres. Elle resta immobile, comme pour retenir son souffle, puis elle s'approcha.

– Qui a pris ton chat?

– Ellie, murmura-t-elle.

– Comment?

– Ellie, répéta l'enfant plus fort.

– Ellie qui?

– Celle qui est avec Bobby et J.R.

– Ellie, répétai-je perplexe. La dame à la télé?

– Parfois, elle passe à la télé et parfois elle vient chez moi.

– *Ellie?*

Devinant mon scepticisme, Jade leva vers moi un visage douloureux. Désireuse de ne pas détruire la confiance qui naissait entre nous, je changeai de tactique.

– Ainsi, Ellie a pris ton petit chat.

La fillette hocha la tête, les larmes aux yeux.

– Que fait-elle quand elle te rend visite?

– Il lui arrive de passer à la télé, mais la plupart du temps, elle vient nous chercher, Ambre et moi, pour aller rejoindre les autres.

– Quels autres?

– Bobby, Sue-Ellen et J.R. Parfois il y aussi Pam, Clayton et d'autres, mais je ne connais pas le nom de tout le monde.

Complètement perdue, je m'efforçai de trouver un sens à tout ceci sans pour autant avoir l'air de mettre sa parole en doute. L'honnêteté de Jade me donnait toutes les raisons du monde de penser qu'elle inventait inconsciemment cette fable.

– Tu parles des Ewing de « Dallas »?

Elle approuva d'un faible signe de tête.

– Oui, mais je ne sais pas très bien d'où ils viennent.

Je m'adossai contre le mur et le silence tomba.

– Jenny est le chat d'Ellie?

– Non. Ils l'ont attrapée. J'ignore à qui elle appartient. A personne, je crois. C'est juste un chaton.

– Mais alors, qui l'a prise? Et que faisait-elle dans la grange?

L'enfant haussa les épaules.

– Elle se trouvait là, voilà tout.

– Elle a peut-être atterri dans cette boîte par hasard. Les chats choisissent parfois des endroits bien curieux. Peut-être que personne ne te l'a volée. Cela te paraît possible?

Ses épaules s'affaissèrent et elle secoua la tête.

– Ellie ne lui ferait pas de mal, n'est-ce pas? Elle va peut-être lui donner une autre maison.

Jade se remit à pleurer.

– Non, ça ne se passe pas comme ça.

Je la dévisageai.

– Elle va tuer Jenny pour la manger.

9

Après trois ans passés à la clinique, mes collègues me manquaient beaucoup. Mais considérant l'enseignement comme une seconde nature, je me fondis très vite dans la routine scolaire. Et j'avoue sans fausse honte adorer cela. Il régnait un bon esprit de camaraderie entre nous et je m'intégrai à l'univers de Pecking. Parmi les professeurs, je passais pour la championne des éducateurs spécialisés.

Cette idée m'accablait, car si mon expérience professionnelle m'avait appris quelque chose, c'était bien mon absence de savoir. Le fait de pouvoir aborder des collègues de tous bords : psychiatres, psychologues, médecins, assistantes sociales, orthophonistes et éducateurs spécialisés, avait joué un rôle important dans ma méthode de travail. Si je ne trouvais pas de réponse à une question, il y avait toujours quelqu'un capable de le faire ou qui, du moins, pouvait émettre une idée. Et brusquement, je me retrouvais isolée, à trente-sept kilomètres du premier collègue. Même si Falls River comptait un grand nombre d'établissements qualifiés, je ne connaissais personne, et en tant que simple enseignante, je n'osais les aborder.

Arkie Peterson constituait mon seul contact professionnel. Depuis le mois de janvier, je l'avais entrevue plusieurs fois à des réunions qui laissaient peu de place aux dialogues. Un coup d'œil sur l'organisation administrative m'expliqua la raison de nos rares rencontres. Outre Pecking, elle assumait la responsabilité de plus de 1 200 élèves disséminés sur un vaste territoire rural. Bien que basée à Falls River, elle passait le plus clair de son temps sur la route et on ne la trouvait à son bureau que le jeudi après-midi. Fallait-il encore la coincer.

J'éprouvais de plus en plus le besoin de parler de Jade avec un professionnel. En classe, la fillette faisait des progrès lents mais réguliers. Même si elle répugnait à parler spontanément, elle se mêlait aux garçons pour participer à des activités de groupe, et Jeremiah ne la provoquait que très rarement. Cependant mon souci majeur n'était pas son comportement en classe. Nos retrouvailles du soir m'intriguaient bien davantage et honnêtement je ne savais pas quelle attitude adopter.

Au fil du temps, l'hypothèse selon laquelle Jade aurait subi un traumatisme au cerveau me laissait sceptique. Elle parlait et articulait bien, sans la moindre hésitation ni blanc permettant de croire à l'aphasie. Au contraire, elle maintenait un contrôle caractéristique du mutisme électif. En conclusion, je constatai avec satisfaction que son problème relevait de la psychologie sans aucune base physiologique. Mais à quel point était-elle perturbée? Cette question demeurait entière. En cours, elle manifestait tous les signes d'intégration à la réalité et elle avait un niveau plus élevé que celui de ses camarades. Pourtant le soir, elle tenait des conversations étranges et dénuées de sens.

Arkie était la seule personne vers laquelle je pouvais me tourner car, dès notre première rencontre, nous avions sympathisé. En dépit de son physique à la Dolly Parton, elle était intelligente, sensée et son expérience professionnelle pouvait m'apporter l'aide que je recherchais.

– Bonjour! me dit-elle d'une voix enjouée, lorsque je réussis enfin à la joindre au téléphone. Vous tenez le coup?

Je lui expliquai que dans l'ensemble les choses allaient plutôt bien mais que j'avais besoin de discuter en profondeur du cas de Jade, surtout en cette fin d'année où il fallait prendre des dispositions pour la rentrée scolaire.

Il y eut un grand silence à l'autre bout du fil et j'entendis le froissement de feuilles que l'on tournait.

– Écoutez, Torey, j'ai un emploi du temps terriblement chargé et je n'ai pas prévu de me rendre chez vous avant l'automne. Mais si vous ne faites rien de particulier vendredi soir, nous pourrions dîner ensemble.

J'accueillis sa proposition comme un signe de la providence.

Nous nous retrouvâmes *Chez Tottie*, un petit restaurant bondé et bruyant de Falls River. On nous conduisit vers une minuscule table située entre la cuisine et les toilettes.

– Bonjour! s'écria un jeune homme avec enthousiasme. Je m'appelle Keith et je vais m'occuper de vous. Ce soir, David est notre chef cuisinier.

– Fantastique! Moi je m'appelle Arkie. Keith, n'auriez-vous rien de mieux à nous offrir?

Elle désigna du doigt notre table.

– Voyons ce que vous avez réservé. Deux couverts? C'est bien cela?

– Écoutez, je suis venue pour passer une soirée tranquille, pas pour discuter avec David et ses fourneaux, et je peux fort bien aller dîner ailleurs. Alors, que diriez-vous de m'attribuer une autre place?

Stupéfaite par son audace tranquille, je me réfugiai humblement derrière elle. Également surpris, le serveur regarda autour de lui comme pour chercher de l'aide.

– Je crois qu'il y a quelque chose près de la cheminée. Nos clients n'étant pas encore arrivés... nous pouvons toujours permuter...

– Parfait, dit Arkie.

Après nous avoir installées, Keith demanda:

– Je peux vous envoyer quelqu'un pour la commande de vin? Ou bien souhaitez-vous consulter la carte?

Nous passâmes vingt minutes à choisir nos plats et à bavarder de tout et de rien. Tout comme la première fois, ma compagne m'en imposait avec son assurance et son abord chaleureux. Parler avec elle me rappelait mes contacts avec mes anciens collègues, lorsque nous discutions avec humour de sujets personnels et de chiffons.

Puis la conversation s'orienta sur Jade. Je lui rapportai ses visites après les cours, sa façon de fermer la porte pour se sentir en sécurité. Je décrivis la scène des poupées à connotation plus ou moins sexuelle, puis je parlai de Tashee, d'Ellie et des autres.

Une fois mon récit terminé, Arkie murmura:

– Eh bien! Vous n'avez pas de quoi vous ennuyer là-bas.

– Je ne pense pas qu'il faille la remettre tout de suite dans une classe normale.

– Sûrement pas. Mais avez-vous une explication pour son comportement? Quand je m'occupais d'elle, je n'ai rien remarqué de particulier.

– Ma foi, je ne sais que penser. En classe, j'ai affaire à une petite souris renfermée sur elle-même, cassée en deux et à la démarche traînante. Elle s'applique dans son travail et obtient de bons résultats, cependant elle fait difficilement un geste spontané. Dans les vestiaires, je me retrouve face à une enfant effrontée et braillarde qui se balance aux tuyaux et qui jette les jouets dans tous les sens. Je n'ai jamais connu de tels excès dans toute ma carrière.

– Dédoublement de personnalité?

Je plissai le nez.

– Je n'arrive pas à y croire.

– Pensez-vous qu'elle pourrait avoir des hallucinations? Surtout quand elle parle des héros de « Dallas »?

– Cette hypothèse ne me plaît guère.

En fait, je craignais surtout que Jade perde contact avec la réalité, attestant ainsi l'existence d'un problème d'ordre émotionnel beaucoup plus grave que le mutisme électif. Chez un enfant, on diagnostique rarement une psychose hallucinatoire et je redoutais surtout d'avoir à officialiser ce trouble et à prononcer la condamnation à vie qui en résulte.

– Mais croyez-vous cela possible? Ou bien affabule-t-elle?

– Dans quel but? répondis-je. Pourquoi toutes ces relations mystérieuses? Surtout quand elle ne paraît pas les aimer outre mesure, hormis Tashee.

Du bout de sa fourchette, Arkie repoussa la nourriture sur le bord de son assiette.

– Existe-t-il des indices quant à un mauvais traitement dans la famille? demandai-je.

Ma compagne redressa vivement la tête.

– Que voulez-vous dire? Ses parents la battraient? Vous avez des preuves?

– Je pensais à des sévices sexuels...

– Non, je n'ai rien entendu de ce genre. Mais comment se fait-il que vous y ayez pensé? Vous soupçonnez quelque chose?

– Je ne sais pas au juste. C'est que...

Après une pause, je repris:

– Par le passé, j'ai découvert un rapport entre les mauvais traitements, parmi lesquels les sévices sexuels, et quelques formes de mutisme électif. Ce qui explique pourquoi je n'exclus pas cette hypothèse. Et dans le cas de Jade... certains de ses actes ont une connotation sexuelle. J'ai une sorte de pressentiment, rien de très précis, si vous voyez ce que je veux dire. Mais comme la sensation que quelque chose se cache derrière la façade.

Arkie fronça les sourcils en prenant son verre de vin. Lentement, elle hocha la tête.

– Non, je n'ai entendu parler de rien. A mes yeux, les parents forment un couple sans intérêt, surtout le père. Il me fait l'impression d'un homme complètement dépassé, qui redoute d'affronter toutes ces femmes dans sa maison. Quant à la mère, vu son manque de personnalité, elle ne me semble pas assez intelligente pour jouer un rôle quelconque. Rien ne permet de conclure qu'ils martyrisent l'un de leurs enfants. Nous connaissons la famille depuis que Jade a trois ans et ils semblent bien s'occuper de leurs filles. D'ailleurs, les deux autres se portent bien.

Le nez dans mon assiette, je me tus, ne sachant quoi ajouter puisque j'étais incapable de communiquer mes impressions. Perplexe et troublée, j'ignorais par quel bout traiter le problème.

Il restait trois semaines avant la fin des cours et on prenait les dispositions nécessaires pour l'été. Le fait de retrouver mes quatre élèves à la rentrée me simplifiait grandement la tâche comparé aux autres années. Je n'avais plus qu'à m'occuper des vacances.

Reuben partait à Los Angeles suivre un stage pour enfants autistes, dont la thérapeutique mettait l'accent sur le behaviorisme. L'une de ses nurses devait l'accompagner et sa mère avait prévu d'aller les rejoindre une semaine par mois. Cette nouvelle expérience enthousiasmait la famille qui avait distribué à la dernière réunion de parents d'élèves des brochures explicatives sur ce programme. Depuis mon arrivée cinq mois plus tôt, Reuben avait fait des progrès réguliers mais lents, sans qu'interviennent les techniques du behaviorisme que je connaissais par ailleurs fort bien. Je doutais de l'efficacité de ce séjour, mais cela paraissait toujours mieux que rien. Devant la gentillesse de ses parents, je promis de poursuivre cette technique si elle répondait au problème de leur fils.

Philip devait camper deux semaines dans la région avec un groupe d'enfants handicapés sous l'égide d'une association bénévole de Falls River. L'idée me plaisait beaucoup car la plupart des participants souffraient d'un sérieux handicap et chacun avait un conseiller attitré, pour la plupart des étudiants. Philip ferait sans doute partie des cas les moins graves et j'espérais que sa personnalité attachante lui donnerait la possibilité de se faire aimer et de prouver ses capacités. Il le méritait.

Le cas de Jeremiah s'avéra plus difficile. Il ne devait pas

se retrouver livré à lui-même car il arrivait à un âge où il pouvait commettre des bêtises lourdes de conséquences. Ensemble, nous avions accompli de grands progrès, mais tout dépendait d'un cadre rigide et d'une poigne de fer qui lui faisaient défaut chez lui. Je réussis à lui trouver un cours de rattrapage de six semaines à Falls River. Cela impliquait des aller et retour en car, or Jeremiah n'avait rien du passager idéal. En outre, ce programme ne paraissait pas vraiment adapté à ses besoins, mais je ne pus rien dénicher de mieux. Dans le but de l'encadrer davantage, je réussis à l'inscrire à un club pour enfants à raison d'une fois par semaine.

Il restait Jade. Comme pour Jeremiah, je voulais la placer au sein d'une structure bien organisée, ce qui me créa toutes les peines du monde. A Pecking, aucun cours ne correspondait à son niveau scolaire, excluant ainsi toute possibilité de l'envoyer à la même école que son camarade. Je dénichai une séance hebdomadaire d'arts plastiques et deux semaines dans un camp organisé par l'église méthodiste.

– Nous ne sommes pas méthodistes, protesta M. Ekdahl lorsque je lui fis part de mes projets.

– Non, bien sûr. Mais le pasteur m'a expliqué qu'il s'agissait d'un programme œcuménique. Et comme il n'y a pas d'autres colonies de vacances dans la région, ils acceptent les enfants de toutes confessions.

Il fronça les sourcils :

– Sans être vraiment athées, nous ne pratiquons aucune religion. Il me paraît inutile de bourrer le crâne d'un enfant avec toutes ces bêtises sur Jésus. Nous avons appris à nos filles à s'ouvrir sur l'extérieur et à respecter tout ce qui vit. Nous n'avons pas besoin de ces sornettes de protestants. Plus tard, elles décideront par elles-mêmes de leur foi.

– Je n'avais pas envisagé le problème sous cet angle. J'ai simplement pensé à la possibilité qui s'offrait à Jade de se retrouver avec d'autres enfants et de jouer en plein air.

– Elle s'amuse beaucoup à la maison avec ses sœurs, me répondit le père.

Alors Mme Ekdahl, qui n'avait encore rien dit, prit la parole tout en portant Saphir dans les bras.

– Elle est trop jeune pour ce genre d'activités.

– Votre fille a huit ans et demi et elle aura des tas de camarades de son âge.

– Mais comment va-t-elle supporter cette séparation ? reprit la mère d'une voix plaintive. Ce sera la première fois.

– Vous voulez dire qu'elle n'a jamais quitté la maison pour aller dormir chez des amis ou dans la famille ?

– Non, jamais.

Je la dévisageai.

– Ce sont *nos* filles, insista la mère. Je ne les confierai jamais à des étrangers. Et s'il leur arrivait quelque chose et qu'elles réclament leur mère ? Nous ne les avons même jamais laissées à une baby-sitter.

Je la regardai, incrédule.

– *Jamais ?*

– Non. La façon dont certains parents se déchargent de leurs enfants me choque. Pourquoi en avoir si vous ne les assumez pas ?

– Mais vous n'avez *jamais* confié l'une de vos filles à *personne* ?

– Non, répliqua-t-elle sans détour.

Je la devinais satisfaite de mon étonnement.

– Pourquoi aurais-je eu envie de m'en débarrasser ?

M. Ekdahl intervint :

– Vous comprenez maintenant pourquoi nous ne pouvons pas envoyer Jade dans ce camp.

Je suggérai à M. Tinbergen d'organiser un pique-nique comme je le faisais chaque année pour fêter le dernier jour de classe. Je pensais qu'à titre exceptionnel nous pourrions aller au parc de Pecking, situé assez loin de l'école. Après discussion avec mes collègues, le directeur décida que l'événement aurait lieu sur le terrain appartenant à l'école, ce qui nous éviterait un transport en car.

Ma classe fut chargée de préparer le gâteau. Je conduisis mes élèves dans la salle des professeurs pour préparer la pâte. Cette expérience se révéla un peu délicate, car à part quelques timides tentatives culinaires, nous n'avions jamais attaqué la pâtisserie. Comble de malheur, le four était trop petit pour la taille du gâteau. Nous le divisâmes en quatre parts égales, que nous fîmes cuire séparément, avant de les réunir par du glaçage.

Pendant ce temps Jeremiah avait mis de la musique et il fallait constamment convaincre Reuben et Philip de ne pas se goinfrer. Nous dûmes néanmoins faire un second bol de glaçage, car nous avions goûté le premier si souvent que nous n'en avions plus assez pour recouvrir notre dessert. Plein de zèle, fait assez inhabituel chez lui, Jeremiah se mit à trier les *smarties* par couleur et les disposa soigneusement sur la pâtisserie en un arc-en-ciel saisissant de simplicité. Le résultat fit l'admiration générale.

Étonné de sa propre réussite, Jeremiah recula pour contempler son chef-d'œuvre.

– C'est joli, hein? murmura-t-il.

– C'est magnifique, lui dis-je.

– C'est dommage que maman ne puisse pas le voir. Comme ça, elle saurait que je peux faire quelque chose de bien.

– J'ai apporté mon appareil photo. Si tu veux, nous allons le photographier.

Devant l'enthousiasme des enfants, je partis chercher mon appareil. A mon retour, tout le monde se bouscula pour poser derrière le gâteau.

– Toi aussi, Jade. Viens. Nous prenons une photo de toute la classe.

Elle resta à l'écart.

– Allons, viens.

Elle secoua la tête.

– Mets-toi à côté de Jeremiah. Tu as aidé à pétrir la pâte, alors c'est aussi ton gâteau.

– Non.

– Non?

– Je ne veux pas qu'on me photographie.

– Allons! Ce sera mon premier souvenir de cette année. Une photo pour célébrer notre gâteau et les bons moments que nous avons eus ensemble.

– Je ne veux pas qu'on me prenne en photo.

Les garçons s'impatientèrent. Contournant la table, Jeremiah attrapa Jade et la plaça de force devant l'objectif.

– Allez, ne sois pas idiote.

– Les garçons, souriez.

Tous les trois m'offrirent un large sourire tandis que Jade gardait une mine renfrognée.

J'attendis un instant dans l'espoir qu'elle retrouve sa bonne humeur.

– Jade, fais-nous un beau sourire.

– De toute façon, déclara Jeremiah, on ne la verra pas avec sa façon de se tenir courbée. Alors prenez la photo sans vous occuper d'elle. Après tout, elle est là et ça suffit. On se fout de son sourire.

10

Le jour dit, MM. O'Banyon et Tinbergen installèrent les tables pliantes sur l'herbe. L'odeur des barbecues arrivait jusqu'à nous par les fenêtres ouvertes. J'éprouvais un léger pincement au cœur en procédant à l'inventaire des fournitures et en fermant les armoires. Pour moi, la fin des cours avait toujours revêtu plus d'importance que la Saint-Sylvestre et je me retrouvais à chaque fois dans le même état d'esprit. Cependant, cette fin d'année était plutôt moins triste puisque nous devions tous nous retrouver à la rentrée.

Après avoir tout installé, M. Tinbergen mit à griller des saucisses tandis que Lucy et moi nous nous débattions pour sortir les cartons de glace du congélateur. Les autres professeurs distribuaient la vaisselle en carton.

C'était une superbe journée de juin, presque trop chaude, le temps idéal pour un pique-nique. Une fois les hot-dogs prêts, je servis mes quatre enfants. Puis nous fîmes la queue derrière les élèves de Lucy pour prendre des chips, des haricots blancs à la sauce tomate et des sodas. Ensuite nous nous retirâmes à l'ombre d'un sycomore géant.

– Regardez-moi!

Jeremiah avait grimpé sur l'une des branches basses de l'arbre.

– Je vais manger ici. Passez-moi mon assiette.

– Et le mot magique? demandai-je en lui tendant son plat.

– Vous avez vu ce que fait Reuben? cria-t-il en guise de réponse.

Profitant de ce que j'avais le dos tourné, Reuben avait entrepris de décorer l'herbe de ketchup. Je serrai si fort la bouteille en voulant la lui arracher des mains que je provoquai un jet cramoisi. Tout le monde éclata de rire, même Jade.

Après le repas, nous rejoignîmes les autres pour jouer. Jeremiah refusa de participer à certains jeux sous prétexte que c'était pour les bébés et voulut rejoindre les plus grands pour jouer au ballon. Cela ne dura que quelques minutes puisqu'il ne fit pas partie de la première sélection. Alors, il sauta sur les cages à poules et joua à Musclor avec force bruits. Reuben et Philip s'amusaient dans le bac à sable et Jade flânait aux alentours.

– Tu veux bien m'aider? lui demandai-je quand elle passa près de moi. Nous allons bientôt rentrer et il faut tout ranger.

La fillette approcha tandis que j'empilais les assiettes et les verres pour les jeter dans un sac en plastique.

A ce moment-là, Reuben courut vers nous, tenant la braguette de son pantalon.

– Pipi!

– Vite.

Je le poussai vers les toilettes, abandonnant Jade sur place.

– Tu veux bien porter le sac poubelle à l'intérieur? M. O'Banyon le brûlera après les cours.

Elle partit en tirant son fardeau.

Jeremiah avait réussi à convaincre Philip de lui servir de monture. Il sautait à cœur joie sur le dos de son camarade qui tournait en rond à quatre pattes dans le bac à sable. Après avoir vérifié que tout le monde était occupé, j'entrepris de ramener dans la classe ce que nous avions sorti pour le pique-nique.

Dans l'escalier, j'entendis Reuben éclater en sanglots. Plantant là tout ce que j'avais dans les bras, je gravis les dernières marches à toute allure.

– Reuben? Où es-tu?

Normalement, les enfants utilisaient les toilettes du sous-sol puisqu'ils n'avaient pas la permission de se servir des commodités qui se trouvaient à côté de notre classe. Sauf Reuben car il avait tendance à se perdre. Ce réduit comportait un WC et un lavabo destinés à des handicapés avec un loquet de sûreté, mais sans serrure.

Les pleurs me menèrent devant ce réduit. Jugeant le garçon en détresse, je m'arrêtai devant l'armoire de M. O'Banyon pour prendre un tournevis de façon à faire sauter le verrou si nécessaire.

Lorsque j'ouvris la porte, je restai bouche bée. Jade était assise sur la lunette, sa robe retroussée jusqu'à la taille et sa culotte aux chevilles. Reuben se tenait devant elle, la salopette défaite et poussait des cris de douleur parce que la fillette lui serrait le sexe.

– Lâche-le *tout de suite!*

Pétrifiée par mon apparition, elle n'obéit pas. Curieusement, elle ne semblait pas embarrassée d'être prise sur le fait. Son visage affichait même une curieuse expression de défi.

– J'ai dit, *lâche-le!*

Cette fois-ci, elle s'exécuta.

– Maintenant, rhabille-toi et va m'attendre dans la classe.

Ce qu'elle fit également.

Seule avec Reuben, je m'efforçai de le réconforter tandis qu'il tenait son pénis à deux mains en pleurant à chaudes larmes.

Le sol était souillé d'urine et de papier hygiénique. J'entrepris d'essuyer de mon mieux, préoccupée par les enfants livrés à eux-mêmes, la réaction des parents de Reuben et l'arrivée imminente des cars.

– Pauvre chou! dis-je en le berçant dans mes bras. Tu as eu très peur.

– Pipi, sanglota-t-il.

– Tu es venu pour ça et qu'est-il arrivé? Raconte-moi ce que Jade a fait.

– Pipi, gémit-il.

Contrariée à l'idée de ne jamais connaître le fin mot de l'histoire, je continuai de le consoler.

– Jade est entrée pendant que tu occupais les toilettes?

Il me bouscula avec impatience.

– Le pipi de Reuben, hurla-t-il en retirant ses mains de son sexe pour la première fois.

La vue de son pénis qui portait des marques de dents me consterna.

Quand j'entrais dans la classe, Jade avait disparu. La pendule marquait à peine quinze heures trente lorsque les cars se garèrent devant l'école. Il régnait un chaos général. Devinant que quelque chose me retenait, Lucy s'était occupée de Jeremiah et de Philip, mais Jade demeurait introuvable.

J'amenai Reuben larmoyant à sa nourrice et me confondis en excuses en lui narrant l'incident. Je lui donnai mon numéro de téléphone afin que ses parents puissent m'appeler s'ils souhaitaient de plus amples détails et je renouvelai mes excuses. Ce genre d'événement laisse toujours un traumatisme certain, dont je me sentais responsable dans ce cas précis.

Après le départ des enfants, je passai chez Lucy où je m'effondrai sur une chaise et lui racontai ce qui s'était passé.

– Comment? s'écria ma collègue choquée.

– Vous m'avez bien entendue, j'en ai peur.

Lucy plissa le nez.

– Qu'allez-vous décider?

– Elle est partie, elle est partie. Et je ne crois pas utile d'aller voir ses parents, surtout la veille des vacances. Qu'y puis-je, de toute façon? Comment empêcher que ce genre de chose se produise?

Je poussai un soupir avant d'ajouter :

– Mais quelle fin d'année épouvantable.

La jeune femme me regarda.

– C'est la première fois qu'elle fait ça?

– A ma connaissance, oui.

– Eh bien...

Un silence pesant s'installa, puis Lucy baissa la tête avant de lever les yeux sur moi.

– Où une petite fille peut-elle bien apprendre ce genre de chose? Je veux dire, tout ceci me paraît terriblement malsain. Pareille idée ne peut venir toute seule à l'esprit d'une enfant. Qu'en pensez-vous?

Je haussai les épaules.

– De nos jours, les enfants voient toutes sortes de choses n'importe où, à la télé ou en vidéo. Elle a peut-être assisté à une scène similaire, mais...

– N'empêche que tout ceci est malsain, insista Lucy. Je suis peut-être inexpérimentée dans ce domaine, mais je persiste à trouver immoral que des petites filles s'adonnent à ce type de pratiques.

De retour dans ma classe, je bouclai les derniers détails et je me préparai à rentrer chez moi de bonne heure. Je me dirigeai vers ma voiture avec un carton chargé d'affaires que je voulais emporter. J'ouvris le coffre pour y déposer mon fardeau et, à cet instant, Jade surgit d'entre les voitures.

– Bonjour!

De toute évidence, elle était passée chez elle puisqu'elle portait un costume bain de soleil orange, comme on en trouve dans les solderies. La couleur contrastait avec ses cheveux sombres que le vent plaquait sur son visage. La sensualité qui se dégageait de ses yeux bleus frangés de noir ainsi que de cette moue ne m'échappa pas.

– Je suis contente de te revoir. Je n'aurais pas aimé que nous terminions l'année sur une note triste.

Jade me regarda.

– Tu veux retourner en classe pour parler?

Elle semblait si irréelle entre ces voitures que j'aurais pu croire à un mirage. Son silence accentuait cette impression. Elle repoussa de la main une mèche de cheveux, et ce fut son premier geste depuis son apparition.

– J'aimerais comprendre ce qui est arrivé avec Reuben. Tu veux bien me raconter ta version des faits?

Il me fallait tirer cette affaire au clair maintenant, sur ce parking, car je pressentais qu'elle ne retournerait pas en classe. Je repris d'une voix douce :

– Je veux bien croire que tu ne l'as pas fait exprès, car tu n'aurais pas agi ainsi si tu avais su que cela rendrait Reuben aussi malheureux.

Jade se mordilla les lèvres.

– Le corps humain possède des endroits intimes, et nul n'a le droit d'y toucher si le propriétaire ne le veut pas. Chez les garçons et les hommes, il s'agit du pénis, des testicules et des fesses. Chez les filles, du vagin et des fesses. Puis plus tard, quand elles ont grandi, de la poitrine. Ces endroits très sensibles réagissent au toucher. Voilà pourquoi il faut les préserver. *Personne* n'a le droit d'y toucher sans permission.

Jade ne cessa pas de me regarder, mais ses grands yeux restèrent inexpressifs.

– Tu comprends?

Elle ébaucha un signe de tête crispé.

– Voilà pourquoi je ne pouvais pas te laisser faire cet après-midi. Si Reuben ne veut pas que l'on touche son pénis, il en a parfaitement le droit et tu dois respecter sa décision. J'espère que tu ne recommenceras pas.

Des larmes lui montèrent aux yeux.

– Comme je te l'ai déjà dit, je crois que tu ignorais tout ça. Maintenant cela ne se reproduira plus, n'est-ce pas? Alors, nous allons oublier cet incident.

Je voulus la serrer dans mes bras, mais elle recula pour m'éviter.

– Vous aviez dit que vous pourriez m'aider.

– Comment cela?

– Quand vous êtes arrivée.

L'envie de pleurer brisait sa voix.

– Vous avez dit que vous connaissiez les problèmes des enfants comme moi et que vous m'aideriez à guérir.

Je la dévisageai.

– Ce jour-là, je vous ai crue et je vous ai parlé parce que j'ai cru que vous alliez m'aider. Vous l'aviez dit.

11

Je consacrai la première semaine de vacances à faire une foule de choses dans mon appartement, resté tel quel depuis mon arrivée. Bousculée par le temps, j'avais simplement donné un coup de balai avant d'emménager. Comme les murs avaient besoin d'une bonne couche de peinture, je me mis à l'ouvrage. J'en profitai aussi pour déballer les caisses et les cartons entassés dans un coin. Cette tâche avait quelque chose de symbolique. Jusque-là, je n'étais qu'une étrangère de passage qui avait atterri à Pecking par hasard et pouvait en repartir du jour au lendemain. Maintenant, mon installation faite, j'avais enfin un chez-moi.

L'été était chaud et je consacrais un peu de temps à flâner. Lucy était la seule personne de l'école que je voyais régulièrement. Son mari et elle pratiquaient le ski nautique et possédaient un petit hors-bord ancré sur le lac artificiel des environs. D'un naturel sportif, l'idée d'apprendre le ski nautique me plut car je m'imaginais ainsi retrouver la forme. En fait, je fus lamentable et je détestai ces chutes répétées dans l'eau, qui me faisaient boire la tasse. Cependant je partis la plupart des week-ends avec eux parce que j'avais découvert la joie de piloter le bateau et de faire griller de savoureux hamburgers sur le barbecue.

Je passai les six dernières semaines de vacances en ville pour participer à un stage de formation à la clinique. J'avais initialement prévu de loger à l'université du coin, mais finalement, j'acceptai de m'installer chez Hugh, un ancien petit ami.

Depuis mon arrivée à Pecking, je n'avais plus de vie privée. En réalité, cela remontait à bien plus longtemps. Ma relation avec Hugh avait duré trois ans, le temps de mon passage à la clinique. A cette époque, nous n'avions jamais parlé mariage. Mon tempérament et la perspective d'une carrière brillante m'interdisaient tout engagement à long terme. Quant à Hugh, il avait déjà été marié et était plutôt échaudé. Mais notre liaison devenant de plus en plus intense, nous décidâmes de vivre ensemble.

En fait, nous n'en eûmes pas le temps. A peine avais-je prévenu le propriétaire de mon déménagement que nos rapports se détériorèrent. Cela n'avait rien d'étonnant, vu nos personnalités différentes. J'incarnais l'intellectuelle bien dans ses baskets face à un homme de la campagne qui buvait beaucoup. La plupart de nos plaisanteries ainsi que la majorité de nos disputes tournaient autour de cette disparité. Hugh avait abandonné ses études pour se lancer dans une entreprise de désinsectisation. Grâce à son sens du commerce, son affaire était devenue l'une des plus importantes de la ville. Pour tout dire, c'était son métier qui m'avait d'abord attirée. Il parcourait la ville dans une camionnette badigeonnée de fresques représentant des insectes morts. J'avais admiré son sens de l'humour et son côté désinvolte. Malheureusement, ce genre de travail ne se prêtait guère aux conversations mondaines des cocktails professionnels, et après une soirée passée avec mes amis, il me reprocha d'être une citadine à l'avenir tout tracé. A ses yeux, mon métier était totalement irréaliste même s'il partait d'un bon sentiment. Il adorait souligner qu'en dépit de mes études, je gagnais moins d'argent que lui.

C'est uniquement à cause de nos crises de fou rire que notre relation dura si longtemps. Après une journée difficile, Hugh était un excellent remède contre la morosité. En outre, j'aimais autant son univers peuplé de bars de country-music et de crêperies que le théâtre ou les restaurants de mes collègues. Schizophrénie de ma part? Toujours est-il que la réalité nous frappa au visage le jour où nous décidâmes de vivre ensemble. Nous comprîmes que nos différences, qui constituaient la force de notre couple, deviendraient un calvaire au quotidien. D'un commun accord, nous décidâmes de nous séparer et, comme d'habitude, cela se passa dans la bonne humeur.

Nous étions au mois d'août et depuis mon arrivée à Pecking en janvier, je n'avais pas eu de liaison. Il m'arrivait de sortir, mais côté distractions, cette ville ressemblait à un désert. En suivant ce stage de six semaines, je ne cherchais pas à renouer avec la civilisation ou avec Hugh. Cependant nous n'avions pas perdu contact et lorsqu'il m'invita chez lui, cela me parut plus sympathique que de rester seule dans mon coin.

Je vécus six semaines déroutantes. A la clinique, j'avais eu l'habitude de partager mon bureau. Mon dernier compagnon en date s'appelait Jules, un homme très posé qui avait choisi de se spécialiser dans la psychiatrie des enfants après une première carrière d'urologue. A mon retour, il occupait la totalité des lieux, ayant relégué toutes mes affaires dans un coin. Sans broncher, je réintégrai ma place, avec ma tasse de café dans la salle du personnel et mon nom sur la boîte aux lettres. Cependant, l'atmosphère n'était plus la même. Me sachant en transit, je n'arrivais pas à profiter pleinement de mon séjour, un peu comme un patient atteint d'une maladie incurable. Je remarquai une foule de détails qui m'avaient manqué sans le savoir. On me traitait avec chaleur et sympathie, un peu comme au retour de l'enfant prodigue. Même avec Hugh, les choses avaient changé. Nous avions redémarré comme si cette séparation n'avait jamais eu lieu, mais nos disputes avaient disparu. Une impression de provisoire planait dans l'air, car nous n'arrivions pas à oublier mon prochain départ.

J'avais emporté avec moi le dossier de Jade. De tous mes élèves, son cas demeurait le plus préoccupant. Même si je ne parvenais pas toujours à aider les garçons, j'avais plutôt bien cerné la nature de leurs problèmes. Mais avec Jade, j'y perdais mon latin. J'avais également emporté la cassette vidéo où elle réclamait mon aide, plusieurs de ses devoirs et mes notes sur ses visites du soir, dans l'espoir que Jules ou quelqu'un d'autre puisse m'éclairer.

La projection souleva un vif intérêt et tout le monde prit le temps de la regarder, même M. Rosenthal, notre directeur. Jade les fascina par sa façon subite de se redresser et par son appel au secours. De l'opinion générale, elle savait à quoi servait une caméra et elle avait lancé un appel sincère.

J'avais également pris avec moi les dessins qu'elle avait faits dans le vestiaire. J'attirai l'attention sur les personnages en forme de cloches, soulignant le fait que l'enfant en parlait comme de fantômes. Je n'avais pas non plus oublié son œuvre la plus symbolique, la croix dans un cercle, « l'endroit marqué d'une croix » pour reprendre son expression. En fait, elle avait très souvent dessiné ce symbole, surtout en période de colère. Je donnai moult détails sur ses visites, l'obsession des portes fermées à clef, la crainte des araignées, la scène des poupées. Et je mentionnai l'incident avec Reuben le dernier jour de classe.

Tout le monde avait son idée sur la question, mais à ma grande consternation, leur avis se limitaient au cadre psychoanalytique, ce qui ne m'aidait guère dans ce cas précis. Je finis par me ranger à l'opinion générale, renonçant à recevoir des réponses précises pendant mon séjour à la clinique. J'avais passé assez de temps dans ce métier pour savoir que rien n'était simple. Mais en partageant mes informations et en écoutant les autres, j'avais espéré qu'une étincelle jaillirait de notre dialogue.

J'avais pour principe de ne jamais parler de mon métier avec Hugh, et il me parlait rarement de rats ou d'araignées. Par le passé, il m'était arrivé de faire allusion à un cas qui me paraissait difficile, mais sans entrer dans le détail. Ce soir-là en rentrant, j'avais jeté les dossiers sur la table de la salle à manger, éparpillant dans mon élan les affaires de Jade.

– Qu'est-ce que c'est? me demanda Hugh en débarrassant la table pour le dîner.

– Quelques documents sur l'une de mes élèves. Je les ai apportés pour avoir l'opinion des confrères.

– Seigneur, murmura-t-il en regardant les dessins. Comme c'est bizarre. De quoi souffre-t-elle?

– Je ne sais pas au juste.

– Regarde-moi ça, me dit-il en brandissant la croix en mosaïque.

– Oui, elle donne à fond dans les symboles et fait aussi des tas d'autres signes, mais celui-ci semble son préféré. Il revient tout le temps. Jules prétend qu'il y a un rapport sexuel, le cercle représentant le vagin et la croix le point de pénétration.

Nous regardâmes le dessin en silence.

– Je ne suis pas sûre de partager cet avis car il voit des représentations phalliques partout. Cependant, dans ce cas précis, il pourrait bien avoir raison. En fait, je finis par me demander si cette enfant ne subit pas des sévices sexuels.

Hugh se pinça les lèvres.

– Cela pourrait représenter autre chose.

– Quoi donc?

– Il y a une librairie spécialisée dans l'occultisme à East Marl Street, juste en face de la cafétéria où Barry et moi achetons nos sandwiches le midi. J'y vais parfois en l'attendant. Or il me semble avoir vu quelque chose de semblable dans un livre. Attention, je ne dis pas que ton type se trompe. En fait, il peut s'agir de n'importe quoi. Après tout, ce n'est qu'une croix au milieu d'un cercle. Pourtant je me souviens avoir vu quelque chose du même genre. C'est ce que les adeptes d'une secte satanique gravent sur les arbres pour célébrer leur messe noire.

Sans rien dire, je contemplai la mosaïque de Jade.

– C'est un endroit plutôt marrant, reprit Hugh. Rempli de boules de cristal, de bougies et de bouquins vraiment très curieux. Et la fille qui tient la boutique est une sorcière.

– Tu lui as parlé?

– Oui, bien sûr. Je lui ai dit qu'elle pouvait compter sur moi si elle avait besoin de pattes d'araignée ou d'ailes de chauve-souris. Je lui ai promis une ristourne si elle me passait une grosse commande.

– Vraiment! dis-je en lui donnant une tape amicale, persuadée qu'il lui avait effectivement proposé ses offres de service.

Je plaçai le dessin de Jade dans son dossier.

– Des satanistes? murmurai-je. Pourquoi pas? Ou un mutant que les fées auraient transformé en petite fille? Ou une extra-terrestre? Ces hypothèses ne me paraissent pas plus absurdes que la théorie de Jules concernant la manière dont elle a vécu l'apprentissage de la propreté.

Les vacances arrivèrent à leur terme. Pour ma dernière soirée en ville, Jules et sa femme m'emmenèrent au théâtre puis au restaurant. Nous parlâmes de la pièce que nous venions de voir pendant le dîner. Puis le café arriva.

– Ça te manque? me demanda Hugh.

De quoi voulait-il parler au juste? Du spectacle, de la clinique, ou tout simplement d'une tasse de café dégustée en bonne compagnie?

Dans les trois cas, une réponse positive s'imposait, parce que je venais de réaliser à quel point mon ancienne vie me faisait défaut. Pourtant, depuis mon retour à la clinique, je me sentais terriblement mal à l'aise. J'en voulais même aux malades de pouvoir s'offrir des soins aussi onéreux et de s'octroyer de bons spécialistes grâce à de gros revenus, se garantissant ainsi une meilleure chance de guérison par rapport aux moins fortunés. Mon premier poste de professeur dans une ville du Middle West me revint en mémoire. A l'époque j'enseignais à un cours préparatoire composé d'enfants adorables tous issus d'un milieu aisé. Je me disais alors qu'ils ne connaissaient pas leur chance, et je leur en voulais pour cette ignorance. Parfaitement consciente du côté négatif de ma réaction, je préférai par la suite me consacrer à des enfants handicapés. Et en cette fin d'été, j'éprouvais le même ressentiment. Je compris alors que c'était là la vraie raison qui m'avait fait quitter la clinique.

Je revins à Pecking fin août, pleine de bonnes résolutions pour démarrer la nouvelle année scolaire, convaincue d'avoir fait le bon choix.

12

Reuben arriva le premier. De la fenêtre, je le vis descendre de voiture avec son goûter et quelque chose que je
n'arrivai pas à distinguer. Il claqua la portière et traversa la
cour sans s'occuper des enfants qui jouaient. J'entendis ses
pas résonner dans l'escalier et il fit irruption dans la classe.
- Bonjour, Reuben.
- Bonjour, Reuben, marmonna-t-il en reprenant sa place.
- Va mettre ton goûter sur l'étagère et pends ton pull.
Que transportes-tu là ?
Il s'agissait d'un buste de poupée hollandaise qui servait
de couvercle pour une boîte à gâteaux : la tête, le tronc, les
poings sur les hanches et les yeux dans le vide.
Il étreignit la poupée contre lui, comme si j'allais la lui
prendre.
- C'est ta nouvelle amie ?
- Une amie à toi ? reprit-il en écho sans lâcher prise.
- Fais attention à ne pas la laisser tomber car elle est en
faïence et ça se casse. Il vaudrait mieux la ranger dans un
coin sûr.
Mais il quitta la classe sans m'écouter.
Puis Philip débloula à son tour dans la classe et me sauta
au cou avec une telle force que j'en titubai.
- Holà, Philip, ça fait plaisir de te revoir. Tu as passé de
bonnes vacances ?
Il approuva vigoureusement de la tête.
- Nhhaaaahhh, haaahh, me souffla-t-il dans la figure.
- La colonie t'a plu ?
Un autre signe de tête accompagné d'un nouvel ânonne-
ment.
Puis ce fut Jeremiah. Il avait l'air un peu plus négligé que

d'habitude avec son T-shirt sale et son jean trop grand. Il avait poussé comme un champignon. Auparavant lourd et râblé, il avait beaucoup minci et était devenu tout en jambes.

– Bonjour Jeremiah et bienvenue parmi nous.

Il s'affala à son ancienne place d'un air maussade.

– Qu'est-ce qui vous fait croire que j'ai envie de me retrouver dans cet endroit de merde avec votre visage de merde sous mon nez?

Ensuite Bruce, mon nouvel élève, arriva. Ce petit garçon grassouillet de six ans et demi avait des cheveux blond cendré et un visage de chérubin.

– Regarde, Bruce! lui dit sa mère. Quelle jolie classe! Tu vas te plaire ici! Et voilà ton nouveau professeur.

Je m'accroupis à sa hauteur.

– Bonjour. Je m'appelle Torey.

– Dis bonjour, Bruce. Allons, fais un effort pour maman et dis bonjour à ton professeur. Tu ne la trouves pas gentille? Tu as vu comme elle a de beaux cheveux et de beaux yeux bleus? Exactement comme toi.

Elle se retourna vers moi avec un sourire circonspect.

– Bruce adore les cheveux blonds et les yeux bleus.

Le garçon me regardait avec le sourire béat de Denis la Menace.

– Le docteur Larson vous a-t-il expliqué que son régime lui imposait de manger haché? Autrement il s'étrangle.

– Oui, je suis au courant.

– Pour faciliter les choses, j'ai apporté des petits pots pour bébé. Bien sûr, cela ne doit pas devenir une habitude. Mais vous pouvez les lui donner le temps de vous familiariser avec l'utilisation du mixer que je vous confie. Voici.

Elle me tendit un filet plein.

– Il y en a pour une semaine. Deux pots à chaque fois. Il prend également des yaourts parfumés aux pommes, à condition qu'il n'y ait pas de morceaux dedans. Ça lui donne des haut-le-cœur.

La mère me tendit un autre sac.

– Voici ses couches-culottes car il faut le changer quatre fois par jour. Il souffre d'érythème si on ne le change pas assez souvent, et où il était l'année dernière... le nombre de fois où il a eu les fesses à vif! Alors qu'il suffit d'un peu d'attention.

Avec un sourire poli, je pris le paquet.

– Au revoir, mon trésor, dit-elle à son fils. Dis au revoir à maman.

Beaucoup trop préoccupé à me détailler, Bruce refusa de tourner la tête.

Lorsque la cloche retentit, Jade n'était toujours pas arrivée. J'attendis quelques minutes, puis, lorsqu'il me parut évident qu'elle ne viendrait plus, je démarrai ma classe.

Jeremiah s'approcha du nouveau venu en demandant :

– Ce môme porte encore des couches parce qu'il pisse dans sa culotte ?

Il regarda l'enfant avec un air dubitatif.

– Hé ! Petit con ! Tu crois pas que t'es un peu grand pour ça ?

Réprimant un fou rire, je conduisis Bruce jusqu'à sa place.

– Il ne parle pas non plus ? renchérit Jeremiah. Mais qu'est-ce qui se passe dans cette classe ? Comment ça se fait qu'il n'y ait que moi qui parle ici ?

– Parce que tu es le seul à avoir de la chance.

– Merde, ça n'a rien à voir. On doit parler comme tout le monde, un point c'est tout. Il n'y a pas de chance qui tienne.

– Jeremiah, il y a beaucoup de domaines où la chance ne devrait pas intervenir, mais en réalité, les choses se déroulent différemment.

Le sourire angélique de Bruce devint niais et il se mit à taper en rythme sur la table comme sur des bongos.

Je l'arrêtai en posant mes mains sur les siennes.

– Tu fais trop de bruit.

– Et il emmerde déjà son monde, commenta Jeremiah. C'est pas un cadeau pour la classe !

Nous entreprîmes de retrouver nos habitudes. Philip, Reuben et Jeremiah inspectèrent leurs anciens casiers et les affaires de l'an passé. Ils reprirent leurs portemanteaux attitrés, se vautrèrent sur les poufs, allèrent voir les animaux puis se mirent en quête de retrouver leurs jouets et leurs héros préférés dans les livres. Pendant ce temps, assise auprès de Bruce, je cherchais comment l'aborder.

A 9 h 45, M. Tinbergen apparut dans le couloir et me fit signe de le rejoindre.

– Voudriez-vous aller dans la classe d'Alice ?

Je fronçai les sourcils.

– Votre Jade est en bas. Cette année, il y a sa sœur en jardin d'enfants et, eh bien... Nous n'arrivons pas à les séparer. Pourriez-vous essayer d'intervenir ?

Ma Jade ? Vraiment !

Les enfants étaient assis par terre autour d'Alice en train

de chanter. Tapies dans un coin derrière l'établi, il y avait Jade et sa sœur.

Sans interrompre ma collègue, je me dirigeai vers les deux fillettes. Je leur dis sur un ton naturel :

– C'est l'heure de monter en classe.

Jade n'avait pas beaucoup changé pendant les vacances, à part ses cheveux peut-être un peu plus longs et un peu plus emmêlés. Avec sa façon de se tenir cassée en deux, ses bras repliés et sa tignasse dans les yeux, elle me faisait penser à une sorcière de conte de fées. Ambre, le visage pâle et les yeux exorbités, blottie derrière sa sœur, renforçait cette impression.

Je m'adressai à la petite en lui tendant la main.

– Tu as sûrement envie d'aller chanter avec les autres.

Jade se dressa entre nous pour m'empêcher de la toucher. Toute la classe retint son souffle. Je repris :

– Non, Ambre doit rester ici parce que c'est ici sa classe.

Sous le regard terrorisé des autres élèves, je pris la cadette dans mes bras. Sautant dans tous les sens pour retenir sa sœur, Jade réussit à lui attraper un pied avant que j'aie le temps de la confier à Alice. La petite se mit à pleurer, brisant le silence de plomb qui régnait dans la pièce, sans que je puisse discerner si elle pleurait de peur ou pour son pied martyrisé par sa sœur.

A l'instant même où ma collègue se saisit d'Ambre, je fis volte-face pour m'emparer de Jade en la soulevant du sol. Puis je sortis.

Une fois dehors, Jade se calma instantanément. Tout instinct de rébellion l'avait abandonnée et elle chancela sur ses pieds en retrouvant contact avec la terre. Les enfants se remirent à chanter.

– Tout ira bien pour Ambre. Je sais que tu t'inquiètes pour elle parce que tu es sa grande sœur. Mais, rassure-toi, Mme Havers va bien s'occuper d'elle. Maintenant, tu dois retourner dans ta classe. Tout le monde est déjà là.

Main dans la main, nous montâmes l'escalier et Jade gravit les marches une à une en clopinant. Elle s'arrêta devant la porte qui séparait le vestiaire du couloir.

– Avant, j'allais là.

– Oui.

J'entendis les éclats de voix de M. Tinbergen qui essayait de calmer Jeremiah et je me demandai ce qu'il avait bien pu inventer. Jade me tira par la main pour m'empêcher d'ouvrir la porte et insista :

– Vous vous rappelez? L'année dernière quand nous étions là-dedans?

J'approuvai d'un signe de tête.

– Vous me laissiez fermer à clef.

– Tu aimais cela.

– Vous vous souvenez de ce que je faisais?

– Tu veux dire, une fois tout verrouillé?

Elle répondit oui de la tête.

– Je m'en souviens.

La fillette leva les yeux sur moi, au prix d'un effort surhumain, vu sa position cassée en deux. Il lui fallait pencher la tête de côté et regarder par en dessous, ce qui la déformait complètement.

– Vous avez peur de moi? me demanda-t-elle.

– Non, répondis-je avec un sourire. Je n'ai pas peur de toi.

– C'est *moi* qui vous ai fait fuir.

Je plissai le front d'un air perplexe.

– Que veux-tu dire?

– Le dernier jour, vous avez disparu, comme tous les autres professeurs. Et je pensais que vous ne reviendriez pas.

– Tu n'as rien à voir là-dedans, Jade. Cela se passait la veille des vacances, voilà pourquoi tu ne m'as pas revue. Maintenant, je reviens parce que l'école a repris.

– Vous êtes forte, murmura la fillette.

J'esquissai un sourire timide, incapable de trouver mieux.

– Je le savais, poursuivit l'enfant en s'apprêtant à rentrer dans la classe. Je savais que vous reviendriez.

Comme à chaque rentrée, il fallait environ huit semaines pour reprendre le contrôle des élèves et recréer un groupe homogène. Durant cette période transitoire, chacun jaugeait et testait l'autre. A part Bruce, le groupe était le même que l'année précédente et j'avais espéré que ce passage durerait moins longtemps. Contrairement à mes prévisions, ces premières semaines furent synonyme de chaos.

Bruce sema une véritable pagaille. Auparavant, les quatre enfants marchaient par deux : Reuben et Philip, Jeremiah et Jade. Mais où situer Bruce? La plupart du temps, il ne faisait aucun effort et se conduisait comme un grand bébé vautré à terre jusqu'à ce qu'on l'oblige à réintégrer sa place. Pour cette raison, il donnait l'impression d'être beaucoup plus jeune et moins capable que Reuben ou Philip. D'un autre côté, il lui arrivait de traverser des moments d'activité brillante car il comprenait généralement plus vite que ses camarades, sans doute grâce à son sens de l'observation. Apparemment son seul plaisir consistait à détériorer les rapports humains. A mon avis, ce garçon consacrait tellement d'énergie à manipuler son entourage qu'il n'avait plus le temps de se développer normalement.

Il sema ainsi la zizanie pendant plusieurs semaines. D'abord, il exigeait de moi une attention constante pour le nourrir, changer ses couches, et le déplacer d'un endroit à un autre. Si je voulais l'encourager à accomplir quelque chose par lui-même, cela risquait de prendre une journée entière. Mais ce qu'il infligeait à ses camarades était bien pire. Petit à petit, il dressa Philip contre Reuben, Jade contre Philip et Jeremiah contre tout le monde. Ce dernier souffrit le plus de cette situation. D'un naturel impulsif et peu enclin à la concentration, il tombait aveuglément dans les pièges de Bruce. Le coin de punition devint un endroit très fréquenté et la classe connaissait rarement un moment de calme.

Durant cette période, je n'eus pas beaucoup l'occasion de voir Jade, qui restait à jouer avec Ambre dans la cour après la classe. De mon côté, réunions, stages et conférences s'enchaînaient, me rendant guère disponible. De plus, je consacrais mes rares moments de liberté à essayer d'organiser une journée que j'espérais meilleure que la précédente. En tout cas, Jade arrivait et partait comme les autres élèves au rythme de la cloche, sans manifester l'envie particulière de se retrouver seule avec moi.

Les premiers souffles de l'hiver firent leur apparition. Dans ces plaines immenses, l'automne était une période brève et riche en couleurs entre la canicule estivale et la blancheur hivernale toujours trop précoce. Mais cette année-là jusqu'à la mi-septembre, la température afficha vingt-cinq degrés. Puis le temps tourna à la pluie, au vent et au gel. En dix jours les premières masses d'air de l'Arctique arrivèrent et les feuilles tombèrent des arbres. Début octobre, tout était recouvert de neige.

Par un après-midi de mauvais temps, j'étais en train de ranger les prochains devoirs des enfants dans leurs dossiers, lorsque j'entendis un bruit dans le couloir. J'aperçus Jade qui regardait par la porte vitrée. Dans l'obscurité prématurée du couloir, on la devinait à peine.

Je lui fis signe d'approcher, mais elle resta immobile. Je finis par aller à sa rencontre.

– Tu veux entrer ?

Elle était emmitouflée de la tête aux pieds et son visage disparaissait sous un bonnet et un cache-nez.

Je répétai ma question :

– Tu veux entrer?

Elle s'exécuta. Je me rassis en lui expliquant :

– Je suis en train de préparer l'emploi du temps pour demain.

Péniblement, elle se déshabilla, mais garda le cardigan qui recouvrait une petite robe en coton. Puis elle resta debout. Une minute, deux minutes s'écoulèrent dans un silence de mort.

– Tu veux t'asseoir?

Lentement, elle tira la chaise face à elle et s'installa. A nouveau, le silence.

– Comment ça va? lui demandai-je en m'efforçant de rester naturelle.

Pas de réponse.

– Tout se passe bien?

Toujours rien.

– Saphir a dû grandir. Quel âge a-t-elle maintenant? Elle marche?

En levant la tête, je la vis tellement recroquevillée sur elle-même que son visage touchait la table. Le silence nous enveloppa comme un linceul.

– Tu sais que j'ai toujours la clef? Nous pouvons aller dans le vestiaire.

Mais, même avec la porte verrouillée, Jade demeura crispée. Assise sur le banc, elle resta repliée sur elle-même, les bras appuyés sur son estomac, comme si elle souffrait. Feignant de ne pas lui attacher trop d'importance, je fouillai dans le bureau pour trouver de quoi m'occuper.

Les minutes défilèrent dans le silence le plus total. Toujours cassée en deux, la fillette se cachait le visage dans les mains, tournant la tête de temps à autre pour voir ce qui se passait autour d'elle.

– Tu as du mal à parler?

Elle me fixa des yeux.

– Ça n'a pas d'importance, commentai-je.

Au bout d'un moment, elle finit par demander :

– Est-ce que cet homme est venu?

– Quel homme?

Elle leva la tête pour mieux me regarder.

– Celui qui tue les araignées. Vous m'en avez parlé l'année dernière.

– M. Tinbergen leur a demandé de venir deux fois par an. Ils ont dû passer avant la rentrée des classes.

Silence.

– Tu n'aimes pas beaucoup les araignées, lui dis-je.

– Je les *déteste*.

– Pourquoi?

– Elles vont partout et elles voient tout ce qu'on fait.

A cet instant, comme prise d'une grande fatigue, elle posa la tête contre ses genoux et ferma les yeux. Puis elle les rouvrit et demanda :

– Comment réagissez-vous quand vous voyez une araignée? Vous la tuez?

– Non, parce que je n'ai pas peur. Si elles ne tissent pas leur toile en travers de ma route, je les laisse tranquilles.

– Mais elles vous observent.

– Mes faits et gestes ne doivent pas beaucoup les intéresser.

Un petit silence s'ensuivit et je repris :

– On dirait que cela t'inquiète qu'elles puissent te voir?

Jade opina du chef sans rien dire.

– Pour quelle raison?

Pas de réponse.

Je replongeai le nez dans mes papiers. Alors, avec une lenteur poignante, elle se redressa, fit pivoter ses épaules puis sa tête. Elle fixa ses mains croisées sur les genoux et murmura :

– Je voudrais vous demander quelque chose.

– Oui?

Après avoir gardé les yeux un moment rivés sur ses doigts, l'enfant se décida à me regarder.

– Vous me croyez?

– A quel sujet?

– Quand je vous raconte des histoires. Vous me croyez?

– J'essaie. Cela t'inquiète que je puisse ne pas te croire?

Elle fronça les sourcils.

– Parfois certaines choses paraissent tellement invraisemblables que les gens ne vous croient pas. Même si c'est la vérité, ils pensent que vous inventez.

– Et tu as peur que je fasse comme eux?

Elle hocha timidement la tête.

Je lui souris en me penchant par-dessus le bureau.

– Je te promets de toujours *essayer* de te croire et de toujours t'écouter.

Jaéde plissa le front.

– Alors il faut vous méfier des araignées.

— D'accord.
— Elles vous observent et voient tout ce que vous faites. Ne me parlez jamais devant les araignées.
— Oh !
— Sinon vous allez mourir. C'est la vérité parce que les araignées veulent votre mort. Et si elles me voient en train de vous raconter tout ça, moi aussi je vais mourir.

13

Dès la première semaine d'octobre, l'hystérie d'Halloween nous avait gagnés. Jeremiah, de loin le plus bavard du groupe, se montrait également le plus enthousiaste.

– Mon frère et moi nous allons faire la chasse aux bonbons avec des taies d'oreiller dans toutes les maisons de la ville. Nous allons récolter cent bonbons. Peut-être deux cents, mille, deux mille.

Nous étions tous installés autour de la table pour préparer une lanterne que nous devions accrocher au tableau d'affichage. J'avais pris l'idée dans une revue spécialisée. Il suffisait de reproduire le modèle sur une feuille de papier. Puis les enfants devaient entortiller sur des crayons des bouts de papier pour faire des fleurs que l'on collait sur le dessin pour obtenir une décoration en trois dimensions. Comme ce travail faisait partie des activités répertoriées pour les jardins d'enfants, j'avais cru pouvoir l'appliquer à mes élèves. Seulement je n'avais pas prévu la quantité nécessaire de papier pour un motif de la taille que j'avais choisie. Ni le côté fastidieux de l'opération.

– Où vous habitez, me demanda Jeremiah, parce que je vais passer chez vous. Vous savez quel costume je porterai ? Celui de Musclor, l'homme le plus puissant de l'univers.

A ces mots, il bondit sur ses pieds et lança les bras en l'air pour hurler :

– Je reçois mon pouvoir par la volonté de Greyskull.

Jade se boucha les oreilles.

– Tu cries un peu trop fort, dis-je à Jeremiah.

– Non, j'ai changé d'avis. Je serai Batman.

Il étendit ses bras comme des ailes.

– Jeremiah, assieds-toi.

– Et toi Philip, poursuivit-il, tu vas te déguiser comment?
De l'autre côté de la table, Philip faisait de son mieux pour entortiller le morceau de papier autour d'un crayon. Après dix minutes d'effort, il avait réussi à faire deux fleurs.
– Et toi, Reuben le connard? Tu seras quoi?
Ayant collé un bout de papier crépon sur ses cils, Reuben était momentanément perdu dans une de ces rêveries dont il avait l'habitude.
Jeremiah se tourna vers moi:
– Qu'est-ce qu'il a choisi, Reuben?
– Pirate. Pas vrai, Reuben? dis-je en lui retirant doucement les mains du visage.
– Et Bruce va se déguiser en clochard. La semaine prochaine, nous lui ferons son bâton et son ballot. D'accord, Bruce?
Je souris à l'enfant dont l'activité principale se limitait à rester prostré sur sa chaise.
– Ça ne vaudra pas le mien. Je vais avoir le plus beau costume. M. Tinbergen donne *toujours* des prix et cette année, c'est moi qui vais gagner le concours.
Jeremiah regarda Philip une nouvelle fois.
– Tu as choisi quoi comme costume?
– Hahh-hahh, entonna le petit.
J'appuyai ma main sur les lèvres de l'enfant.
– Essaie encore, Philip. La-laa...
– La-aah...
– Lapin. Très bien, Philip.
– Un lapin? s'écria Jeremiah. Tu vas te déguiser en lapin? Mais c'est une idée à la con!
– Sa maman m'a expliqué qu'il aura un très beau costume avec de longues oreilles et des poils.
– Et la queue? hurla Jeremiah.
Satisfait de son jeu de mots, il sauta autour de la pièce en agitant les mains derrière lui.
– J'ai une queue, j'ai une queue.
L'ignorant délibérément, je me tournai vers Jade qui fabriquait ses fleurs le plus sérieusement du monde. Même si elle communiquait plus facilement avec les garçons, elle avait toujours tendance à se comporter en solitaire.
– Tu as réfléchi à une idée de costume? lui demandai-je.
La fillette ne répondit pas.
Jeremiah sauta sur le dossier de la chaise et la prit par le cou.
– Qu'est-ce que tu vas porter, toi? Tu vas être une sor-

cière? Une saloperie de sorcière? Attention à la vieille sorcière qui pue!

– Jeremiah, s'il te plaît...

Il descendit de la chaise et Jade épousseta ses épaules avec mépris pour enlever les traces de ses doigts.

– Tu sais ce que je vais être, ma vieille?

Cette fois-ci, il se planta devant elle et, d'un coup de poing, éparpilla les papiers sur la table.

– Je vais me déguiser en Dracula pour te mordre la gorge. Grrrhhh!

A ces mots, il lui serra le cou, une tâche périlleuse car il se tenait juché sur la table.

– Jeremiah! Retourne immédiatement à ta place! Il nous reste encore beaucoup de travail, alors rends-toi utile.

– J'aurai des fausses dents, poursuivit-il en rampant sur la table pour approcher son visage du mien. Je vais mettre le dentier de Dracula qui brille dans la nuit et je vais avaler du ketchup. Comme ça, quand j'ouvrirai la bouche, le sang va couler partout. Beeerrrrkkk!

Il voulut m'agripper la gorge.

Je le tirai par les épaules pour l'obliger à se rasseoir.

– Le sang va dégouliner partout. A chaque fois qu'on va au McDonald, Micah et moi, on vole les sachets de ketchup. Je vais en coller dans ma bouche et quand je l'ouvrirai *eeuuhhhhh*! Ça sera dégueulasse.

Il faisait preuve d'une grande volubilité.

– J'aurai le plus beau costume de tous et M. Tinbergen me donnera le premier prix, peut-être même de l'argent ou autre chose. Il sera tellement splendide qu'il n'arrivera pas à y croire.

– Voilà qui semble intéressant, commentai-je.

Puis m'adressant à Jade, je lui demandai :

– Et toi, tu as une idée de costume?

Elle eut un léger haussement d'épaules.

– Je n'ai pas de costume.

– Tu n'en as pas? s'écria Jeremiah stupéfait.

Je le rassis sur sa chaise.

– Chut! Il y a encore le temps.

– On n'a pas besoin de déguisement, reprit Jade. L'année dernière, je n'en avais pas.

– Tu n'en as vraiment pas? insista Jeremiah.

– Je n'en veux pas.

Pour une fois, cette réponse réduisit le garçon au silence. Je dois avouer que moi aussi. Connaissant les ressources financières des familles, je croyais que tout le monde participerait à la fête.

– Ben alors, reprit Jeremiah. Comment tu vas faire pour le défilé? Tu vas pas pouvoir montrer ton déguisement aux autres connards?

– Je ne veux pas défiler.

– Mais comment tu vas gagner un prix alors?

– Je ne veux pas de prix.

– Alors pourquoi tu viens ici si tu ne veux rien? Tu ferais mieux de rester chez toi!

La fillette pencha la tête de côté pour regarder son camarade.

– Je viens ici pour la même raison que toi. Car si on ne va pas à l'école, la police vient te chercher. On n'a pas le choix.

Il y avait dans sa voix une violence inattendue.

– Mais personne ne peut me forcer à faire des choses stupides ou à ressembler à ce que je ne suis pas.

– Houah! soupira Jeremiah en se rasseyant. Cette nana a des idées bien arrêtées. Vous avez entendu, madame? Vous risquez d'avoir des ennuis dans votre boulot avec une fille pareille, parce qu'elle a déjà fait renvoyer tous les autres professeurs et elle leur a pris tout leur argent.

Il se tut en regardant Jade un moment.

– Ce que je vais te dire ne va pas te plaire, mais ils ont bien fait de te mettre dans cette classe. Parce que ça tourne vraiment pas rond dans ta petite tête.

Dans la propriété mitoyenne de l'école habitait un superbe chien de chasse et mes élèves tournaient souvent autour du grillage pour lui parler et le caresser. Un mois plus tôt, il y avait eu une portée de chiots et, à la récréation, tout ce petit monde aboyait joyeusement en direction des enfants. Plus d'une fois, ils réussirent à attraper un bébé. Aussi je ne fus pas étonnée d'apprendre que Jeremiah avait disparu avec l'un d'eux.

Il adorait les chiens et, en dépit de son manque de respect pour les humains, il traitait bien les animaux. De fait, je ne m'inquiétais pas outre mesure. Cependant, je jugeai préférable de partir à sa recherche et je demandai à mes collègues de surveiller mes élèves dans la cour.

Il ne me fallut que quelques minutes pour repérer sa voix derrière la cage d'escalier qui menait à la cave. Il semblait en grande conversation. Restant cachée, je reconnus la voix de Jade.

– Regarde, disait la fillette, c'est son machin.

– Il a un zizi de garçon, répondit Jeremiah. Les autres chiots ont un zizi de fille, mais lui c'est un garçon. C'est pour cela que je l'aime.

– Je connais un autre nom pour son truc, reprit Jade.

– Oui, moi aussi.

– Lequel tu connais, toi?

– Pénis, répondit-il d'une voix grave.

– J'en connais un mieux que ça, renchérit Jade. Quéquette.

– Mon cousin appelle ça une saucisse.

– Il y a aussi zézette.

– C'est pour les filles, rétorqua Jeremiah sur un ton moqueur.

– Tu en connais d'autres?

Comme son camarade marquait un temps d'arrêt, elle en profita :

– Moi oui. Zob.

– Bite.

S'ensuivit le premier rire licencieux.

– Ça s'appelle aussi un ver de terre, parce que ça y ressemble.

– Je ne trouve pas, répondit Jeremiah offusqué.

Puis après un court silence, il demanda :

– Tu connais quoi d'autre comme mots?

Jade se tut. Je m'apprêtais à récupérer le chiot, lorsque Jeremiah reprit :

– Regarde! On pourrait le prendre pour une vache. Je vais lui tirer du lait. Tire dessus! Tu vois, fais comme si c'était un de ces trucs qui pendent sous les vaches.

– Tire sur son zizi pour avoir du lait, reprit Jade.

– Pour avoir du lait, il faut pas tirer sur le zizi, mais sur les nichons. Et puis, il faut que ce soit une fille.

– Non, monsieur, rétorqua Jade. Je sais comment avoir du lait avec un zizi, une bite.

Sa vantardise prouvait qu'elle se délectait de ce moment d'intimité avec Jeremiah.

– C'est pas possible, protesta le garçon.

– Si. Mais il faut serrer et sucer, comme ça...

– *Jade!* m'écriai-je en descendant les marches quatre à quatre.

Surprise, la fillette laissa tomber l'animal. A ses côtés, Jeremiah avait l'air épouvanté.

– Madame, vous avez vu ce qu'elle allait *faire*? Elle allait mettre le zizi du chien dans sa bouche.

104

– Jeremiah, la récréation n'est pas encore finie. Si tu te dépêches, tu peux encore jouer au ballon.

– Mais...

Je le regardai droit dans les yeux tandis qu'il avait toujours l'air sous le choc.

– Tu dois y aller *maintenant*.

Comprenant le message, Jeremiah partit en trombe.

La fillette voulut l'imiter, mais je la retins par les épaules.

– Il faut que nous parlions un peu, toi et moi.

Je pris le petit chien dans mes bras pour le caresser quelques instants. Jade avait le regard méfiant et les pupilles dilatées.

– Lorsque tu as mordu le pénis de Reuben, l'été dernier, je t'ai expliqué qu'il existait des endroits intimes du corps qu'il ne fallait pas toucher. A l'époque, j'ai voulu croire à une sottise de ta part, car dans ce domaine les enfants se montrent parfois très bêtes. Mais maintenant, je m'inquiète en pensant qu'il y a peut-être autre chose.

– Je jouais, murmura Jade la tête baissée.

– Je ne suis pas fâchée et je n'ai pas l'intention de me mettre en colère. Mais je m'inquiète beaucoup. Si des petites filles font ce genre de choses, c'est souvent parce qu'une grande personne le leur a montré ou les y a forcées.

La fillette poussa un soupir las.

– Je ne t'en veux pas, Jade. Je ne suis *pas* en colère. Mais si quelqu'un t'oblige à toucher un endroit intime de son corps, il faut me le dire. Sinon à moi, du moins à un adulte en qui tu as confiance.

Jade se balançait d'un pied sur l'autre sous mon œil scrutateur : petite et menue, ses cheveux ébouriffés lui retombant sur les épaules. Malgré sa façon de se tenir, elle avait quelque chose de séduisant.

– On t'a peut-être demandé de te taire en te disant que tu aurais des ennuis si tu parlais. Que si tu racontais tout, personne ne te croirait. On t'a peut-être menacée de choses terribles, comme par exemple de te retirer à tes parents. Un adulte qui agit mal raconte toujours ce genre d'histoires parce qu'il ment dans le but de t'empêcher de trouver de l'aide. Or tu as besoin d'aide. Ce genre de pratique concerne les adultes, pas les petites filles. Voilà pourquoi tu dois demander à une grande personne d'arrêter tout cela.

– Mais je ne faisais rien de mal, protesta-t-elle. J'étais en train de jouer.

Frustrée par son silence, je me tus.

Jade haussa les épaules en victime.

– Je vous demande pardon. Je ne recommencerai pas.

– Ce n'est pas la question. Je veux t'*aider*.

Sans un mot, elle se remit à danser sur place et donna un coup de pied dans une feuille morte. Puis elle soupira. Comme je ne disais plus rien, elle leva la tête.

– Je peux partir?

Je la regardai de mauvaise humeur. J'aurais tant voulu qu'elle me parle.

– S'il vous plaît? Je suis en train de rater la récréation. Je vous ai demandé pardon, alors je peux partir?

Je finis par lui donner une petite tape :

– Oui. Vas-y.

14

Un jeudi après-midi, Arkie Peterson me rendit une visite imprévue, comme à son habitude. Ce jour-là, elle arborait une veste en cuir et des boucles d'oreilles en strass qui lui donnaient ce côté western dont elle seule avait le secret, sans pour autant entacher son image professionnelle.

– Comment allez-vous? me demanda-t-elle en s'asseyant sur le bord de ma table de travail.

Je levai les yeux au ciel.

– Vous m'avez fait un coup pendable avec Bruce.

Elle eut un sourire malicieux:

– Je vous avais bien dit que j'avais trouvé un champion.

Je me levai pour prendre un stylo sur une étagère.

– Il faut que nous ayons une discussion au sujet de Jade.

– Ah! Ça vous a plu *Chez Tottie*, hein?

– Si vous pouviez seulement me consacrer vingt minutes de votre temps...

Arkie reprit son sérieux:

– Que se passe-t-il?

– Je la crois victime de sévices sexuels.

– A-t-elle dit quelque chose?

– Non, mais cela revient au même. Il se passe quelque chose de bizarre.

– Cela a-t-il un rapport avec l'incident de l'été dernier?

– Eh bien, sur l'instant l'épisode m'avait intriguée, mais j'avais fini par l'accepter comme un acte isolé. Que cela nous plaise ou non, ces petits sont des êtres sexués et les enfants perturbés peuvent se montrer très créatifs dans ce domaine. Mais un autre événement vient se greffer sur cette histoire.

Arkie grimaça de dégoût lorsque je lui narrai la scène du chien.

— Elle expliquait qu'on pouvait obtenir du lait en suçant un pénis. Il s'agissait bien d'un pénis, pas d'un bout de sein. Or il ne faut pas beaucoup d'imagination pour substituer le « lait » au « sperme ». Un gamin de huit ans ne peut pas trouver cette idée tout seul. En effet la fellation les épouvante moins que le rapport sexuel en lui-même.

Les doigts devant la bouche, Arkie réfléchit.

— Il suffit d'un film porno. Ou d'un livre. Qui nous dit que le père n'en a pas toute une collection dans sa bibliothèque? Vous savez, Torey, de nos jours, les enfants connaissent une foule de choses et ils sont beaucoup plus informés qu'à notre époque.

— Je ne discute pas ce point, mais il y a une grande différence entre regarder et passer à l'acte. Même Jeremiah paraissait horrifié par son initiative, et Dieu sait que ce n'est pas un ange. Le problème réside bien plus dans *l'envie* que dans la réalisation de l'acte proprement dit.

Ma compagne resta sans voix.

— Je ne peux pas faire grand-chose, poursuivis-je. Si elle ne porte pas d'accusations précises, je ne peux pas l'y forcer. Je connais trop bien le danger des « questions dirigées » et des « renseignements arrachés », si l'affaire venait à passer en justice. Mais je commence à m'inquiéter sérieusement pour cette petite. Pour employer une vieille expression hippy, j'ai de mauvaises vibrations.

— Je vais l'inscrire dans son dossier et le relire pour voir s'il y a quelque chose qui puisse nous aider. A part ça, je crois que votre méthode est la bonne. Si elle fait l'objet de sévices sexuels, il nous faut soit des preuves concrètes, soit des aveux de sa part. Alors, ouvrons l'œil et essayons de poser les bonnes questions.

— D'accord, fis-je.

Au fond de moi, j'avais espéré trouvé la bonne réponse.

La semaine suivante, juste après la récréation de l'après-midi, Reuben, Jade et Jeremiah faisaient leurs devoirs. Philip découpait des images dans des magazines tandis que j'apprenais à Bruce à identifier les couleurs. Nous étions parvenus au stade des résultats concrets et je savourais cette divine tranquillité. Soudain, Jeremiah se mit à gratter sous la table.

— Termine ton travail.

Le calme se rétablit quelques instants, puis Jeremiah recommença.

– Je vais t'attraper, plaisanta-t-il en s'adressant à Philip.

Je le réprimandai énergiquement :

– Jeremiah !

Il fit semblant de travailler.

Puis il plaqua une feuille de papier sur sa main et agita les doigts.

– C'est une araignée tarentule, reprit-il en se penchant avec malveillance vers Philip. Une de ces énormes bestioles velues qui vient t'attraper.

Jade ouvrit de grands yeux inquiets en voyant la main masquée de Jeremiah. J'arrachai vivement la feuille, dévoilant ses doigts au grand jour.

– C'est un idiot, dis-je à la fillette. Il fait semblant.

Sans se démonter pour si peu, Jeremiah continua de faire ramper sa main vers Philip.

– Je vais t'attraper ! hurla-t-il.

Puis, avec son agilité légendaire, il sauta sur la table :

– Je suis un Indien qui attrape les Visages Pâles.

Je lui rétorquai :

– Blanc, jaune, noir ou vert avec des pois roses, je vais m'occuper de toi si tu continues à embêter tout le monde. Ce n'est pas la couleur de ta peau qui m'inquiète, mais plutôt ce que tu fais.

– Mais écoutez-la, les mecs. Elle ne se soucie même pas de notre peau.

Au bout de quelques minutes, Jeremiah reprit son manège. Faisant mine de vouloir contrôler ses mains, il roula par terre pour les clouer au sol. Puis il se redressa et réintégra sa place.

– Je fais de mon *mieux*, se lamenta-t-il, mais ces doigts bougent tout seuls.

Sur ce, il les agita de nouveau, les faisant courir d'abord le long de son bras puis sur l'épaule de Jade.

La fillette bondit de sa chaise en hurlant.

– Non ! Ne le laissez pas faire ! Enlevez-la !

Sans me laisser le temps de réagir, elle courut dans le vestiaire dont elle claqua la porte. Je tentai de la rattraper lorsque le bruit de la clef dans la serrure résonna.

– Jade ? Laisse-moi entrer.

Pas de réponse.

J'actionnai la poignée, avec douceur, pour ne pas la terroriser davantage.

– Veux-tu bien me laisser entrer?
Toujours rien.
– C'est moi, Jade. Je te le demande.
Le néant.

Finalement, je rejoignis les garçons qui regardaient la scène avec stupéfaction.

– Pourquoi elle a fait ça? demanda Jeremiah.
– A ton avis? fis-je irritée.

Il contempla la porte, puis hocha la tête d'un air grave.

– Tant pis si vous m'en voulez, mais vous n'êtes pas terrible comme prof. On vous demande de tout faire pour qu'ils réagissent normalement, et la voilà qui s'enferme dans le vestiaire.

– Elle a envie de s'isoler un peu.

Jeremiah fronça les sourcils en se passant la main dans les cheveux.

– L'année dernière elle ne parlait pas, mais sinon tout allait bien. Maintenant, elle parle et on découvre qu'elle est cinglée. Je regrette, mais tout ça, c'est de votre faute.

Jade passa le reste de l'après-midi dans le vestiaire. A part un bruit de temps à autre, rien n'indiquait sa présence. La cloche sonna la fin des cours.

– Qu'est-ce qu'on fait, maintenant? demanda Jeremiah. On n'a pas nos manteaux.

Je m'approchai de la porte.

– Jade, tu dois m'ouvrir. Les garçons veulent récupérer leurs affaires pour rentrer chez eux.
Silence.

– Madame, il faut enfoncer cette porte.
– Ouvre, Jade! Les cars attendent et tes camarades ont besoin de leurs affaires.

Perturbé dans ses habitudes, Reuben se mit à pleurer.

– Ahhhh! hurla Jeremiah tel un karatéka prêt à donner l'assaut.

– Je vais faire exploser cette porte.
– Oh non! dis-je en le prenant par le bras. Ça suffit. Jade!
Toujours rien.

J'aurais pu entrer avec le passe-partout de M. O'Banyon, mais c'eût été tromper la confiance de Jade. En effet, mes rapports avec la fillette s'étaient en grande partie construits autour de ces portes closes. D'un autre côté, la situation devenait critique.

– Maintenant, repris-je d'une voix autoritaire. Si tu

110

n'ouvres pas immédiatement, tu vas m'obliger à le faire à ta place.

Finalement la clef tourna dans la serrure et la porte s'ouvrit. La fillette se tenait au fond du vestiaire, les yeux bouffis et l'air malheureux.

Je m'adressai à Jeremiah :

– Si Mme McLaren est encore là, demande-lui de vous accompagner jusqu'aux cars.

Comme un éclair, je récupérai les paniers-repas, les vêtements et l'incontournable poupée hollandaise.

Lucy arriva et je lui adressai mon sourire le plus convaincant :

– Vous voulez bien me rendre ce service ?

Puis je disparus dans le vestiaire.

Jade restait immobile, tête baissée et cheveux dans les yeux. Derrière elle, les poupées trônaient sur le banc, soigneusement disposées les unes à côté des autres. Alors je lui dis :

– Il y a une vraie famille ici ! Celle-ci pourrait être la maman, celle-là le papa. Et les autres les enfants.

Pas de réaction.

Je m'assis sur le banc et prit celle aux longs cheveux noirs :

– Je me demande à quoi elle pense.

Toujours rien.

Je caressai doucement la chevelure synthétique.

– Et si on jouait ? Tu imagines que la poupée c'est toi et tu racontes à la mienne ce qui te passe par la tête. D'accord ?

Jade recula, refusant de prendre le jouet que je lui tendais. Alors j'assis la poupée sur mes genoux et je pris une voix de fausset pour me lamenter.

– Comme je suis malheureuse ! Je sens des choses terribles au fond de moi et j'ai peur.

– Oh ma chère, répondis-je de ma voix naturelle. Que se passe-t-il ?

– J'ai si peur, gémit la poupée.

– Mais pourquoi ?

– Il m'arrive des choses épouvantables et je ne sais pas comment les arrêter.

– C'est terrible !

Alors je berçai la poupée dans mes bras.

– Pauvre petite fille. Ça me rend triste de te savoir malheureuse. Laisse-moi te serrer dans mes bras. Laisse-moi t'aider.

Tout en dialoguant, j'observais du coin de l'œil Jade qui s'approchait.

– J'ai tellement peur! pleurait la poupée d'une voix misérable. C'est si dur à raconter. Vous n'allez pas me comprendre ou me croire. Vous allez penser que tout est ma faute.

Je m'adressai alors à la fillette:

– Elle a l'air si malheureuse. Comment la consoler? Tu as une idée?

Sans quitter la poupée des yeux, Jade hésita, l'air perplexe. Puis avec la plus grande précaution, elle avança une main tremblante.

– N'aie pas peur, murmura-t-elle en caressant ses cheveux.

– Je me demande ce qui la terrorise à ce point.

– C'est son anniversaire.

– Oh!

Malgré le ton entendu sur lequel j'avais répondu, je ne comprenais pas ce que Jade pouvait trouver de terrifiant dans un anniversaire.

– Ma pauvre, repris-je à l'intention de la poupée. N'aie pas peur. Je vais te câliner.

Je m'exécutai.

– Les paroles m'aideraient à te comprendre. Alors, tu vas rester blottie contre moi et tu vas me raconter ton problème pour que je puisse t'aider.

Lorsque Jade se mit à pleurer, je lui tendis la main.

– Viens ici, ma chérie. Toi aussi tu peux tout me raconter.

– Je ne peux pas.

– Mais si!

– Non. Vous ne comprendrez pas.

– Je comprends tout ce que tu me racontes.

– Non, vous ne comprendrez pas.

– Laisse-moi au moins essayer, d'accord? Ici, nous sommes en sécurité et je garderai mon bras autour de tes épaules.

– Je ne peux pas, sanglota la fillette. Vous ne pouvez pas comprendre.

Sur ces mots, elle se libéra de mon étreinte et se précipita sur la porte. Le bruit de ses pas s'évanouit dans le couloir désert.

Les classes démarrant à 8 h 45, j'arrivais tous les jours aux environs de 8 heures pour préparer les affaires de dernière minute. Puis j'allais discuter avec mes collègues dans la salle des professeurs autour d'un café. Ensuite, je m'arrêtais chez Lucy avec laquelle je bavardais jusqu'à l'arrivée des enfants.

Aussi, le lendemain matin avant de m'arrêter chez Lucy, je fis un détour par ma classe pour déposer ma tasse. En ouvrant la porte, j'eus la surprise de trouver Jade assise à sa place.

– Comment es-tu entrée ici?

Elle ne répondit pas.

– Si M. Tinbergen te voit, il va se fâcher. Il s'est montré patient en acceptant que tu reviennes après les cours, mais il ne faut pas le pousser à bout. Tu sais qu'il exige que les enfants restent dehors avant le début des cours.

– C'est l'anniversaire de ma sœur, répondit Jade en me dévisageant.

Ses longs cils noirs accentuaient le bleu limpide de ses yeux.

– C'est l'anniversaire de ta sœur.

Son regard pathétique m'implorait de la comprendre et, l'espace d'un instant, une sensation d'impuissance m'envahit car je n'y parvenais pas.

– De quelle sœur parles-tu?

– D'Ambre.

– Oh!

Jade se pencha en avant et ajouta dans un souffle:

– Elle aura six ans, le vingt-sept.

– Et ça te contrarie?

Cela ne faisait aucun doute. La tête baissée et cassée en deux, elle tortillait le pompon de son gant. Puis elle renifla très fort, au bord des larmes.

Je m'assis en face d'elle.

– Raconte-moi ce qui se passe.

Pas de réponse.

Je lui pris la main.

– Chérie, je veux t'aider. Je sais que tu as des soucis ces derniers temps et que tu es malheureuse. Tu voudrais bien que je t'aide, mais pour cela il *faut* que tu me dises tout. Sinon, je ne peux rien faire pour toi.

– Ambre risque de mourir.

– Pourquoi penses-tu à une telle chose?

Elle leva la tête, l'air exaspéré.

– Je viens de vous le dire. Elle va avoir six ans.

Je me tus, déroutée.

– Je ne veux pas qu'elle meure.

– Chérie, on ne meurt pas parce qu'on va avoir six ans.

– Tashee, oui. Et ça sera pareil pour Ambre. Maintenant, c'est son tour.

– Tashee est morte?

Jade fronça les sourcils d'un air interrogateur.

– Je vous l'ai déjà raconté.

– Je sais, chérie. Parfois, tout me paraît confus. Non pas parce que je ne t'écoute pas ou que je refuse de te croire. Mais parce que...

Elle avait déjà repoussé sa chaise, prête à s'enfuir. « *Seigneur, aidez-moi à trouver maintenant les mots justes.* »

– Comment c'est arrivé?

Jade me regarda d'un air las avant de vérifier les plinthes et les fentes à la recherche de toiles d'araignées. Puis elle dit dans un souffle :

– Ellie a pris un couteau, comme ceci.

Du doigt, elle en dessina le contour sur la table.

– Et elle l'a planté dans la gorge de Tashee.

La fillette s'arrêta pour reprendre son souffle et se pencha en avant, au point que nos têtes se frôlèrent.

– Alors le sang a giclé. Ça ne coulait pas comme quand on se coupe, mais comme un robinet ouvert, et Ellie l'a récupéré dans une soucoupe.

Je mis les doigts devant la bouche, pour m'empêcher de crier. Il se passa quelques instants avant que je retrouve ma voix pour demander :

– Ellie l'a tuée? La dame de la télé?

Jade pencha la tête pour croiser mon regard.

– Oui, répondit-elle avec hésitation.

Puis elle ajouta d'une voix soulagée :

– Vous le saviez? Vous aussi, vous l'avez vu à la télé?

15

Le mercredi après-midi après la récréation, les enfants avaient une heure d'activité libre. Généralement, Bruce se couchait sur sa couverture préférée en suçant un objet quelconque. Philip et Reuben jouaient avec l'établi ou l'eau du robinet, deux de leurs occupations favorites et particulièrement salissantes. Jeremiah et Jade avaient des distractions plus diversifiées : dessin, coloriage ou bien lecture. Si parfois un sujet de cours les avait captivés, ils le reprenaient. Jeremiah, d'un naturel ordonné, rangeait parfois les armoires.

Cet après-midi-là, Jade ne parvenait pas à se décider. Incapable de tenir en place, elle errait dans la classe, l'air absent, effleurant les livres sur les étagères, l'aquarium et les classeurs. Elle s'arrêta devant le tableau d'affichage pour étudier le programme puis elle regarda les images aux murs. Enfin, elle se dirigea vers le nécessaire de peinture et prit les flacons que j'avais préparés d'avance.

– Je peux peindre? finit-elle par demander.

– Bien sûr. Tu trouveras le papier au-dessus du classeur à dossiers suspendus.

Je me replongeai dans mon travail.

Jade sortit le chevalet, accrocha une feuille de dessin, enfila une blouse et étala un assortiment de couleurs dans la boîte à œufs qui servait de palette. Un pinceau à la main, elle s'immobilisa devant la feuille. Plus tard, en relevant la tête, je la retrouvai dans la même position. Au bout d'un moment, elle me demanda :

– Je peux emporter les affaires dans le vestiaire?

– Le chevalet aussi?

Elle fit oui d'un signe de tête.

– Très bien, mais tu ne pourras pas fermer la porte à clef.

– Je peux verrouiller celle qui donne sur le couloir?
Je lui donnai mon accord.

Laborieusement, elle tira le matériel dans le vestiaire, puis vint prendre les accessoires ainsi que des journaux pour protéger le sol.

Lorsque j'entrai dans le vestiaire pour prendre un crayon rouge, je remarquai qu'elle se tenait presque droite. Mais, surprise par ma venue, elle reprit sa position habituelle.

– Ce n'est que moi, dis-je pour la rassurer.

– Tirez la porte en sortant. Et demandez aux autres de frapper avant d'entrer. D'accord? Puisque je ne peux pas fermer à clef, demandez-leur de frapper.

Pendant vingt minutes, Jade s'adonna à son art avec un plaisir évident. Plusieurs fois, elle réapparut dans la classe pour chercher d'autres couleurs ou des pinceaux plus gros.

Finalement je dus la prévenir que la cloche allait sonner. Il régnait autour d'elle un désordre artistique : flacons renversés sur les bancs, godets sales sur le sol et pinceaux pleins de peinture éparpillés un peu partout.

– Je peux regarder?
Avec sa permission, je fis le tour.

Je découvris un énorme chat noir tigré, si gros qu'il occupait presque toute la feuille. Sa tête, disproportionnée par rapport au corps, était tournée vers l'extérieur et il avait de grands yeux jaunes cernés de blanc. Ses oreilles étaient ovales et des touffes de poils sortaient de ses naseaux. La bouche d'une taille démesurée lui mangeait la moitié de la tête. Son sourire écarlate et malveillant dévoilait six dents rectangulaires. Il émanait de ce chat une agressivité évidente.

– C'est Jenny, expliqua Jade. Vous vous rappelez de mon petit chat?

– J'aime beaucoup ta peinture.

– Elle ressemble à un tigre, vous ne trouvez pas?

– Oui, effectivement.

Jade attrapa un godet de peinture orange et sans crier gare elle se mit à tracer des barreaux épais en travers de la feuille.

Déroutée par ce geste imprévisible, je ne pus m'empêcher d'exprimer ma déception.

– Pourquoi tu as fait ça?

– Il valait mieux ne pas le laisser ainsi. Les tigres sont dangereux et il aurait pu tuer quelqu'un.

Étrangement, cette grille semblait encore plus menaçante que la bête. Ce chat symbolisait-il l'univers terrifiant qui cernait Jade et les barreaux son besoin de sécurité ? Ou bien s'agissait-il de l'expression de sa propre agressivité et de sa lutte pour l'inhiber ?

– Au début, tu voulais mettre ces barreaux ?

Soudain, la fillette éclata en sanglots.

– J'ai tout gâché, gémit-elle en voulant déchirer la feuille.

– Non, ne fais pas ça. C'est encore très beau.

– J'ai tout gâché. Je voulais dessiner un tigre, rien d'autre.

– Nous allons effacer les barreaux.

Du bout du doigt, je tentai de gratter la peinture.

– Il faut d'abord la laisser sécher, sinon on va en mettre partout. Ensuite, nous pourrons retirer l'orange sans rien abîmer.

Jade se calma un peu.

– Si tu ne veux que le tigre, tu n'auras que le tigre, car c'est nous qui décidons, pas la peinture.

– En fait, j'ai dessiné Jenny, murmura la fillette, pas un tigre.

Je la pris dans mes bras.

– C'est le fantôme de Jenny. Quand elle vivait, elle ressemblait à un chat, mais à l'intérieur c'était un tigre. Beaucoup de gens l'ignorent, mais moi je le sais, parce que je voyais en elle et je connaissais sa force. Après sa mort, elle s'est transformée en fantôme.

– Je vois.

Jade resta collée contre moi.

– C'est la vraie Jenny. Le corps ne compte pas puisqu'il meurt un jour. Peu importe ce qui lui arrive, parce qu'à la fin les os se transforment en poussière, et il ne reste que votre fantôme. En fait, on ne vit vraiment que quand on devient un fantôme.

Le jeudi, Philip arriva très énervé. Sa mère naturelle qui vivait à Chicago lui avait envoyé un bibelot, de ces sortes de sphères en plastique que l'on retourne pour faire tomber la neige. Malgré la proximité des fêtes d'Halloween, il y avait dans la boule un père Noël sur son traîneau tiré par deux rennes.

L'enfant était aux anges et regardait son trésor en le secouant sans cesse pour voir tomber la neige. Puis, il me l'agita sous les yeux.

– N-neige, dis-je en exagérant volontairement la prononciation.

Je lui pris la main pour la placer devant son visage.

117

– Répète. Place tes lèvres comme cela : Nn-neige.

– N-eige, répéta-t-il.

Puis il brandit son jouet sous le nez de ses camarades pour qu'ils puissent l'admirer.

– J'ai la même chose chez moi, commenta Jeremiah. Donne-le-moi.

Philip refusa et les deux garçons roulèrent par terre.

– Arrêtez, vous deux.

J'attrapai la sphère avant qu'elle ne se brise dans la mêlée.

– Jeremiah, ça suffit.

Il lâcha Philip à contrecœur, non sans lui administrer un ultime coup de pied en se relevant.

– Sale égoïste. Petit con. Je n'allais pas l'abîmer ton truc merdique.

J'intervins.

– A l'avenir, n'essaie pas de prendre ce qui ne t'appartient pas. Est-ce clair?

– De toute façon, le mien est beaucoup mieux, bougonna Jeremiah. Il vient de Disneyland et il y a un château dedans. On ne l'a pas acheté dans un prisunic pour nègres.

Prenant Jeremiah par les épaules, je le forçai à se rasseoir.

– Petit Papa Noël, poursuivit-il. C'est bon pour toi, sale con. Je parie que tu y crois toujours à ce bon vieux Papa Noël qui descend dans ta cheminée de merde. Pas vrai, bébé à la con qui fait encore dans sa culotte?

– *Jeremiah!*

Sécurisé par ma présence, Philip ne voulut pas manquer l'occasion de le provoquer.

Tout en agitant le bibelot, il se mit à tourner sur lui-même avec force gestes, ce qui eut bien sûr l'effet désiré. Rouge de colère, Jeremiah bondit de son siège. Philip courut se réfugier derrière moi.

– Je crois que nous l'avons suffisamment vu, déclarai-je en lui prenant l'objet des mains.

– N-on! hurla-t-il de desespoir. A m-moi.

– Oui, c'est à toi, mais pour l'instant, je vais le mettre sur ce casier et tu le récupéreras ce soir en rentrant chez toi. Ici il ne risque rien.

L'enfant hurla d'indignation quelques minutes encore, puis il capitula quand il comprit qu'il n'avait aucune chance de récupérer son bien.

Le soir, l'objet avait disparu. Je grimpai sur une chaise pour m'en assurer, mais il n'y avait rien sur le dessus du meuble.

Inconsolable, Philip trépignait en pleurant :

– A m-moi ! A m-moi !

J'inspectai partout, affichant un optimisme bon teint, mais cette disparition me paraissait de plus en plus douteuse. Évidemment, Jeremiah était le suspect numéro un, mais le manque de preuve rendait toute accusation difficile. Pour ne rien arranger, les cars étaient déjà arrivés, empêchant tout interrogatoire. Il ne me restait plus qu'à faire mes excuses à Philip en lui promettant de chercher partout. Il partit en sanglots.

Une fois seule, je repris mes recherches, tirant les meubles, me mettant à quatre pattes. Munie d'un balai, je passai au crible le moindre recoin. Mais à part deux élastiques, un bout de papier et quelques bonbons poussiéreux, mes efforts restèrent infructueux. La mort dans l'âme, je dus admettre qu'il s'agissait d'un vol. Contrariée, je descendis dans la salle des professeurs pour me détendre un peu avant de préparer mes cours.

J'y flânai plus longtemps que prévu. Ce qui m'arrivait rarement après la classe, car une fois répandue dans un fauteuil confortable avec la énième tasse de café, il m'était très difficile de m'en arracher pour me remettre au travail. Je me retrouvais alors dans l'obligation d'emporter les dossiers chez moi, ce dont j'avais horreur.

Dans le couloir, je remarquai la porte du vestiaire fermée, alors que je l'avais laissée ouverte. J'entendis la voix chantante de Jade.

– ... et alors, elle grimpe dans le traîneau et elle monte monte monte dans le ciel.

– Nous volons, cria Tashee.

– Tu vas te battre contre eux avec moi ?

– Oui, répondit Tashee. Jade, Ambre et moi.

– Et alors elles montèrent dans le traîneau. Et il neigeait à gros flocons. Il neigeait, neigeait, neigeait. Et elles s'envolèrent dans le ciel.

Je fis claquer la porte de la classe pour signaler ma présence.

– Jade ?

Pas de réponse.

Je voulus ouvrir la porte de communication, mais elle était verrouillée.

– Jade, s'il te plaît, laisse-moi entrer.

Le silence. Je pris ma voix de professeur.

– Ouvre cette porte, s'il te plaît.

Aucun bruit dans le réduit.

– Il faut que ça cesse ou bien je ne pourrai plus jamais te laisser revenir ici. Maintenant, je compte jusqu'à trois pour que tu ouvres. Tu m'écoutes? Un...

J'entendis son pas traînant, mais la porte resta close.

– Deux...

La clef tourna dans la serrure et la porte s'ouvrit lentement.

Alors je demandai en tendant la main.

– Maintenant, veux-tu bien me donner le bibelot de Philip?

– Je ne l'ai pas.

– Si tu me le donnes maintenant, nous le remettrons à sa place et personne n'en saura rien.

– Je ne l'ai pas.

Décontenancée, je la dévisageai.

– Pourquoi vous ne me croyez pas? Vous aviez dit que vous me croiriez, mais vous mentez. Vous êtes comme tous les autres.

La saisissant par les épaules, je la fis pivoter sur elle-même pour retourner dans le vestiaire en prenant soin de verrouiller la porte.

– Eh bien, si tu dis vrai, tu ne verras pas d'inconvénient à ce que je vérifie par moi-même.

Je voulus tâter son manteau.

– Pas ça. Non.

Elle me força à lâcher prise et se jeta sur la porte. Je la rattrapai et il ne me fallut qu'une seconde pour sentir l'objet à travers sa poche. Celui-ci rebondit par terre et explosa en mille morceaux. Des parcelles de plastique s'éparpillèrent de tous les côtés et l'eau se répandit sur le sol.

Nous restâmes pétrifiées d'horreur.

– Oh non! m'écriai-je, à court de mots.

Jade éclata en sanglots et s'agenouilla pour ramasser les débris qu'elle serra contre son cœur.

– Je vais t'aider, lui dis-je.

– Non! hurla-t-elle en me repoussant avec violence. Tout ça c'est à cause de vous.

– Je regrette. Je ne voulais pas le casser.

– C'est *votre* faute, si je l'ai cassé. Je vais vous tuer parce que vous êtes méchante.

Je me relevai.

– Tu as vraiment envie de me tuer?

– Oui, vociféra-t-elle furieuse en faisant un bond en arrière, les débris du bibelot toujours collés contre elle.

120

– Très bien. Les sentiments n'ont rien à voir avec les actions. Voilà pourquoi il faut les exprimer. Les sentiments et les désirs ne peuvent pas tuer.

Stupéfaite, Jade s'immobilisa puis considéra son corps parfaitement redressé. L'instant d'après, elle pleurait de rage.

Avec une violence que je ne lui connaissais pas, elle courut d'un bout à l'autre du réduit en braillant et en cognant dans les portes.

Cette réaction inattendue m'effraya. Mon premier réflexe me dicta d'ouvrir la porte pour la laisser sortir, tel un papillon prisonnier derrière une vitre. Mais devant l'intensité de sa colère, je me ravisai, comprenant qu'il fallait aller jusqu'au bout. J'attendis donc qu'elle s'épuise.

Finalement, elle rampa près de la porte qui donnait sur le couloir, serrant toujours contre elle le bibelot cassé, le protégeant derrière le rempart de ses longs cheveux. Dans cette position, elle versa de chaudes larmes quelques minutes. Puis la fatigue eut raison de sa rage et elle se calma d'elle-même. Levant doucement la tête, elle s'essuya le nez du revers de sa manche.

– Ça t'a fait du bien? lui dis-je d'une voix calme. Tu avais besoin d'extérioriser tout ça.

Jade me regarda.

– Viens t'asseoir près de moi.

Après un temps d'hésitation, elle s'approcha.

Sortant une boîte de mouchoirs de mon tiroir, j'essuyai son visage. Elle ne me quittait pas des yeux.

– Tashee a raison.

– A quel sujet?

– Vous êtes la plus forte. Vous devez être Dieu.

– Tu me prends pour Dieu?

Ouvrant doucement ses mains, elle contempla les débris du bibelot de Philip.

– Oui.

– Pour quelle raison?

– Ils disent la vérité.

– Qui « ils »?

– Eux, ce qu'ils racontent.

Je voulus aller plus loin, mais notre communication nouvellement retrouvée me parut trop précaire.

– Parfois je voudrais mourir, comme Tashee. Et puis...

Elle se tut. Passant un doigt sur les morceaux brisés, elle prit le père Noël en plastique.

— D'autres fois, je n'ai pas envie de mourir. Je veux juste que tout s'arrête. Qu'Ambre et moi... Je ne sais pas. Simplement...

Nouveau silence.

La tête baissée, elle poussa un soupir.

— Ils disent que ça fait du bien quand on a mal et qu'on devient plus fort. Ils vous donnent la force de tuer les gens que vous n'aimez pas.

— Oh!

— Mais vous vivez toujours.

— Oui. Tu étais simplement en colère après moi. La colère fait partie des sentiments et les sentiments n'ont jamais tué personne.

— Ellie dit que je peux vous tuer si je veux.

— Eh bien, je ne mourrai pas.

— C'est parce que vous êtes Dieu? demanda la fillette en levant les yeux sur moi.

— Non. C'est Ellie qui se trompe.

16

Comment qualifier l'état d'esprit dans lequel je me trouvais en rentrant chez moi? A mon avis, il n'y avait pas trois explications possibles au comportement de cette enfant. Soit il s'agissait d'une petite fille gravement perturbée avec un univers intérieur composé d'un mélange terrifiant d'hallucinations et souffrant d'une schizophrénie fragmentée. Soit elle avait compensé un traumatisme dû à des sévices ou à un choc, en créant un monde de chimères pour se protéger de la réalité. Dernière possibilité, nous avions affaire à une enfant en parfaite santé, prise dans une toile maléfique de meurtres et de tortures, sans personne pour la croire. J'avais plus ou moins éliminé l'hypothèse du traumatisme physique, car elle ne manifestait aucun signe pouvant s'associer à l'aphasie ou à toute autre forme de lésions cérébrales. Dans tous les cas, il me fallait rester vigilante.

Chez moi, je ne pus me concentrer sur rien. Je parcourus mon courrier sans le lire et classai les factures sans les ouvrir. N'ayant pas très faim, le contenu de mon réfrigérateur ne m'inspira guère. Alors je m'installai devant la télé avec un sandwich pour regarder un film des années cinquante qui me rappelait mon enfance. Après une demi-heure de détente, Jade hanta à nouveau mon esprit.

Incapable de fixer mon attention plus longtemps, je me mis à faire du rangement, la vaisselle et à trier les papiers qui traînaient sur le bureau de ma chambre.

Parmi la pile de livres et de dossiers entassés au pied du secrétaire, il y avait la bande vidéo de Jade enregistrée l'hiver dernier. J'eus soudain envie de revoir sa silhouette fantomatique et de réécouter ses murmures étranges. Cette pantomime deviendrait-elle plus claire maintenant? Parviendrais-je à comprendre ce qui me paraissait alors incohérent ? La cassette en main, je compris alors que ma nervosité de ce soir-là venait de mon impuissance devant ce problème. Jade occupait toutes mes pensées car je ne parvenais pas à analyser son comportement.

Seule dans ma chambre mansardée, le Dr Rosenthal, mes collègues de la clinique ainsi que nos interminables discussions autour d'une tasse de café me manquaient cruellement. Comment avais-je pu accepter de m'isoler de la sorte ?

Je caressai l'idée de téléphoner à Jules, car lui seul pouvait m'aider. D'esprit ouvert et imaginatif, son point de vue original me stimulait et m'aidait à réfléchir. Mais se souviendrait-il encore de Jade ? Et si mon coup de fil lui paraissait étrange ? Aurait-il du temps pour m'écouter ? A mon avis, le téléphone risquait de dénaturer notre dialogue.

Je voulais surtout m'entretenir face à face avec une personne qui connaissait bien Jade. Ceci ne me laissait guère le choix.

Dans l'annuaire, il y avait des douzaines de Peterson. J'en sélectionnai quelques-uns en procédant par élimination et tentai de joindre Arkie. Après plusieurs échecs, je composai le numéro de Lucy.

– Lucy ? C'est Torey. Comment ça va ? Je me demandais si... Est-ce que Ben est là ? Bien ! Enfin, vous voyez ce que je veux dire. Vous aimeriez faire une partie de bowling ?... Oui, je sais qu'il est tard... Disons que j'agis sur un coup de tête. Rien qu'une ou deux parties ? J'ai besoin d'un peu d'exercice. Je pensais que par la même occasion vous pourriez me donner votre avis sur l'école. Bien sûr, si cela ne vous dérange pas. D'accord ? On se retrouve sur place ?

Lucy arriva vêtue d'un jean et ses cheveux courts tirés en arrière dans une minuscule queue de cheval. Je ne l'avais jamais vue ainsi décontractée et la trouvai ravissante.

– Dieu, que ça fait du bien ! dit ma compagne à voix basse alors que nous prenions nos chaussures de bowling. Cela va surprendre Ben quand je vais le lui dire. Lui qui me croit à la maison en train de préparer mes cours !

Je lui souris.

Nous jouâmes jusqu'à la fermeture.

En rangeant les boules, je proposai à ma compagne d'aller boire un Coca au bar d'à côté qui restait ouvert après vingt-deux heures trente.

– D'accord. Mais, demain, je vais être épuisée.

Pendant qu'elle se mettait en quête d'une table, je partis chercher les consommations.

– Je suis sûre que vous avez terminé votre travail avant de rentrer chez vous, déclara Lucy à mon retour. Vous paraissez si bien organisée. J'aimerais vous imiter, mais lorsque je descends dans la salle des professeurs, je discute à n'en plus finir... (Elle haussa les épaules avant d'ajouter :) Bof, ce n'est pas plus mal. Ainsi, j'ai de quoi m'occuper le soir quand Ben n'est pas là.

Elle me regarda.

– J'ai passé un bon moment. Au départ, je ne voulais pas venir. J'avais les cheveux sales et je me trouvais horrible. Puis je me suis dit : « Zut! Pour une fois, mets un peu de fantaisie dans ta vie et profites-en! » Vous savez, je me suis bien amusée. Merci de m'avoir invitée.

Touchée, je lui souris.

– Vous devez sortir beaucoup, surtout vous qui venez de la ville.

Je secouai la tête.

– N'en croyez rien. En fait, je n'aime pas trop ça. J'avais surtout besoin de me changer les idées ce soir.

– Vous avez des problèmes? demanda-t-elle l'air inquiet.

– Jade, énonçai-je. Je me sens tellement désarmée face à elle. Je ne sais plus que faire.

Je lui narrai les événements de ces derniers mois, qu'elle connaissait en partie pour avoir volé à mon secours à plusieurs reprises. Mais cette fois-ci, je lui expliquai les visites de la fillette le soir, sa façon de se redresser, ses plaintes et ses hurlements. Je parlai de Tashee, d'Ellie et des autres, sans oublier les fantômes et les araignées. Une fois lancée, je ne pouvais plus m'arrêter.

Lorsque enfin je me tus pour reprendre mon souffle, Lucy avait le nez dans son verre et remuait les glaçons avec une paille.

– Eh bien! murmura-t-elle.

– En fait, je n'arrive pas à comprendre ce qui se passe au juste. C'est ce qui me contrarie le plus car je ne contrôle pas vraiment la situation. Et si elle disait la vérité? Et si je restais là à ne rien faire, persuadée qu'elle affabule, alors qu'en réalité il lui arrive des choses *inimaginables*?

– Non, répondit Lucy. Vous parlez de meurtre. C'est impossible.

– Je sais. Je n'arrête pas d'y songer, mais... ce qu'elle raconte paraît si sensé... puis tout à coup son histoire semble tirée par les cheveux. Je m'efforce d'imaginer quel genre de situation peut provoquer cette...

– Mais, ça ne peut pas être vrai, répliqua Lucy.

– Il pourrait s'agir d'un groupe quelconque. Un cercle pornographique ou des pédophiles?

– *Torey!* gémit ma compagne. Pour l'amour du ciel, nous sommes à Pecking, et ce genre de cochonneries n'existe pas ici. En Californie, à New York... oui, mais pas ici!

– Pour l'instant, je me borne à de simples spéculations.

– Je sais que ces choses arrivent, mais quant à croire qu'elles se produisent ici même... Nous vivons dans une communauté étroitement soudée où tout le monde est au courant des affaires de tout le monde. Que penseraient les voisins?

Le silence retomba. Lucy, de plus en plus songeuse, suçait des glaçons. Le juke-box jouait un air de country-music qui me changea les idées un moment.

Lucy reprit:

– Je me demande si Jade pourrait ressembler à Sybil. Vous savez la petite fille dans ce livre.

– Celle qui a plusieurs personnalités?

– Oui. Jade aurait pu se partager entre plusieurs identités. Une partie d'elle-même vivrait à « Dallas » avec les héros de ce feuilleton, transférant la méchanceté qu'elle porte en elle sur Ellie, J.R. et tout autre personnage antipathique. Quant à Tashee, elle incarnerait le bien, la partie faible de son être qu'il faut sauver.

Dans l'ensemble, cette théorie tenait debout et il était facile d'imaginer une fillette s'identifiant à des vedettes du petit écran, surtout à une époque où la télé joue un rôle prépondérant. Que Tashee existe ou non, elle avait fini par symboliser le bien aux yeux de Jade. Je savais que ce phénomène de personnalités multiples était souvent lié à des sévices sexuels, ce qui expliquerait sa précocité dans ce domaine et la désintégration du « Moi ». Cependant, certains détails restaient troubles. Par exemple, pourquoi, dans son univers, les personnages de « Dallas » ne collaient-ils pas à ceux de la télévision? Ellie aurait dû incarner la douceur et l'amour maternel, réservant la perversion aux autres. A moins, bien sûr, que le tortionnaire de Jade soit sa mère... Mais tout son comportement sexuel était axé vers l'anatomie masculine.

La théorie de Lucy me posait un autre problème. On rencontrait rarement des cas de personnalités multiples, surtout à l'âge de Jade. Je n'en avais jamais rencontré. En dépit de la spécialisation de notre clinique dans ce domaine, nous n'avions jamais vu un adulte atteint de ce trouble, encore moins un enfant. Il me paraissait d'autant plus incroyable de me retrouver confrontée à cette maladie maintenant. Assise face à Lucy, l'esprit en ébullition, je restai perplexe. Nous nous trouvions dans une situation si bizarre que l'incrédulité devait en grande partie nous empêcher de trouver la réponse.

Le jour suivant, Jade ne vint pas à l'école, et son absence me déconcerta. Comme la plupart des enfants qui suivaient cette classe, elle manquait très peu, pas même pour un rhume.

Je m'inquiétais d'autant plus que l'anniversaire d'Ambre si redouté devait avoir lieu dimanche. Ces derniers jours, j'avais espéré pouvoir aborder le sujet avec Jade pour la rassurer un peu.

Je restai préoccupée toute la matinée. Attirée comme un aimant à la fenêtre, je regardais sans cesse sa maison de l'autre côté de la rue tandis que les garçons faisaient leurs devoirs. Tout paraissait normal : volets ouverts, rideaux tirés. Mais je ne pouvais détacher mes yeux de cette demeure. A la récréation, je trouvai Ambre en train de jouer avec ses camarades, courant les cheveux au vent et riant de bon cœur. Cependant, le malaise qui me tenaillait depuis le début de la journée persistait. A l'heure du déjeuner, je sortis de l'école.

Mme Ekdahl parut étonnée de me voir lorsqu'elle m'ouvrit la porte avec Saphir dans les bras. Le bébé joufflu et sale pleurait et se débattait pour qu'on le dépose à terre.

– Jade a mal au ventre, m'expliqua la mère après que je lui eus exposé le but de ma visite. Elle a vomi dans son lit cette nuit et j'ai jugé préférable de la garder au chaud.

– Vous avez bien fait, répondis-je. Vous permettez que je lui dise bonjour?

La chambre baignait dans l'obscurité avec les volets tirés et Jade était assise dans son lit, des livres de Mickey autour d'elle.

– Bonjour!

Elle me regarda avec étonnement.

– Ta maman m'a dit que tu n'allais pas bien.

Elle ne répondit pas.

Installée sur le bord de son lit, je lui souris :

– Tu te sens un peu mieux maintenant?

Elle restait sur ses gardes, comme si j'étais une étrangère, voire une intruse.

– Je regrette de ne pas t'avoir en classe aujourd'hui. Tu nous manques beaucoup. Cet après-midi nous allons préparer des biscuits pour Halloween. J'aurais tant aimé que tu puisses nous aider.

Jade observait un silence absolu.

– Tu veux que je t'en garde pour la fête?

La fillette esquissa un léger mouvement d'épaules.

Troublée par ce mutisme obstiné, je jetai un coup d'œil autour de moi. La pièce en désordre ressemblait à toutes les chambres d'enfant et Jade trônait au milieu de mouchoirs en papier, de livres de coloriages et de crayons de couleurs éparpillés sur les couvertures. L'espace d'un instant, je me revis enfant et malade.

Elle ne me quittait pas des yeux.

– Je t'ai apporté quelque chose.

Je sortis d'un sac en papier une poupée blonde. Volontairement, je n'avais pas choisi celle aux longs cheveux noirs qu'elle assimilait à Tashee.

– J'ai pensé que tu aimerais l'avoir avec toi. Tu peux la garder tant que tu veux et quand tu iras mieux, tu la rapporteras à l'école.

Sans un mot, Jade serra la poupée contre son cœur.

– Il faut que je parte maintenant, car les classes vont bientôt reprendre. Mais j'ai songé que... Enfin, si tu as des problèmes, regarde-la et n'oublie pas que je pense à toi.

Elle la contempla.

– Il faut vraiment que je parte, dis-je en me levant. J'espère que tu iras mieux.

Pas de réponse.

– D'accord?

Elle caressa tendrement la chevelure de la poupée avant de me regarder pour me sourire très très timidement.

En sortant, je me trouvai nez à nez avec la mère. En fait, je manquai lui rentrer dedans.

– Je vous demande pardon, me dit-elle. Jade salit beaucoup ses draps et je venais les changer.

– Merci de m'avoir laissée la voir.

– J'ai vu la poupée. C'est très gentil de votre part. Je comprends pourquoi elle vous aime tant. Vous vous montrez si gentille avec elle. Votre cadeau va lui faire plaisir, car elle joue souvent à la poupée avec sa sœur.

– Tant mieux!

– Je trouve qu'elle vous ressemble avec ses cheveux blonds. Jade va adorer ça. Elle n'aura plus l'impression que vous lui manquez, elle qui a la manie de prendre ses poupées pour des êtres vivants.

Le lundi, Jade réapparut, la poupée blonde sous le bras. Elle la posa à côté d'elle sur la table.

– Vous avez vu ce qu'elle a? dit Jeremiah.

– Oui, je sais.

– C'est une des poupées que vous avez apportées. Elle l'a volée, parce qu'elle l'avait avec elle avant d'entrer en classe.

– Non, elle ne l'a pas volée. Je la lui ai prêtée pour quelque temps.

– Quoi? s'écria le garçon d'une voix outrée. Vous ne me prêtez jamais rien à moi.

– Toi aussi, tu veux une poupée?

– Non, je veux dire que vous ne me laissez jamais rien emporter chez moi.

– Jeremiah, je l'ai prêtée à Jade dans des circonstances bien précises. Et je ferai de même pour toi, si je juge que tu en as besoin.

Jeremiah rétorqua sur le ton de la dérision :

– De toute façon, à quoi me serviraient toutes ces conneries?

Ayant conduit les garçons aux cars, je remontai dans la classe. Jade n'avait pas bougé du vestiaire, chaussée de ses bottes, son manteau sur le banc. Elle jouait en silence avec la poupée aux longs cheveux noirs. Mon arrivée la fit sursauter et elle reposa vivement le jouet.

– Tu l'aimes beaucoup, n'est-ce pas?

Elle répondit oui d'un signe de tête.

– Mais j'aime aussi celle que vous m'avez donnée parce qu'elle vous ressemble.

Je lui souris en m'asseyant à ses côtés.

– Tandis que l'autre ressemble à Tashee.

Jade me dévisagea avec insistance.

– Et si nous fermions la porte?

Ce que je fis sans attendre sa réponse.

– As-tu passé un bon week-end? Comment s'est déroulé l'anniversaire d'Ambre?

Elle reprit la poupée blonde.

– Vous avez organisé une grande fête?

– Non.

– Et en famille, vous n'avez rien fait?

– Maman a préparé un gâteau tout jaune avec des bougies dessus.

Au bout d'un moment, elle ajouta en plissant le nez :

— Vous savez ce qu'elle a voulu comme décor sur son gâteau? Des jonquilles! Au mois d'octobre. Mais maman a dit qu'elle aurait tout ce qu'elle voulait puisque c'était son anniversaire.

— Elle a eu des cadeaux?

— Oui.

— Quoi par exemple?

— Papa et maman lui ont acheté des vêtements et un jouet. Ma grand-mère lui a offert une tapisserie, mais elle est encore trop jeune. Je lui ai donné une barre de Mars. Saphir, rien, parce qu'à son âge on n'a pas encore d'argent de poche.

— Ainsi Ambre a fêté ses six ans avec un gâteau et des bougies? Il n'y a rien eu d'autre?

Jade secoua la tête.

— Elle n'est pas morte?

La fillette retourna la poupée et contempla ses longs cheveux.

— Ambre va très bien, insistai-je. Elle vient d'avoir six ans et tout va bien.

— Non, répondit Jade d'une voix crispée.

— Mais si. Je l'ai vue ce matin chez Mme Havers.

— Cela ne se passe pas forcément le jour de l'anniversaire, mais ils vous tuent à six ans. Ellie dit que c'est le chiffre de la mort. Ils vont faire exactement la même chose que pour Tashee. Je le sais.

— Qui ça?

— *Eux*. Je n'arrête pas de vous le dire. Eux, Ellie, Bobbie et les autres.

— Mais qui sont-ils? D'où viennent-ils? Comment te retrouves-tu avec eux? Ils viennent te chercher chez toi? Ton père et ta mère sont là?

Jade me regarda, perplexe.

— Explique-moi comment ça se passe.

— D'habitude je sors. Ellie me réveille et elle me donne du Coca à boire. A Ambre aussi. Parfois nous allons dans le salon. Parfois nous allons ailleurs.

— Où cela?

Jade se tut, l'air troublé.

— Je ne sais pas où.

— Comment cela?

— Eh bien, Ellie nous met un foulard sur les yeux. Et puis de toute façon, il fait nuit. Alors je n'y vois rien. Mais elle nous emmène dans cet autre endroit et là nous buvons encore du Coca. Parfois il y a aussi Tashee.

– Je la croyais morte.

– Oui, mais elle reprend vie parce qu'Ellie recolle ses os.

– Et tes parents? Où sont-ils pendant ce temps?

Elle répondit avec hésitation :

– Ils doivent dormir dans leur chambre parce qu'Ellie nous dit de ne pas faire de bruit.

– Mais pourquoi tu ne les réveilles pas? Si tu n'aimes pas ce qui se passe, pourquoi ne te mets-tu pas à crier quand elle vient te chercher?

– Impossible. Ellie les ferait tous mourir et moi avec.

Après un bref silence, elle reprit :

– On ne désobéit pas aux ordres d'Ellie. Jamais. Parce que si les araignées d'Ellie vous surprennent, personne n'en réchappe.

17

Pour la première fois, une école avait complètement inté-
gré mes élèves à la vie de l'établissement et notre participation aux activités n'était pas de pure forme. Nous avions
notre rôle à jouer, ce qui constituait sans doute le plus beau
compliment, puisqu'on nous traitait comme des « êtres normaux ». En conséquence, notre classe se vit attribuer sa part
pour les festivités d'Halloween qui se composaient d'un
défilé de costumes et d'un goûter dans le gymnase. Tout le
monde participait à la décoration et à la cuisine. Une classe
se chargea des citrouilles et des petits gâteaux. Une autre
dessina les nappes et prépara les pizzas. Quant à nous, nous
devions offrir le décor en trois dimensions et griller trois
kilos de popcorn.

Ce jeudi matin, jour de fête, ne démarra pas exactement
comme prévu. D'abord, Bruce était absent, ce qui signifiait que nous ne pouvions pas compter sur les paquets de
popcorn promis par sa mère. Et Jeremiah n'était pas là
non plus.

— Ng-ah-ah, s'écria Philip énervé en arrivant dans la
classe.

— Je te demande pardon ? Peux-tu recommencer ?

— Ng-ah-Ah ! répéta le garçon en battant des mains avec
frénésie.

Une orthophoniste lui apprenait le langage par signes
pour l'aider à mieux communiquer. Malheureusement,
n'ayant pas encore saisi le principe, il s'imaginait que
n'importe quel geste faisait l'affaire. Aussi battait-il des
mains avec frénésie.

A ce moment-là, M. Tinbergen apparut à la porte.

— Le chauffeur du car, Fred, a reconduit Jeremiah chez lui

parce qu'il chahutait trop, comme à son habitude. Vous le connaissez.

– Seigneur! Il fallait que ça arrive précisément aujourd'hui.

Jeremiah n'avait jamais réussi à se tenir tranquille pendant le trajet qui le menait à l'école, et cette méthode de punition n'avait eu qu'un effet limité sur son comportement. Dès mon arrivée, j'avais demandé que l'on cesse ces mesures de rétorsion qui me paraissaient aller à l'encontre du but recherché. En effet, plus que n'importe qui, il avait besoin du cadre structuré de l'école. Nous avions donc mis en place un système de bons points sous forme de jetons que Jeremiah recevait ou rendait selon sa conduite. D'un autre côté, la réaction de Fred pouvait se comprendre. D'après lui, si on appliquait ce principe à la lettre, le débit de Jeremiah question jetons pouvait s'élever jusqu'à – 27.

La classe paraissait bien vide sans Bruce et Jeremiah. Je conduisis les autres dans la cuisine de la salle des professeurs et nous passâmes les deux premières heures de la journée à griller le popcorn sur une plaque chauffante. Pendant la récréation, je partis chercher Jeremiah en voiture.

Prévenu de mon arrivée par M. Tinbergen, il m'attendait assis en tailleur au bord du sentier qui menait chez lui.

– Quel con ce chauffeur! dit-il en montant dans la voiture. Le salaud! Vous savez pourquoi il me déteste? Parce que je suis indien et que j'ai la peau foncée. Voilà pourquoi il se fout bien de ce que je pense.

– Tu le crois sincèrement?

– Qu'est-ce que vous imaginez? On est pauvres, nous. Mes vieux n'ont pas les moyens de se payer une Lincoln Continental, comme la vôtre.

– C'est une Fiat.

– Je dois être bigleux. Mais c'est pas ma faute si j'ai besoin de lunettes et si ma famille n'a pas assez de fric pour m'en payer.

J'eus envie de lui rétorquer qu'il rejetait la responsabilité de sa mauvaise conduite sur les autres, mais je n'en fis rien, car nous le savions tous deux. Parfois, il vaut mieux garder certains faits sous silence.

Puis le drame explosa. A peine arrivé en classe, Jeremiah se roula par terre en hurlant.

– J'ai oublié mon déguisement.

Alors pour la première fois, il éclata en sanglots.

Je n'avais encore jamais partagé le chagrin d'un enfant

comme ce jour-là. Je l'aidai à se relever et le conduisis à sa place.

– J'aurais gagné, reprit-il entre deux hoquets. J'aurais été le meilleur.

Mes efforts pour le consoler se révélèrent vains.

Jade, assise en face de nous, se pencha lentement en avant :

– Je peux lui en trouver un.

Je la regardai sans comprendre.

– Ma tante est venue la semaine dernière avec des panoplies pour Ambre et moi. Je peux lui donner la mienne si ça lui fait plaisir.

Le visage du garçon s'illumina immédiatement :

– Elle est comment ?

J'insistai auprès de la fillette.

– Et toi ? Que vas-tu porter cet après-midi ?

Elle haussa les épaules.

– Hé ! intervint Jeremiah tout en essuyant ses joues pleines de larmes. Ne commencez pas à lui donner des regrets. On dirait qu'elle a envie de devenir mon amie.

– Mais toi dans tout ça ? repris-je.

– Rien ne m'oblige à me déguiser.

– Mais si, il le faut pour aller à la chasse aux bonbons, renchérit Jeremiah. Si tu y vas comme ça, on ne te donnera rien du tout.

– C'est pas grave, puisque je ne veux pas y aller. Et Ambre non plus, parce qu'elle a peur de sortir la nuit. Elle s'endort avec une lumière allumée dans sa chambre. Vous voyez, on n'aime pas ce genre de choses. En plus, les bonbons abîment les dents.

La cuisson du popcorn nous occupa le reste de la matinée. Vers 11 h 30, Jade courut chez elle chercher le costume pour Jeremiah. Elle revint avec ce qui ressemblait à une tenue de léopard. Mais c'était difficile à dire. L'espèce de caleçon et le masque tachetés noir et jaune pouvaient tout aussi bien représenter un chien couvert de taches de rousseur qu'un ours atteint de rougeole. Au choix.

Jeremiah voulut essayer le déguisement sur-le-champ. Il découvrit avec dépit qu'il était deux fois trop grand pour lui. Afin de pallier ce problème épineux, je scotchai un coussin sur son ventre. Mais il manquait la queue.

– Greeuuh ! s'écria-t-il ravi. On dirait que je viens de manger quelqu'un.

Il voulut sauter sur le dos de Philip, mais le coussin le fit rebondir. Pour lui changer les idées, je lui demandai de fouiller dans la boîte à accessoires afin de trouver quelque chose pouvant servir de queue.

L'après-midi, la folie d'Halloween battit son plein. Épouvantails, clochards et sorcières de toutes sortes couraient dans les couloirs. Avant de lâcher mes élèves dans l'arène, j'aidai Philip à enfiler son costume de lapin, Reuben à boucler sa ceinture de pirate et Jeremiah à fixer son estomac rembourré.

– Tu ne veux vraiment pas te joindre à nous? demandai-je à Jade.

– Non, répondit-elle sans lever la tête.

– Personne ne t'oblige à défiler, tu sais. Tu pourrais regarder le spectacle avec moi.

– Non.

Je l'abandonnai donc à ses coloriages.

Les couloirs résonnaient de cris de joie, tandis que les enfants rejoignaient le défilé au fur et à mesure qu'il passait devant leur classe. Puis tout le monde prit la direction du gymnase.

Jeremiah remporta son prix. En fait, les trois garçons gagnèrent quelque chose. Philip et Reuben reçurent des badges de Musclor qu'ils arborèrent fièrement sur leurs costumes. Jeremiah eut en prime une gomme en forme de citrouille.

– Regardez ça, s'écria-t-il. J'ai le prix pour la plus belle queue de toute l'école! Il n'a même pas deviné que je l'avais faite moi-même et il a cru que je l'avais achetée dans un magasin. Tellement c'était réussi.

Au milieu de la cohue générale, M. Tinbergen m'adressa un clin d'œil. Je lui répondis par un sourire.

Lorsque les jeux démarrèrent, je demandai à Lucy de surveiller mes élèves le temps de retourner voir Jade.

– Tu ne veux pas descendre avec nous?

– Non, répondit-elle, concentrée sur son coloriage.

– Pourquoi refuses-tu de participer à la fête?

– Je n'aime pas ça.

– Mais pour quelle raison? D'habitude, tu vas aux anniversaires.

– Je n'aime pas Halloween.

– Les déguisements te font peur?

– Je n'aime pas ça.

Loin du chahut qui régnait dans le gymnase, je m'assis sur

un banc et pris appui contre le mur en poussant un soupir car je savais que cette journée éprouvante n'était pas encore terminée. Jade me regarda par-dessous et nos yeux se rencontrèrent, puis elle se remit à dessiner.

Le fond sonore créait une atmosphère agréable à notre silence. Dans la douce chaleur ambiante, je sentis mes paupières s'alourdir.

— Je peux vous raconter comment ça s'est passé, me dit Jade sans lever la tête.

Sur le point de m'assoupir, je la dévisageai avec étonnement.

— Si vous le voulez, bien entendu, ajouta-t-elle.

J'approuvai en silence.

— C'était l'année dernière et Tashee avait six ans, comme moi. Mon anniversaire a lieu en décembre et le sien en août. Je savais que c'était important d'avoir six ans. Ellie disait qu'on devenait fort et qu'on voyait nos vœux se réaliser. Moi, je croyais que je pourrais avoir la maison de poupée Barbie pour Noël. C'était ce que je voulais comme cadeau mais maman trouvait ça trop cher.

Elle avait parlé avec une aisance inhabituelle comparée à son comportement en classe. Même seule avec moi, sa conversation s'entrecoupait de nombreux blancs. Maintenant, l'air songeur, elle évaluait son travail en silence.

— C'était en septembre, reprit-elle. Je crois. Je ne sais pas au juste parce que je n'avais pas encore appris les mois de l'année, mais...

Elle s'interrompit pour mieux se concentrer en fronçant les sourcils.

— On nous avait allongées, Tashee et moi, sur la grande table, avec nos poupées. Ellie a demandé à J.R. de les poser derrière nous. Puis tout le monde nous a embrassées, et les poupées aussi. Tashee s'est mise à pleurer. Moi pas, parce que je ne savais pas ce qui se passait. Alors J.R. a pris un chandelier et il a écrasé la poupée de Tashee. Lorsque la tête s'est brisée, j'ai compris qu'elle allait mourir.

Je ne savais plus quelle attitude adopter. En fait j'avais du mal à croire à son histoire qui pour moi n'avait aucun sens.

Pour la première fois, elle leva la tête de son livre.

— Moi aussi j'aurais pu mourir parce que j'avais six ans. Mais comme ils n'ont pas écrasé ma poupée, je vis toujours.

— Et Tashee est morte?

Jade hocha la tête.

— Oui, je vous l'ai dit.

Je restai pétrifiée. Rien à travers mon expérience professionnelle ne m'avait préparée à ce que je venais d'entendre.

– Lorsque Ellie a planté le couteau, le sang a giclé, comme je vous l'ai déjà raconté. Puis elle l'a récupéré dans une soucoupe et nous avons dû le boire pour avoir la force promise. C'était chaud et ça glissait sur la langue, comme l'huile de salade.

18

Il ne me reste aucun souvenir de cette fin de journée. J'avais l'esprit vide et l'envie de vomir me serrait la gorge. De mauvaise humeur, je supportais mal les cris des enfants dans le gymnase et redoutais tout contact avec eux. Je passai l'après-midi à ronger mon frein. De retour en classe, je vis Jade plaisanter avec Jeremiah, affichant un calme insensé. Lucy vint à mon secours. Ayant deviné qu'il se passait quelque chose, elle me proposa d'accompagner mes élèves à la sortie.

Enfin seule, je m'écroulai sur un des bancs du vestiaire, le visage dans les mains. Puis je me redressai. Le décor qui m'entourait, le tic-tac de la pendule, l'odeur des parquets cirés, les rires des enfants dans la cour. Tout m'était familier, et pourtant j'avais l'impression de me trouver dans un lieu inconnu, incapable de réaction.

Qu'arrivait-il *au juste*? Jade subissait-elle des sévices sexuels? Fallait-il la croire? Avait-on vraiment assassiné un enfant dont on avait bu le sang? A cet instant précis, la conversation de l'été dernier avec Hugh me revint à l'esprit comme un flash. *Le satanisme!*

Ma connaissance dans ce domaine se limitait à des articles de journaux faisant état de sacrifices ou des massacres perpétrés par le groupe Manson. Ce sujet ne m'avait jamais particulièrement intéressée car le monde comportait suffisamment de maux en soi! Et l'idée qu'il y avait pis encore me répugnait. Plus précisément, je ne croyais pas à ce genre de choses. Pourtant, j'acceptais sans difficulté l'existence d'êtres nuisibles capables de méfaits indescriptibles. En outre, mes contacts avec une société marginale m'avaient forcée à reconnaître que certaines formes de religions, comme le paganisme ou le satanisme, attiraient beaucoup de monde. Mais je n'arrivais pas à imaginer que certaines sectes puissent s'adonner à des meurtres rituels... Pour moi, ces mythes étaient à ranger dans la catégorie des films d'horreur ou à attribuer à quelques individus psychotiques dotés d'un certain charisme.

Dans le cas de Jade, tout lien avec une secte satanique me semblait impensable. Lorsque Hugh avait émis cette idée, je l'avais oubliée sur-le-champ, la jugeant trop tordue. Cependant, seule dans cette classe, je considérai cette hypothèse avec circonspection, voire avec répulsion. Tashee avait-elle vraiment existé? Comment Jade pouvait-elle connaître le goût du sang? Et ces poupées écrasées? Pourquoi imaginer de telles histoires et comment inventer certains détails sans les connaître?

Parallèlement aux questions, le doute m'assaillait. Après tout, certaines scènes, comme celle d'Ellie en train de recoller les os de Tashee et de lui redonner vie, constituaient des thèmes classiques pour les films d'horreur. Dans ce contexte, le meurtre d'une petite fille et le sang qu'il faut boire n'avaient rien d'extraordinaire. Jusqu'à quel point ce genre de spectacles risquait d'affecter un enfant déjà perturbé? L'année dernière, Jade avait démontré qu'elle savait se servir d'un magnétoscope. Et si tout simplement elle avait accès à des cassettes de films d'horreur ou pornographiques? Cela expliquerait pourquoi elle m'avait demandé si j'avais vu l'assassinat de Tashee à la télévision.

L'évidence de mon impuissance à démêler le vrai du faux demeurait le point critique. En mettant les choses au pire, rien ne prouvait que tout ceci avait eu lieu. Si Jade ne portait pas d'accusations précises, je ne pouvais officiellement rien faire. Malgré mon envie d'intervenir, la patience et la vigilance restaient les seules issues possibles.

Le vendredi, tout le monde arriva fatigué et grincheux. Jeremiah ne s'était pas couché de la nuit pour célébrer Halloween ou par manque d'autorité parentale. Avec de grands cernes sous les yeux, Jade se plaignait aussi d'avoir veillé tard. Le changement d'habitudes perturbait Reuben, et Bruce ne décolérait pas parce qu'il avait raté la fête. Quant à Philip, victime d'un abus de bonbons, il n'était pas venu.

J'avais appris à mes élèves à tenir un journal. Tout le monde y participait, sauf Bruce qui ne savait pas écrire. Chaque jour, les enfants passaient un certain temps à rédiger ou à dessiner les événements marquants de la journée. Ils y notaient leurs impressions, leurs espoirs et leurs déceptions. J'avais voulu en faire un moyen d'expression privilégié où ils pouvaient sans crainte de représailles raconter tout ce qui leur passait par la tête, y compris des critiques à mon sujet. De mon côté, en relisant leurs textes, je laissais des annotations dans la marge à leur intention.

Ce matin-là, j'assurais la garde en récréation, et comme tout le monde je frissonnais de froid. Le soleil de la veille avait cédé la place à un temps sombre et humide, typique du mois de novembre. De plus, les enfants étaient particulièrement intenables. Je dus séparer deux gaillards qui se battaient, puis panser la victime d'un croche-pied malveillant. Quant à Jeremiah, qui provoquait tous ceux qui l'approchaient, il finit par se retrouver dans le bureau du directeur. Un autre gamin, dont j'ai oublié le nom, vomit sous la balançoire.

En raison de cette journée perturbée, j'avais décidé de laisser mes élèves travailler sur le journal immédiatement après la récréation. Les cris de joie de Jeremiah saluèrent cette initiative qui remplaçait les activités scolaires traditionnelles. Jade et Reuben se mirent à l'ouvrage avec un peu plus de retenue.

Pendant le premier quart d'heure, j'aidai Bruce. Ses progrès pour s'habiller tout seul évoluaient lentement et, au bout de deux mois, il parvenait tout juste à enfiler sa culotte. Je consacrai donc quinze minutes mémorables à baisser son pantalon pour l'obliger à le remonter. Une opération pour le moins lassante. Aux premiers signes de lassitude de sa part, je l'abandonnai avec plaisir à ses gribouillages.

Jade dessinait avec des feutres un chat debout à côté d'une silhouette en forme de cloche et dotée d'yeux et de jambes. Puis elle fit d'autres silhouettes plus floues et de plus en plus petites.

– Voilà une idée intéressante.

– C'est ma famille, marmonna la fillette d'une voix agacée, comme insatisfaite du résultat.

– Je vois.

– Voici Jenny, ajouta-t-elle en désignant le chat du doigt. Même si elle ne vit plus, elle fait encore partie de la famille. Je me souviens toujours d'elle, c'était mon animal préféré.

Elle posa son feutre et se cala contre le dossier de sa chaise.

– Je vous ai dit qu'elle avait des poils gris avec des rayures noires ? J'ai lu dans un livre qu'on les appelle des chats tigrés. Et puis elle avait le nez orange et la bouche rose. J'aimais surtout sa bouche.

Elle prit le feutre pour rectifier son dessin.

Je mourais d'envie de lui parler des personnages, mais je pris mon mal en patience. Lorsqu'elle eut terminé, je demandai :

– Qui est-ce?

– Moi. Là, Ambre. Ici, Saphir. Et puis au fond, mon père et ma mère.

Elle effleura les deux dernières silhouettes qui n'étaient que deux minuscules taches sur le papier.

– Je ne les ai pas bien réussis, parce qu'aujourd'hui je n'ai pas très envie de dessiner.

– Je vois.

Jade contempla son œuvre.

– Je remarque que les personnages les plus importants sont Jenny et toi. Tu as fait les autres de plus en plus petits. Même tes parents. As-tu parfois l'impression d'être la plus grande?

Jade haussa les épaules.

– Je ne sais pas. Je dois m'occuper de tout le monde.

– D'habitude, ce travail revient au papa et à la maman.

– Oui, mais s'ils ne sont pas là, il faut bien que quelqu'un s'en charge à leur place.

– Cela se produit parfois chez toi?

Elle fronça les sourcils en silence. Alors, je repris en observant le dessin :

– Tu as vu, Ambre et toi vous n'avez pas de bouche. Seul le chat en a une.

– C'est parce que nous sommes des fantômes.

– Oh!

– Les fantômes parlent aux autres fantômes, ce qui explique pourquoi Jenny me comprend. Mais pas aux êtres humains qui ne peuvent pas les entendre. Alors ils n'ont pas besoin de bouche.

– Si je comprends bien, tu juges inutile de parler puisque les gens n'entendent pas.

Elle approuva d'un signe de tête.

La semaine suivante démarra paisiblement. Rassasiés par les festivités, les cinq enfants s'étaient calmés et travaillaient sans trop d'incidents.

Jade, comme les autres, paraissait plus calme que d'habitude. Depuis ce lundi qui avait précédé Halloween, je ne l'avais pas revue après les cours. Mais le vendredi, alors que je nettoyais la cage du lapin, elle apparut.

– Je peux jouer avec les poupées?

– Bien sûr. Je te rejoins dans un instant pour préparer les emplois du temps.

Sachant où se trouvait la clef, Jade verrouilla la porte du couloir. Après avoir refermé l'autre sur moi, elle remit la clef dans le tiroir du bureau puis sortit les poupées sur le banc. Pour ma part, j'entrepris de préparer le programme du lundi suivant.

Pendant quelques minutes, elle resta le nez au fond du coffre à fouiller, comme s'il lui manquait quelque chose. Après des investigations plus poussées, elle sortit les habits qu'elle disposa à même le sol. Puis elle tomba sur l'un des poupons pour lesquels elle n'avait jamais manifesté d'intérêt.

– Ma sœur aussi est encore un bébé, dit-elle d'une voix contrariée.

– Tu veux parler de Saphir?

– L'autre a six ans, alors ce n'est plus un bébé. Ambre et moi, nous sommes des grandes. Il y a des choses que nous savons et que nous comprenons. Mais pas les bébés. Eux, ils ne connaissent presque rien.

Avec délicatesse, elle entreprit de défaire les minuscules boutons du cardigan que portait le poupon.

– Les bébés ressemblent à des animaux. Il faut tout leur faire et se montrer gentils avec eux.

– Tu aimes les bébés?

– Pas trop, je les trouve embêtants.

Finalement, elle installa le baigneur sur ses genoux pour le déshabiller. Puis elle lui retira sa couche-culotte.

– Regardez! C'est un garçon parce qu'il a des noix.

Elle éclata de rire en levant la tête vers moi.

– J'appelle ça des noix.

Je lui souris.

– Les autres n'en ont pas. Vous avez vu?

Jade considéra le sexe du poupon puis le toucha du bout du doigt. Soudain, elle signifia son mépris d'un petit bruit de bouche.

– C'est bien ce que je pensais. Vous savez ce que je vais faire? Ça.

Elle cracha de toutes ses forces entre les jambes du poupon avant de le lancer à l'autre bout du vestiaire.

– On dirait que la vue de son sexe te met en colère.

Elle afficha un air provocant, mais plus pour elle-même que pour moi.

– Ils nous font jouer aux noix, murmura-t-elle. J.R.,

Bobby et les autres. Tout le monde crie : « Des noix, qui a des noix ? » Alors, Ambre et moi, nous devons...

Sa voix se brisa.

Seigneur !

— En fait, reprit Jade, je les déteste.

Elle jeta un regard dans ma direction, sans doute pour tester ma réaction. Incapable de parler, je me contentai de hocher la tête.

Un silence apaisant nous enveloppa pour mieux nous réunir dans une sorte de communion inattendue. La fillette déclara calmement :

— Je ne veux pas les voir en train de prendre Saphir. Or, ils vont le faire. Je crois même que c'est déjà arrivé.

— Que veux-tu dire ?

— Eh bien, une nuit de la semaine dernière, ils l'ont mise sur le poteau, la tête à l'envers.

Jade mima la scène avec ses mains.

— Ambre et moi, quand on a la tête en bas, ils nous attachent les jambes, mais Saphir est trop petite pour atteindre les cordes, alors ils l'ont calée comme ça.

Elle me regarda pour s'assurer que je comprenais bien la signification de ses gestes.

— Une fois sur le poteau, les hommes s'approchent et introduisent leur zizi dans notre minet, ou parfois dans notre derrière. Mais l'autre soir pour Saphir, ils se sont servis de leurs doigts, peut-être parce qu'elle est trop petite. Et tout le monde a dû en faire autant, même Ambre et moi.

Jade considéra son index.

— Lorsque mon tour est arrivé, j'ai embrassé ma petite sœur pour la consoler. Je voulais qu'elle sache que je regrettais et qu'on m'y avait obligée.

Abasourdie, je ne pus rien répondre.

— Je déteste ce qu'ils nous font, à Ambre et à moi. Mais pas Saphir, ils n'ont pas le droit. C'est encore un bébé et on doit les protéger, même quand ils pleurent.

— Cela ne doit pas arriver. Jamais. Ni à Saphir, ni à aucune de vous.

— Ellie dit qu'il le faut. Chaque fois qu'ils ont le visage couvert, on sait que ça va arriver.

— Non, Jade, tu n'es pas obligée. Personne n'a le droit de mettre son doigt ou son sexe dans ton vagin ou dans ton anus. D'accord ?

Elle hocha timidement la tête.

— Ils ne doivent pas agir ainsi, et tu as bien fait de me le dire.

– Vous me croyez ?

– Oui.

Devant son soulagement, je regrettai de ne pas l'avoir forcée plus tôt à se confier.

– Maintenant, il s'agit de les empêcher de recommencer.

Elle me sourit :

– Oui. Vous, vous les obligerez à arrêter, pas vrai ? J'ai promis à Ambre que vous le pourriez.

– Sans aucun doute. Mais d'abord, on doit aller voir M. Tinbergen.

La panique gagna la fillette.

– Non ! hurla-t-elle. Il ne faut rien dire à personne. Personne d'autre ne doit le savoir.

– Jade, il faut en parler.

– Non !

– Nous n'avons pas le choix si nous voulons de l'aide. Ce que font ces gens est très mal et il faut les arrêter.

Terrorisée, Jade sauta sur le banc.

– Non, il ne faut rien dire à personne. Vous comprenez ? Sinon, je vais mourir. Et vous aussi, vous allez mourir. Je vous en prie, ne dites rien à personne. Je vous en supplie...

Paniquée, elle se jeta sur la porte, puis voyant qu'elle ne s'ouvrait pas, elle se précipita pour prendre la clef qu'elle laissa échapper. A bout de nerfs, elle s'effondra en pleurs.

Je la pris toute tremblante dans mes bras.

– Chérie, voyons.

– Je vous en supplie. Ne dites rien à personne. Ne leur dites pas que je vous ai tout raconté. Sinon je vais mourir. Promettez-moi de ne rien dire. Promettez-le-moi.

Vaincue par sa détresse, je m'engageai à me taire.

– Je veux juste que vous fassiez tout arrêter, poursuivit la fillette en larmes. Mais vous ne devez pas en parler. Je n'aurais jamais dû vous le dire. Si Ellie l'apprend, elle va me tuer.

– Malheureusement, je ne peux rien faire toute seule.

– Si ! Parce que vous êtes Dieu !

– Chérie, je ne suis pas Dieu, mais un être humain comme toi. Et il m'arrive aussi d'avoir besoin d'aide.

– Je veux que vous soyez Dieu, insista Jade en fondant en sanglots.

J'avais également envie de pleurer.

19

Seule dans le vestiaire, paralysée par l'impuissance, je sentais la nausée m'envahir. Une question m'obsédait, à laquelle je ne trouvais pas de réponse : que faire ?

Les sévices sexuels ne faisaient aucun doute, mais le lieu où se déroulaient ces séances restait mystérieux. Si elle disait vrai, la loi m'obligeait à le signaler aux autorités. Mes yeux se posèrent sur la porte par laquelle Jade avait disparu. Quelle attitude adopter ? Elle m'avait tout raconté parce qu'elle me faisait confiance et qu'elle comptait sur ma discrétion. Avais-je dans ce cas le droit moral de divulguer son récit sans son consentement ? D'un autre côté, comment pourrais-je continuer à me taire tout en sachant que mon silence cautionnait ces exactions ?

Comme toujours, le doute s'installa subrepticement. A part les dessins de Jade, il n'y avait aucune preuve flagrante. Je ne savais même pas le nom des personnes impliquées, ni l'endroit où se commettaient ces forfaits, ni même, excepté le viol, si de tels événements se produisaient vraiment. Pourquoi Jade donnait-elle si peu de détails ? Où diable se trouvaient ses parents ? Et qui étaient au juste tous ces gens dont elle parlait ? D'où venaient-ils et où allaient-ils à la fin des réunions ? J'avais déjà eu l'occasion de signaler plusieurs cas d'enfants martyrisés dans ma carrière et je connaissais les questions de la police. Or je n'avais aucune réponse à leur fournir. Comment pouvaient-ils agir sans au minimum l'identité des criminels ?

Pis encore, les répercussions que mon intervention pouvait engendrer chez Jade m'inquiétaient. En trahissant sa confiance, je détruirais vraisemblablement notre relation. Refuserait-elle à l'avenir de me raconter ce qu'elle subissait ?

Accepterait-elle seulement de se confier aux assistantes sociales?

Alors une vieille inquiétude reprit forme. Et si tout n'était que pure invention, le résultat d'un amalgame de feuilletons télévisés et de cassettes pornographiques? Et si les sévices étaient perpétrés dans de tout autres circonstances, par de jeunes voisins de son âge, par exemple, et que Jade ait dénaturé la réalité?

Je rentrai chez moi complètement perturbée sur le plan émotionnel. Comment traiter le problème? Fallait-il garder le secret avant d'en savoir plus ou prendre conseil auprès des collègues? Parler à la police? Cette incertitude me torturait et je ne voyais pas comment y mettre un terme.

Je souffris le martyre toute la soirée, incapable de me changer les idées. Comprenant que seul l'épuisement aurait raison de moi, je regardai le show de Johnny Carson à la télévision. Il interviewait une brochette de comédiens plus ou moins ratés, des stars en perte de vitesse et des écrivains venus promouvoir leurs derniers livres. Dans cette dernière catégorie, il y avait une femme qui prétendait communiquer avec les animaux par télépathie. Après plusieurs exemples époustouflants tirés de son ouvrage, une démonstration se déroula sur le plateau. On lui amena un pékinois qui se mit aussitôt à japper sur tous les tons, pour le plus grand étonnement de son maître. Fatiguée de ce spectacle, j'éteignis le poste.

Cependant, je n'arrivais toujours pas à trouver le sommeil. Allongée dans le noir en train d'écouter le silence, je ne parvenais pas à chasser Jade de mon esprit. Douée d'une excellente visualisation mentale, je la suivis avec ses sœurs à travers les méandres de son univers et les personnages de « Dallas » prirent vie d'une façon menaçante, brandissant la poupée brisée à l'effigie de Tashee.

Non! Je dus faire un effort pour chasser ces images de ma tête. *Non, non et non. Pense à autre chose.* A la femme au pékinois par exemple. Je m'efforçai alors de revoir le chien en me demandant ce qui se cachait derrière cette prétendue communication par télépathie. L'animal se fiait-il à certains gestes? L'avait-elle entraîné auparavant? Ou bien lisait-elle vraiment les pensées de cet animal? Fidèle au principe selon lequel tout le monde peut en faire autant, mes pensées passaient du particulier au général pour ensuite fonctionner en parallèle. De la télépathie avec les animaux à la télépathie avec les humains. De la télépathie aux pouvoirs psychiques.

146

Des pouvoirs psychiques à l'occultisme. De l'occultisme au satanisme. Du satanisme à Jade. J'avais bouclé la boucle. *Le satanisme!* Cette idée me frappa aussi violemment que le jour d'Halloween. *Halloween.* Jade avait dit la « semaine dernière » en faisant allusion aux sévices commis sur Saphir. Cela avait-il eu lieu le jour d'Halloween? Et puis ce chiffre six. Ellie y attachait une grande importance. Pour avoir lu l'Apocalypse, je savais que 666 était le chiffre de la bête sauvage qui symbolisait Satan. Y avait-il un rapport?

Intriguée, je compris qu'il me fallait en apprendre davantage sur le satanisme, si je voulais agir. Mais où et comment trouver les renseignements? En tout cas, pas à Pecking. En plus, je répugnais à me faire remarquer avec ce genre d'histoire dans une si petite ville. La solution se trouvait sûrement à la librairie dont Hugh avait parlé. Aussi décidai-je de partir de bon matin pour faire ce voyage de quatre heures. Tranquillisée par l'idée d'avoir trouvé une ligne d'action, je finis par sombrer dans le sommeil.

Je fus très reconnaissante à Hugh de m'accompagner car une bonne partie de mon courage m'avait abandonnée. Ce qui en pleine nuit m'avait semblé sensé m'apparaissait maintenant ridicule, et c'est à reculons que je me rendis à ladite librairie. Je n'aurais éprouvé aucun embarras à me documenter sur l'astrologie ou tout autre thème comme la bio-énergie. Mais le satanisme... J'étais vraiment hermétique.

Heureusement, Hugh était un homme de contacts, prompt à engager la discussion avec quiconque.

– Bonjour, Brenda, claironna-t-il en entrant dans la boutique. Vous vous souvenez de moi? Je m'appelle Hugh. Vous me remettez?

La fille derrière le comptoir leva la tête. De toute évidence, elle l'avait oublié, ce qui ne l'empêcha pas d'arborer un sourire chaleureux.

– Voici Brenda, me dit Hugh. Brenda-la-sorcière.

Avec ses cheveux noirs qui lui tombaient jusqu'à la taille et son teint pâle sans fard, elle ressemblait effectivement à une sorcière de contes pour enfants. Malgré son jeune âge, probablement pas plus de vingt-cinq ans, elle portait des gris-gris hippies des années soixante. Nous échangeâmes un sourire réservé.

– Je vous présente mon amie, Torey. Elle cherche des

trucs sur l'occultisme. Vous savez le satanisme et autres trucs dans ce genre. Alors je lui ai dit qu'elle ne pouvait pas mieux tomber que chez vous.

Le visage de Brenda s'illumina, prenant cette remarque pour un compliment.

– Très bien. Suivez-moi. Vous pratiquez depuis long-temps ? Ou bien vous venez de démarrer ? Je pourrais vous recommander quelques ouvrages. Vous avez lu Crowley ?

Je secouai la tête.

– Non, je n'y connais pas grand-chose.

– Hugh a raison. Vous trouverez sur ces différentes éta-gères tout ce qui se publie dans ce domaine.

Malgré sa pâleur diaphane, c'était plutôt une jolie fille et je me demandais en l'observant quel effet cela lui faisait d'être qualifiée de sorcière.

– Si je... Disons, si je voulais rencontrer des adeptes... Vous croyez que ce serait possible dans cette ville ?

Elle scruta mon visage puis haussa légèrement les épaules.

– Oui, sans doute.

A sa réponse, je compris que si je voulais aller plus loin, il me faudrait prouver ma bonne foi. Or, je voulais juste savoir si ces sectes étaient nombreuses et faciles à trouver.

– Je cherche des preuves. Je ne connais de la question que ce que la presse rapporte et j'aimerais avoir de plus amples informations.

– Excellente idée, répondit Brenda. Tout le monde ne réa-git pas comme vous. Ce qu'on lit dans les journaux est souvent inventé de toutes pièces. Pour augmenter les ventes. Mais le satanisme n'a rien de mauvais en soi puisqu'il s'agit d'une forme de religion. Les gens devraient avoir la liberté de croire ce qu'ils veulent.

Nous passâmes plus d'une heure à fouiner dans le maga-sin. N'ayant jamais fréquenté ce genre de lieu, tout m'intri-guait et j'attrapais ce qui me tombait sous la main. Mon choix se porta finalement sur une sorte d'initiation au sata-nisme et sur un récit illustré traitant d'une série de meurtres commis par un groupe de satanistes sur la côte ouest.

Ensuite, j'allai déjeuner avec Hugh au café du coin. Alors qu'il dévorait son sandwich, il prit un air songeur :

– Tu crois au diable ?

– La question n'est pas là. Ce qui m'intéresse, c'est de savoir si l'entourage de Jade y croit.

– Mais toi, qu'en penses-tu ?

J'eus un haussement d'épaules.

– Je crois au mal, mais pas à une entité. Oh, après tout, je n'en sais trop rien. Je n'ai pas d'idée précise à ce sujet.

Hugh se concentra sur ses frites qu'il mangeait une à une.

– Pourquoi me poses-tu cette question?

– Il y a beaucoup de gens pour qui le diable est une réalité, surtout dans une petite ville comme Pecking. Par exemple, certaines églises conservatrices qui défendent les théories fondamentalistes voient des occultistes partout, quant à la police d'un petit bled, qui passe son temps à dresser des contraventions et à arrêter des poivrots, elle va te sauter au cou si tu lui mets ce genre de chose sous la dent. Enfin un peu de piment dans leur routine!

– Bon sang, Hugh, c'est justement ce que je cherche à éviter : le cirque des médias. Il ne s'agit pas d'une croisade pour la morale, mais d'une histoire dont je mets l'existence en doute. Jade...

Il approuva d'un signe de tête.

– Je sais. Mais réfléchis un peu à ce que tu dis, Torey. Il n'y a aucun mal à plaisanter avec cette charmante Brenda parce qu'elle a une cervelle de moineau et qu'on n'attend rien d'autre de sa part, mais... quelqu'un comme toi! Cela ressemble à un mauvais roman policier.

En début de soirée, l'envie nous prit d'aller faire du patin à glace. Ensuite, toujours en jeans, nous allâmes dans un restaurant chic déguster des spécialités mexicaines, puis au cinéma. Résolue à me changer les idées, je réussis à oublier Jade.

Cependant, de retour chez mon ami, je ne pus m'empêcher de feuilleter les ouvrages que j'avais achetés. Comme Hugh avait envie de dormir, je partis dans le salon avec le plus gros des deux livres. Après avoir mis deux bûches dans la cheminée pour ranimer le feu, je m'installai dans un fauteuil.

L'introduction attestait que la série de meurtres commis dans l'Ouest du pays ne constituaient pas un incident isolé mais qu'il s'agissait de l'œuvre d'un réseau d'adorateurs de Satan. La première partie rapportait des détails troublants au sujet de l'assassinat d'une jeune femme dont on avait retrouvé le cadavre dans une église. « Écœurement » est un mot bien faible pour décrire ce que je ressentis au cours de cette lecture. En d'autres circonstances, la violence des événements à elle seule aurait suffi à me rebuter. Cela dépassait les limites du supportable et je me sentais souillée d'avoir ce livre entre les mains. En le refermant, je n'avais qu'une envie : détruire cette horreur.

Je repoussai le pare-feu avec la ferme intention de brûler le livre. Mais je marquai un moment d'hésitation. Que m'arrivait-il? Mon côté rationnel me rappelait que j'avais payé près de cinq dollars pour ce genre de littérature et que je n'en avais pas encore lu les cent premières pages. Cependant, mon pragmatisme n'eut pas gain de cause et je finis par jeter le livre dans les flammes.

Le lundi, j'avais retrouvé mes esprits. En tirant les rideaux de ma fenêtre de cuisine, je contemplai les toits de Pecking. C'était un matin maussade de novembre. Mon regard erra au-dessus des arbres dénudés pour se perdre dans les plaines qui s'étendaient à perte de vue jusqu'à se confondre avec la ligne d'horizon. Les démons et leurs différents cultes, les meurtres et les sacrifices humains semblaient totalement étrangers à cette ville paisible que baignait une pâle lumière grise.

En plein jour, j'avais du mal à croire que cette barbarie d'occultisme puisse jouer un rôle dans le cas de Jade. Hugh n'avait pas eu besoin de me rappeler que certaines personnes croyaient dur comme fer au surnaturel. Mes pensées me ramenèrent à un autre exemple d'enfant possédé que j'avais connu dans une petite ville de province. David avait douze ans et souffrait d'une forme de schizophrénie chronique et débilitante. Un jour, j'avais rencontré son professeur d'éducation physique qui m'avait déclaré:

– Dans son cas, toute thérapie est inutile. Nous ne pouvons rien pour lui tant qu'il n'admet pas l'existence du Christ. Mais toute notre congrégation prie pour que le Seigneur le prenne en pitié et le délivre de l'emprise des démons.

Le jour suivant, face à David qui se roulait souvent au sol comme en proie à des hallucinations, la thèse de la possession paraissait plausible. Mais n'était-ce pas une solution de facilité que de laisser Dieu se charger de cette tâche éprouvante qui consistait à lui venir en aide? N'étais-je pas en train de faire la même chose en essayant de justifier mon incapacité à soigner une enfant psychotique par l'existence supposée de phénomènes paranormaux?

Nous étions trois à nous partager la surveillance de la cour de récréation: sur le terrain de jeux, côté rue le long du bâtiment, et près des balançoires où se trouvaient les cages à poules et le tas de sable. Je m'occupais de cette dernière partie. Les enfants avaient tendance à se diviser par groupes d'âge, si bien que j'avais souvent les plus jeunes sous ma responsabilité. Vers huit ans, ils préféraient jouer à la balle ou à la marelle.

Ce mardi-là, j'avais pris appui contre le mur. Il faisait un temps plutôt agréable pour la saison et le soleil tentait une timide percée à travers les nuages.

Tout se déroulait normalement. Jade et Jeremiah jouaient derrière le bâtiment, Reuben et Philip auprès des balançoires et Bruce dans le sable avec un copain du jardin d'enfants. Seule dans un coin, j'observais les allées et venues d'un œil absent lorsque soudain des hurlements retentirent du côté des cages à poules. Je me précipitai aussitôt pour voir ce qui se passait.

– Ambre Ekdahl s'est blessée, m'expliqua un enfant. Elle saigne.

Je fendis l'attroupement pour découvrir la fillette en larmes, les mains à la bouche et le sang coulant entre ses doigts.

– Elle est tombée des cages à poules, commenta l'un des garçons. Elle aurait pu faire un peu plus attention.

– Viens, ma chérie.

Je voulus l'aider à se relever, mais elle ne bougea pas. Finalement, je la fis passer à travers les barreaux et je la portai à l'infirmerie.

La blessure au visage n'avait rien de bien méchant : le nez éraflé et une coupure à la lèvre supérieure. Les plaies réagirent bien à l'application d'un linge humide et froid. Loin de l'hystérie de ses camarades, Ambre se calma immédiatement. Elle me prit la compresse des mains et l'appliqua elle-même sur sa bouche. Son sang-froid m'impressionna.

– Tu es très courageuse, lui dis-je. Tu dois avoir mal.

Elle hocha la tête.

– Tu n'as presque pas pleuré, et on dirait que tu sais soigner une blessure.

– Je suis courageuse.

– Je m'en rends compte.

– Je veux ressembler à She-Ra, la princesse de l'univers, la femme la plus courageuse de la terre.

Je lui souris.

– Elle gagne toujours contre le méchant Hordak qui essaie de la piéger.

– Tu aimes ce feuilleton?

Elle approuva d'un signe de tête enthousiaste.

J'humidifiai la compresse et la lui rendis.

– Tu regardes souvent la télévision?

– Oui, ça me plaît.

Je scrutai son visage pour demander :

– Tu as déjà vu « Dallas »?

Elle fronça les sourcils.

– Ça doit être pour les grands. Moi, je n'aime que les dessins animés.

– Et Jade?

– Elle regarde beaucoup de bêtises, et maman se fâche après elle à cause de ça.

Je l'avais installée sur la table pour lui essuyer le visage, tandis que, décontractée, elle balançait les jambes dans le vide. Elle examina la compresse pleine de sang. Sa lèvre avait doublé de volume.

– Je te posais la question par curiosité. Est-ce que Tashee vient souvent chez vous?

Ambre ouvrit de grands yeux et me dévisagea d'un air étrange.

– Tashee n'existe pas. Vous ne le saviez pas? Ma sœur lui parle dans son imagination.

– Une amie imaginaire? Jade en a beaucoup comme ça?

Ambre haussa les épaules.

– Elle ne ressemble pas aux autres. Maman dit qu'elle est née de travers.

– Je vois.

Comme elle ne saignait plus, je lui retirai la gaze.

– Voilà, c'est presque guéri.

– Mais j'ai mal au genou. Regardez le sang.

Dans ma panique, je l'avais complètement oublié. Je la posai à terre pour remonter la jambe de son jogging, trop étroit, et je lui fis mal.

– Il faut que tu enlèves ton pantalon.

– Maman ne veut pas que je me déshabille à l'école sans d'abord lui en parler.

– Dans le cas présent, elle n'y verrait aucun inconvénient.

Je la dévêtis moi-même.

Ce faisant, je découvris une petite marque sur sa peau, en partie dissimulée sous sa culotte.

– Qu'est-ce que c'est?

Du bout du doigt, je baissai son sous-vêtement, dévoilant une cicatrice rouge et boursouflée. Cette marque ne m'était pas inconnue : une croix au milieu d'un cercle.

– Qu'est-ce que c'est que ça?

– L'endroit est marqué d'une croix.

20

Je garde toujours mon calme en période de crise. A l'instant où la situation devient critique, j'agis posément au mépris de ma peur ou de mes états d'âme, comme anesthésiée de l'intérieur. En effet, chaque seconde réclame un sang-froid à toute épreuve. J'ai alors la sensation de me détacher de mon corps.

En découvrant la marque sur le ventre d'Ambre, une poussée d'adrénaline me provoqua des bourdonnements d'oreille et des palpitations cardiaques. Je me retrouvais face à la preuve irréfutable qui attestait les dires de Jade. En même temps, l'horreur de ce qui allait suivre me frappa de plein fouet : l'enquête policière, les tribunaux, l'intervention des services sociaux. Sans parler des médias qui s'empareraient de l'affaire. Peu à peu, mon calme revint car, avec Ambre, tout devenait étrangement clair.

– Nous devons appeler M. Tinbergen.

Aussitôt, la fillette se mit à pleurer.

– Ça va aller, ma chérie. Tu n'as rien fait de mal. Mais je crois que le directeur doit jeter un œil à cette marque.

– Pourquoi?

La confusion régna après la récréation et je dus m'arranger avec Lucy pour qu'elle se charge de mes élèves. Il fallait également avertir Alice de la présence d'Ambre à l'infirmerie et chercher le directeur que nous finîmes par localiser dans la chaufferie avec M. O'Banyon.

De retour auprès de l'enfant, j''expliquai :

– Il s'agit d'un acte délibéré. C'est en train de cicatriser, mais quelqu'un a volontairement fait cette marque sur elle.

– Ambre, demanda le directeur. Comment est-ce arrivé?

– Je ne sais pas, gémit la fillette.

– Voyons, mon petit, tu dois forcément pouvoir l'expliquer.

Lorsqu'elle se mit à pleurnicher, j'intervins :

– Elle dit que « L'endroit est marqué d'une croix ».

Avec un sourire rassurant, M. Tinbergen se pencha pour repousser une mèche de cheveux de son front.

– Chérie, personne n'est en colère après toi. On cherche simplement à t'aider, mais pour cela il faut que tu nous racontes tout.

– Je n'ai pas le droit, répondit-elle à travers ses larmes.

– Tu peux tout raconter à Mlle Hayden et à moi.

Ambre avait un air pathétique. Comme sa sœur, ses cheveux en bataille, ses yeux frangés de noir et son teint pâle lui conféraient une sorte de beauté primitive. Affublée comme l'as de pique, elle ne parvenait pas malgré tout à faire aussi farouche et aussi négligé que Jade. Avec son nez qui saignait, sa lèvre supérieure boursouflée et son genou égratigné, on aurait dit Cosette.

Je pris la parole :

– Pourquoi n'as-tu pas le droit de parler? Quelqu'un t'a menacée?

Un long silence s'ensuivit. Elle voulut se boucher le nez pour arrêter le sang, mais l'opération se révélant trop douloureuse, elle retira la compresse. M. Tinbergen et moi attendions sans rien dire, tendus et anxieux.

Ambre finit par hocher la tête.

– Maman me l'a défendu.

– Pour quelle raison?

– Parce que c'est ma sœur qui a fait ça avec un couteau de cuisine.

– Jade? répétai-je interloquée.

La fillette approuva en silence.

– Maman dit que nous devons nous occuper d'elle quand elle fait des bêtises. Sinon la police va venir la chercher. Voilà pourquoi elle m'interdit de parler.

De nouveau, elle éclata en sanglots avant d'ajouter :

– S'ils viennent la prendre, ce sera ma faute.

M. Tinbergen me regarda pour voir ma réaction. J'ouvris de grands yeux qui exprimaient ma surprise face à la tournure inattendue des événements.

– S'il te plaît, demanda le directeur, retire ton chemisier.

Il inspecta avec le plus grand soin son dos et ses bras en quête d'autres marques. Mais il n'y en avait aucune. Puis il lui fit baisser son pantalon. Hormis son genou éraflé et la croix au milieu du cercle, il ne trouva rien.

– Je vais chercher Jade, dit-il en sortant.

Une fois seule avec la fillette, je lui demandai en la regardant droit dans les yeux :

– Ça s'est vraiment passé ainsi?

Elle me jeta un regard méfiant.

– Oui, dit-elle dans un souffle.

– Ambre, nous avons besoin de connaître la vérité vraie.

Ses yeux se brouillèrent de larmes.

– Tu dois dire la vérité. De toute façon, je finirai par la découvrir d'une manière ou d'une autre. Mais je préférerais l'apprendre par toi.

En dépit de la sympathie que m'inspirait l'enfant, j'avais plus ou moins volontairement employé un ton menaçant.

– C'est Jade.

Je me tus.

– Elle fait des choses horribles. Une fois, elle a tué notre chat.

Ambre leva les yeux sur moi.

– Mais elle ne peut pas s'en empêcher, parce qu'elle est comme ça.

Jade entra dans l'infirmerie. Dès qu'elle vit sa sœur en sous-vêtements, elle blêmit et chancela sur ses jambes. Pendant un instant, je crus qu'elle allait s'évanouir.

La demande d'explication de M. Tinbergen demeura sans réponse. En fait, elle ne dit mot et son visage n'exprima rien, exactement comme si elle n'avait pas entendu la question.

– Jade, maintenant, il faut tout raconter à M. Tinbergen.

– Non...

Des larmes roulèrent sur ses joues et elle baissa la tête sans chercher à les essuyer.

– Voyons, Jade. Tu dois tout expliquer.

– Non, hurla-t-elle.

– Rassure-toi, ma petite fille, reprit le directeur d'une voix douce. Comme nous l'avons expliqué à ta sœur, nous ne sommes pas fâchés. Nous voulons juste comprendre ce qui se passe.

Les yeux rivés au sol et le visage bouffi, Jade resta muette. M. Tinbergen poursuivit :

– Ambre prétend que c'est toi qui as fait cette marque. Nous voulons savoir si elle dit la vérité.

Il y eut un moment de silence. Puis Jade redressa la tête.

– Oui.

– Eh bien! reprit M. Tinbergen en lui tendant la main. Tu as très mal agi et tu le sais. Promets-tu de ne jamais recommencer?

Devant le chagrin de la fillette, il la prit par l'épaule et désigna du doigt la cicatrice sur le ventre d'Ambre.

– Tes parents ont dû te sermonner suffisamment pour ça. Mais ici personne ne t'en veut. En plus, cela ne me paraît pas bien méchant. Il s'agit d'une simple égratignure et c'est presque guéri.

Puis il s'adressa à Ambre.

– Ta sœur a agi de façon très stupide.

La fillette approuva d'un signe de tête.

– Rhabille-toi maintenant. Ensuite vous pourrez partir toutes les deux.

Lorsque je fus seule avec le directeur, celui-ci déclara :

– Nous avons eu raison de nous poser des questions parce que, de nos jours, on ne sait jamais.

Après une seconde de silence, il reprit :

– Il y a plus de peur que de mal. Moi-même, j'en ai fait voir de toutes les couleurs à mon frère. Une fois, je l'ai blessé à l'épaule d'un coup de canif.

Il éclata de rire.

– A l'époque, on ne se posait pas tant de questions sur les querelles de gamins. Il s'agissait d'un accident, voilà tout.

Je regagnai ma classe, complètement désorientée. Si ces histoires pouvaient passer sur le compte de l'imagination d'une enfant malade, l'idée qu'elle puisse en être l'auteur ne m'avait jamais effleurée. Soudain les événements prenaient de tout autres proportions et les conséquences m'effrayaient. Le plus terrible étant l'accusation de sa sœur pour la mort du chat. Avait-elle voulu parler de Jenny?

Mon premier réflexe fut de mettre Jade au pied du mur, quitte à nous isoler. Mais je dus affronter le chahut d'une classe perturbée par mon absence. J'eus toutes les peines du monde à rétablir le calme. Petit à petit, la confusion me gagnait, et j'y voyais de moins en moins clair. En fait, par le biais de cette confrontation, j'espérais surtout dissiper l'impression déplaisante d'avoir été dupée par Jade.

Consciente de mon trouble, la fillette m'évita soigneusement le reste de la journée, ce qui me renforça dans l'idée d'avoir été prise pour une sotte. Sachant fort bien que je ne réussirais pas à la faire parler si elle ne l'avait pas décidé, je résolus de la laisser tranquille.

Le vendredi se déroula de la même façon. Jade ne m'approchait qu'en présence des garçons, rendant ainsi toute conversation privée impossible. Le reste du temps, elle se faisait oublier.

156

Le lundi suivant, en sortant d'une réunion consacrée au cas de Bruce avec la direction de l'école, ses parents et ses médecins, je pris Arkie à part.

– Il faut que je vous parle de Jade Ekdahl.

– Heuh! répondit-elle avec une grimace. Vous tombez mal. Je suis complètement débordée. Cela ne peut pas attendre la fin du mois?

– J'ai bien peur que non. Je ne sais plus que faire.

– Ça vous tente de retourner dîner Chez Tottie? Vendredi soir, ça vous convient?

Comprenant qu'il n'y avait pas d'autre moyen de la rencontrer, j'acceptai même si je préférais le calme de cette classe pour dialoguer.

Quand tout le monde fut parti, je pris le temps de rédiger quelques notes dans le dossier de Bruce avant de rentrer chez moi.

En faisant le tour de la voiture pour déposer des livres sur le siège du passager, je faillis marcher sur Jade, assise le dos en appui contre le véhicule d'à côté.

– Juste ciel! Tu m'as fait une peur bleue! J'aurais pu te blesser si je ne t'avais pas vue à temps.

– J'aurais changé de place, murmura-t-elle sans bouger d'un pouce.

Trop légèrement vêtue pour cette fin de novembre, elle avait les jambes recroquevillées sous elle.

Nous échangeâmes un long regard puis elle finit par demander :

– Je peux vous parler?

A cette heure-ci, le concierge avait déjà tout fermé.

– Monte.

– Je ne veux pas qu'on me voie.

– Je vais t'emmener dans un coin tranquille.

Elle se faufila dans la voiture.

Ne sachant quelle direction prendre, je conduisis sans but précis pendant dix minutes. Par le passé, le McDonald ou tout autre endroit aussi anonyme me servait de refuge pour écouter un enfant en détresse. Mais à Pecking, il n'y avait pas de fast-food. De plus, j'hésitais à rentrer dans un bar où nous avions toutes les chances d'être reconnues. Enfermée dans son mutisme, Jade avait appuyé la tête contre la ceinture de sécurité et regardait par la vitre.

Au bout d'un moment, je m'arrêtai à une station-service pour acheter des sodas.

– Tiens, lui dis-je en remontant dans la voiture.

Puis j'atterris sur le parking du supermarché.

L'œil rivé sur la boisson, Jade déclara :

– Je n'aime pas l'orange.

– Alors, je te donne le mien.

– Maman nous interdit de boire avant le dîner.

– Pas de problème! Je prendrai les deux.

Elle garda sa cannette. Et le silence.

– Tu as envie de parler?

Jade tourna la tête pour regarder par la fente de la cannette. La nuit tombait et les réverbères du parking nous enveloppaient d'un halo orangé.

– Il va falloir repartir. Je n'aime pas l'idée de t'avoir avec moi sans que tes parents le sachent.

– Ils ne s'inquiètent pas. Je leur ai raconté que j'allais voir Rachel.

Nouveau silence.

Je finis l'orangeade qui me rappelait les étés de mon enfance quand mon grand-père m'emmenait à la pêche au bord de la Yellowstone River et qu'il m'achetait des jus de fruits.

Le bruit métallique de la boîte en aluminium que j'écrasais lentement entre mes doigts rompit le silence.

– Je n'ai rien dit à M. Tinbergen.

Jade me lança un regard de côté.

– C'est ce qui te gêne depuis quelques jours parce que tu crois que j'ai tout raconté? Eh bien non! Je t'ai promis de me taire et j'ai tenu parole. Le hasard a voulu que je découvre cette marque sur Ambre, mais le directeur ne sait rien de tes secrets.

Jade se concentra sur sa cannette qu'elle agitait pour faire mousser le liquide qu'elle suçait à grand bruit.

– Dès que j'ai vu cette cicatrice, j'ai sauté sur l'occasion pour la montrer à M. Tinbergen, pensant avoir trouvé un bon moyen de dévoiler la vérité sans te mettre en cause. C'était moi qui avais découvert le symbole sur ta sœur, et... mais...

Jade semblait passionnée par sa bouteille. Il me fallut une patience d'ange pour ne pas la lui arracher des mains. Le bruit de succion m'horripilait au plus haut point et son mutisme récalcitrant me mettait les nerfs à cran. Excédée, je remis la voiture en route.

La fillette leva la tête avec un air déconfit.

– On rentre, dis-je.

– Vous croyez Ambre, mais pas moi.

– Tu n'as rien dit pour m'aider à te croire. En réalité, tu n'as pas envie de parler, sinon tu aurais tout raconté depuis longtemps. Et pour l'instant, fillette, tu dois rentrer chez toi. Quant à moi, j'ai autre chose à faire.

– C'est Sue Ellen, pas moi. Ambre devait mourir, comme Tashee, et elle a pris un couteau, comme celui dont je vous ai parlé, celui qui a une forme comme ça.

Du bout du doigt, elle dessina sur son jean un croissant.

– Sur le manche, il y a un motif biscornu et la lame remonte au bout. C'est le même qu'ils ont planté dans la gorge de Tashee.

– Pourquoi Ambre t'accuse-t-elle?

– Il le fallait bien. Elle a obéi aux ordres.

– Dans ce cas, pourquoi ne pas l'avoir contredite?

La tête baissée, elle fit une grimace en murmurant:

– Je n'avais pas le choix.

Le silence retomba et je poussai un long soupir. Après avoir arrêté le moteur pour la deuxième fois, je jetai un coup d'œil circulaire sur le parking désert où seules quelques voitures traînaient encore devant l'entrée du supermarché.

– Vous me croyez? demanda Jade en me dévisageant.

– En toute franchise, je ne sais plus très bien ce qu'il faut croire.

– Vous voyez bien que vous êtes comme les autres, marmonna-t-elle. Vous imaginez que je raconte des mensonges et vous me prenez pour une folle.

– Je n'ai pas dit ça. Mais je ne sais plus que penser.

Elle donna un grand coup de pouce dans la cannette, répandant la boisson sur sa main.

– Ambre raconte que tu as tué le chat.

– *Ce n'est pas vrai!* hurla la fillette comme si elle venait de recevoir une décharge électrique.

Je la fixai droit dans les yeux.

– Ce n'est pas moi! Elle ment. Vous ne comprenez pas qu'elle invente des histoires?

Elle éclata en sanglots.

– Je vous ai parlé de Jenny parce que j'ai essayé de la sauver.

– Mais pourquoi une petite fille comme ta sœur inventerait de telles choses?

Incapable d'en supporter davantage, Jade s'effondra.

Pendant ce temps, je contemplai l'herbe qui reprenait ses droits au bout de l'aire de parking.

– Elle pense vraiment que je l'ai fait parce qu'Ellie le lui a dit.

Je me retournai vers elle.

– J'étais allongée toute nue sur le sol quand Bobby et Clayton ont posé Jenny sur mon ventre. Ellie m'a ordonné de ne pas crier, mais je ne pouvais pas m'en empêcher. Ils m'ont chatouillé le bas du ventre avec le bout de sa queue et j'ai cru qu'ils allaient la mettre à l'intérieur de moi. Moi je ne voulais pas parce que j'avais peur que Jenny me griffe. Alors Ellie a exigé que J.R. et Ray tirent sur les pattes du chat, et chacun a tiré de son côté.

Jade reprit son souffle.

– Ils ont tiré jusqu'à ce qu'elle se déchire et que le sang tombe sur moi avec tous ses boyaux. Alors Ellie a déclaré que tout ceci arrivait par ma faute.

Je me mordis les lèvres pour ne pas hurler, réprimant la panique qui me gagnait, amplifiée par l'exiguïté de la voiture. Malgré mon envie de fuir, je n'avais pas la force de bouger.

A mes côtés, Jade luttait pour ne pas pleurer. Elle fermait les yeux, plissant les paupières et appuyant les doigts sur ses tempes. Il me fallut un moment pour retrouver ma voix :

– Chérie, tu dois tout me raconter. Cette situation ne peut plus durer.

– Je ne peux rien dire.

– Il le faut. Si tu racontes la vérité, nous interviendrons immédiatement. Mais je ne peux rien sans ton aide. Ces gens font des choses épouvantables qui ne devraient jamais arriver à personne et il faut les empêcher de continuer.

– Je ne peux rien dire, répétait la fillette d'une voix chevrotante.

– Dans ce cas, laisse-moi parler à ta place.

Jade ne répondit pas tout de suite. Elle baissa la tête et fixa la cannette de soda sur ses genoux. Pendant ce temps, je patientais en écoutant le tic-tac de la pendule encastré dans le tableau de bord.

– Je n'ai pas le droit, finit-elle par murmurer.

– La personne qui t'a raconté que tu vas mourir a menti. Il ne peut pas t'arriver pire que ce que tu vis déjà. Et rien ne sera aussi terrible que ce qu'Ellie te fait subir.

– Mais la police viendra me chercher.

– Les enfants ne vont pas en prison.

– Alors, ils y enverront mes parents et ils mettront mes sœurs dans un foyer pour enfants. Je ne reverrai jamais plus ma famille.

Je tendis la main pour décoller une mèche de cheveux de sa joue.

– Cette idée t'inquiète?

– C'est ce qui va se passer?

– Sais-tu si tes parents participent à ces réunions? Connaissent-ils les agissements d'Ellie?

– Ils dorment toujours.

– Jade, un policier a le devoir de faire respecter la loi. Or une de ces lois interdit de torturer les enfants, et si cela se produit, il faut arrêter les coupables. Mais la police ne décide pas d'emprisonner les gens. Pour cela, des juges se réunissent avec d'autres personnes devant un tribunal dans le but de trouver la meilleure solution pour tout le monde.

– Que deviennent les enfants?

– Comme ils ont besoin d'un environnement stable, on les place habituellement dans une famille d'accueil pour prendre soin d'eux et les aider à oublier ce qu'ils ont vécu.

– Non. Je veux rester avec mes parents.

– Tu le pourras sans doute si ta famille ne prend pas part à ces réunions.

– Mais est-ce qu'on va d'abord nous emmener dans un foyer pour enfants?

– Non. Mais il se peut que tu quittes ta maison pour passer quelque temps dans une famille nourricière, comme Philip. Tu vois comme il se sent bien avec eux.

Je la regardai avant de poursuivre:

– Vraiment, Jade, cela vaudrait mieux pour toi. Qu'en penses-tu?

– Je ne veux pas qu'on m'emmène et qu'on me sépare de mes sœurs. Je veux voir mes parents et personne ne doit aller en prison. Je veux juste que tout ceci s'arrête. Je ne demande rien d'autre.

Elle leva sur moi ses yeux bleus si limpides.

L'angoisse me noua la gorge car je n'avais aucune réponse à lui donner. Dans l'idéal, cette situation devrait être réglée de façon radicale: d'abord sauver l'enfant, puis administrer au coupable la peine qu'il méritait.

Malheureusement, ce n'est jamais aussi simple. La réalité ruine la vie de petits êtres, détruit des foyers et déchire des cœurs. Le mal et le bien sont des concepts relatifs et l'absolu n'existe pas.

21

Le serveur me conduisit vers une table envahie par des plantes vertes qui pendaient du plafond. N'ayant pas l'aplomb d'Arkie, je ne sus lui notifier ma préférence pour la compagnie des êtres humains. Je m'assis donc près d'une plante dont les tentacules menaçants retombaient sur moi. Je tentai de m'en dégager, mais celle-ci comme offensée par mon initiative, se rapprocha de moi, du moins je le crus.

– Seigneur! murmura Arkie en arrivant. On se croirait en pleine jungle. J'aurais dû apporter une machette.

– Chut! répondis-je dans un souffle, désignant le décor alentour. Nous sommes en minorité.

Tout en étudiant la carte, nous engageâmes une conversation sympathique, comme la première fois, et la bonne humeur anima une bonne partie du repas. J'aurais tellement aimé que cela dure toute la soirée. Mais il fallut bien commencer :

– Dire que j'ai des problèmes avec Jade est un euphémisme.

– Je l'avais deviné. Mais nous en avons tous eu. La semaine dernière, Glen m'a expliqué que vous la croyez victime de certaines exactions.

– C'est M. Tinbergen qui vous l'a raconté?

Ma compagne approuva d'un signe de tête.

– Je crois qu'il se fait du souci pour vous. Après June Harriman l'année dernière, il s'inquiète facilement pour ses professeurs. Il faut le comprendre. Mais je l'ai rassuré à votre sujet en lui rappelant que vous aviez une grande expérience et, qu'en cas de difficultés, vous auriez le bon sens de réclamer de l'aide. Vous n'auriez pas l'idée de résoudre le problème vous-même, n'est-ce pas?

Elle me regarda droit dans les yeux en ajoutant :
– Je ne me trompe pas ?
L'idée que M. Tinbergen se préoccupait de moi me mit dans l'embarras. Avais-je l'air si perturbée ?
– Cette histoire ne vous trouble pas trop ?
– Non, je vais très bien. Il s'agit de Jade Ekdahl... A chaque fois que je crois enfin comprendre et que je pense pouvoir l'aider, pouf ! Toutes mes hypothèses s'écroulent comme un château de cartes et je me retrouve au point de départ. C'est le premier cas où je change d'avis aussi souvent et où je me sens tellement désarmée.
– En fait, ce qui ennuie Glen, c'est que vous ne vous confiez à personne. A la longue cela devient irritant et vous ne devriez pas essayer d'agir seule.
Je me tus. Si elle se référait à Alice qui se lamentait à propos de Ben Soames parce qu'il se tenait mal à table ou encore Lucy parce que Matthew Grinstead ne savait toujours pas faire une soustraction, elle avait raison. Cependant, comment pouvait-elle prétendre que je refusais toute intervention extérieure ? Qu'étais-je en train de faire à ce moment précis ?
Pressentant mon malaise, Arkie m'adressa un sourire réconfortant.
– Je vous écoute.
Puis elle effleura mon bras par-dessus la table en ajoutant :
– Comment puis-je me rendre utile ?
– Elle subit des sévices.
– Vous y pensez déjà depuis un certain temps. Avez-vous quelque chose de concret pour un tribunal ?
– Non. Pas si Jade ne me soutient pas.
Ma compagne fronça les sourcils.
– Il faut un temps infini pour lui tirer les vers du nez. Jade se montre très précise sur certains points qu'une enfant de cet âge ne peut inventer. Ce qui m'amène à croire qu'elle dit la vérité. Cependant, elle ne sait pas répondre à des détails de base, comme : qui ? où ? quand ? Je me retrouve face à une petite fille qui me décrit des scènes insoutenables où elle et ses sœurs sont molestées, mais elle n'arrive pas à donner l'identité de ses tortionnaires.
– Elle ne les connaît pas ? S'agit-il d'inconnus ?
Je secouai la tête.
– Non. Comme je vous l'ai déjà expliqué, ils portent des noms différents, tous tirés du feuilleton « Dallas », comme

une sorte de code. Elle parle de sévices très graves, mais elle ne peut fournir que ces surnoms.

– Ces personnes existent-elles vraiment? demanda Arkie d'une voix passablement sceptique.

– Je crois que oui.

Le silence retomba entre nous. Ma compagne se concentra sur son assiette tandis que mon esprit s'emballait, telle une voiture immobilisée à un feu rouge.

– Ce que je vais dire... Je sais que cela peut paraître ahurissant.

Je bus une gorgée de vin avant de poursuivre.

– Mais si je suis censée avoir suffisamment de jugeote pour demander de l'aide, il vaut mieux que je vous en parle.

Arkie leva la tête, la fourchette en suspens.

– Jade rapporte certains faits qui... Eh bien, j'ai passé mes vacances en ville l'été dernier et j'en ai parlé à un de mes amis qui m'a emmenée dans une librairie spécialisée dans l'occultisme où j'ai trouvé ce livre... cela se tient... Oui, je me demande si ces tortures ne se déroulent pas dans un cadre... plus ou moins rituel.

– Quoi?

– Je reconnais le côté rocambolesque de cette théorie, et c'est pourquoi je n'en ai parlé à personne. Je me fais l'effet d'une folle rien que d'y penser.

– Vous voulez parler de la secte Moon ou quelque chose du même genre?

– Plutôt d'une secte satanique. Vous savez, ce symbole que Jade dessine partout, eh bien mon ami m'a expliqué qu'il s'agissait d'un emblème pour les messes noires.

Arkie reposa sa fourchette avec bruit.

– Certains propos de Jade collent exactement avec les théories de ce livre. D'autres pas. Par exemple, elle n'a jamais parlé de Satan ou d'un maître. Mais cette femme, cette Ellie, semble le chef du groupe. Beaucoup de faits relatés... pourraient expliquer certaines incohérences dans les récits de Jade. Entre autres, l'usage de drogues légales ou non que l'on administrerait aux enfants. Or la fillette raconte qu'Ellie les réveille en pleine nuit et qu'avant de les emmener elle leur donne du Coca à boire. On pourrait fort bien y avoir versé une substance. Ce qui expliquerait pourquoi elle ne se souvient pas comment elle se retrouve dans cet endroit.

– Et Tashee? Pensez-vous qu'elle existe vraiment? Ce « groupe » aurait assassiné une petite fille de six ans sans que personne n'en sache rien? Et personne n'aurait signalé sa disparition? Elle ne serait pas inscrite dans les registres d'état civil et n'aurait fréquenté aucune école?

— Cet ouvrage fait état de « poulinières ». Autrement dit de mères porteuses qui donnent naissance à des enfants destinés aux sacrifices...

— Torey, nous ne parlons pas d'un bébé, mais d'une fillette de six ans, en âge d'aller en classe, d'avoir rencontré des médecins, des professeurs et une foule de gens extérieurs à son milieu. En aucun cas, sa mort aurait pu passer inaperçue. Si ces gens pratiquent des sacrifices humains, une enfant de cet âge ne me paraît pas un choix judicieux.

Une lueur de scepticisme voilait le regard de mon interlocutrice et son ton condescendant me vexa. Bien sûr, j'avais conscience de friser le délire. Ce traité sur le satanisme m'avait inspiré de la méfiance. Il apportait des réponses à tout, établissant notamment l'existence de sacrifices humains; les victimes seraient des enfants de « poulinières », ou des fœtus récupérés dans des cliniques d'avortements, et des entreprises de pompes funèbres sympathisantes se chargeraient de faire disparaître les corps, etc. Ces précisions m'avaient troublée. J'aurais cru plus volontiers à ces théories si les auteurs s'étaient contentés d'exposer les faits en reconnaissant leur ignorance quant à la façon dont ces sectes parvenaient à s'en tirer à si bon compte. Cependant, au fond de moi-même, je voulais accorder le bénéfice du doute, surtout à la lumière de certains détails mentionnés par Jade. D'un autre côté, l'aspect grotesque de ces histoires ne m'échappait pas en les racontant, et je fus terrassée par la peur de passer pour une illuminée, pis encore, pour une spécialiste manquant à ses devoirs professionnels. Je m'empressai d'ajouter :

— Ce qui ne signifie pas pour autant que je crois à ces fables.

Après un soupir, je repris :

— En fait, je me raccroche à ce que je peux.

Une expression de soulagement passa sur le visage de ma compagne.

— Vous m'avez fait peur. Je me disais « Merde, elle me paraissait équilibrée ». En toute franchise, vous savez à quoi je pensais? Adieu le *New York Times,* bonjour le *National Enquirer.*

J'éclatai de rire.

Puis le silence retomba entre nous et je plongeai le nez dans mon assiette. Arkie finit par déclarer :

– Je partage votre avis. Au fond, il doit y avoir du vrai dans tout ceci. Mais quoi au juste ? La seule explication plausible serait que Jade ait « fragmenté » son tortionnaire. Il s'agit peut-être de son père ou de sa mère, voire des deux à la fois, et elle ne peut supporter cette réalité. Alors elle a inventé toute une fourchette de personnages pour l'aider à assimiler Papa/Maman comme tortionnaires et parents attentionnés. Et je suis d'accord avec vous : la difficulté majeure réside dans le fait que nous ne pouvons accuser personne tant que Jade ne nous donnera aucun indice sur le coupable.

– N'y a-t-il pas une possibilité, aussi mince soit-elle, que Jade nous raconte la vérité au sujet de ces gens ?

– Larry Hagman en train de danser dans son salon ? Vous y croyez, vous ? Mettez de côté la presse à scandale, les films et les livres d'horreur peu reluisants pour vous demander si votre expérience professionnelle et vos antécédents vous ont donné l'occasion de vous trouver confrontée à ce genre de choses ? Je parle de preuves et non pas d'histoires fondées sur des ouï-dire. Disons par rapport au nombre d'enfants schizophrènes que vous avez vus, victimes d'hallucinations et obsédés par le sang, les monstres, etc.

Je dus reconnaître que non.

– Plus précisément, un groupe important en nombre ne peut pas rester clandestin dans une petite ville comme celle-ci. Surtout lorsque tout le monde connaît les faits et gestes de chacun.

– Mais pourtant, cela arrive.

– Bien sûr. Je ne prétends pas le contraire et il y a suffisamment de gens qui se préoccupent de sorcières, de fantômes et d'extra-terrestres. Torey, en tant que spécialistes, nous avons le devoir de rester rationnels pour juger chaque incident selon une échelle de valeurs traditionnelles et pour veiller à ce que cette enfant reçoive les soins appropriés.

J'approuvai d'un signe de tête.

– Dans le cas de Jade, nous avons affaire à une enfant sérieusement malade, voilà le vrai problème. Lorsque Glen m'a parlé de la marque sur le ventre de sa sœur, j'ai eu envie de vomir. Pouvez-vous vraiment l'imaginer en train de faire une chose pareille ? Inévitablement, cela nous amène à déterminer s'il est raisonnable de garder cette fillette à l'école. Jade est victime d'hallucinations portant sur des personnages de feuilletons télévisés et elle maltraite sa petite sœur. Elle imagine avoir assisté au meurtre d'une camarade qui reprend vie comme par magie. Elle joue avec un fantôme et elle se prend elle-même pour un fantôme. Et puis, il y a ce symbole sur Ambre. Mettez-vous à la place des parents. Ils peuvent à juste titre s'inquiéter de savoir leurs enfants dans la même école qu'une fillette psychotique ayant accès à un couteau.

Les paroles d'Arkie me paraissaient sensées. Cela faisait même du bien de se retrouver en terrain connu pour parler d'une petite malade. Sans aucun doute, Jade souffrait d'une grave psychose et je n'avais encore jamais rencontré un cas aussi affligeant. Mais c'était mon métier. Le mystère qui entoure la maladie mentale m'a poussée à travailler dans ce domaine. Malgré les ressemblances entre les différentes sortes d'affection, chaque cas est unique en soi. Et lorsque le succès couronnait mon intervention, j'éprouvais une sensation de pouvoir. Tout en écoutant Arkie parler, mon esprit commençait à rejeter le labyrinthe de telles hypothèses pour un sujet aussi complexe que cette petite fille de huit ans.

Ma compagne poursuivit :

– On pourrait convoquer la famille pour les forcer à l'emmener dans une clinique psychiatrique. Jade y allait déjà à cinq ans, mais les parents ont interrompu la thérapie sous prétexte que les déplacements leur compliquaient la vie. Et puis, comme leur fille s'obstinait à ne pas parler, ils avaient l'impression de jeter l'argent par les fenêtres. Mais nous n'avons jamais pu découvrir ce qui se cachait derrière le mutisme de cette enfant perturbée. Nous devrions leur faire comprendre qu'elle ne s'en sortira pas toute seule, voire même évoquer la possibilité d'un bref internement. Cela nous permettrait de tâter le terrain et de voir si ces sévices existent vraiment.

– Votre idée me paraît bonne.

– Par la même occasion, vous vous sentiriez soulagée d'un fardeau. Si Jade réussit à établir de bons contacts avec le médecin, votre rôle de conseiller vous sera en partie épargné.

Je hochai la tête.

Arkie sortit un agenda de son sac et dit en le feuilletant :

– J'aimerais beaucoup qu'elle rencontre la psychiatre Phyllis Ruiz. Spécialisée depuis longtemps dans les pathologies graves, elle a un point de vue fiable et ne se limite pas à des médicaments et à des théories. Elle vous plairait. Je la contacterai lundi pour prendre rendez-vous.

Elle referma le calepin en m'adressant un sourire.

– Super! Je me sens toujours mieux quand je prends des décisions concrètes. Pas vous?

Thanksgiving approchait et.toute l'école devait participer à un spectacle que M. Tinbergen aimait qualifier de « reconstitution historique ». Les élèves des grandes classes jouaient une pièce de leur cru ayant pour thème l'arrivée des pionniers en terre d'Amérique. Le reste de l'établissement chantait, dansait ou déclamait des poèmes. Mon groupe devait représenter le point de vue d'un indigène. Hormis Bruce, qui avait été désigné pour incarner une citrouille et dont la prestation consistait à rester assis dans un coin de la scène, les enfants offriraient des paniers de vivres en chantant.

Nous passâmes deux après-midi à préparer les costumes d'Indiens et à courir aux répétitions avec les autres classes dans la salle des fêtes.

– Je suis le seul *vrai* Indien ici, déclara Jeremiah alors que nous découpions les plumes en papier.

– Il y en a beaucoup dans cette école, tu sais.

– Oui, mais pas dans cette classe. Regardez celui-là, il va en faire un superbe avec sa face de nègre ridicule.

Du doigt, il désignait Philip.

J'avais tendance à penser qu'ils auraient tous l'air très authentiques, même Philip. Seul Bruce, avec sa tignasse blonde, aurait pu gâcher l'effet.

– Mon père a une coiffure en vraies plumes, poursuivit le garçon. Je veux parler de mon père, pas du mec stupide qui vit en ce moment avec ma mère. Mon père, lui, il a une coiffe qui arrive jusque-là.

Il sauta de sa chaise pour simuler la longueur avec ses bras.

– Ça doit être beau.

– Il me la prêtera peut-être pour que je la porte pendant le spectacle.

– Bonne idée. Mais je crois que nous devrons nous contenter de celles-ci.

– Pourquoi? Ça ne ressemble à rien. Ce ne sont que des conneries pour les gamins.

Il agita le papier sous le nez de Reuben.

Soudain, Jade mit son grain de sel.

– Mon amie, Tashee, portait des mocassins indiens.

De toute évidence, son commentaire s'adressait à Jeremiah. Elle glissa de son siège et leva le pied pour expliquer:

168

– Il y avait des perles sur le devant, et le dessus était replié. On ne trouve pas ce genre de chaussures dans les magasins.

Je l'observai discrètement. En classe, elle parlait rarement de façon spontanée, malgré quelques conversations interminables avec Jeremiah. Pour la première fois, elle faisait allusion à Tashee en dehors de l'intimité du vestiaire, ce qui me surprit.

– Et tu trouves ça extraordinaire? répondit Jeremiah perplexe. Mon père, lui, il a un fer de lance. Un *véritable* fer de lance, très vieux. Comme ceux qu'ils attachaient sur ces grands bâtons.

Incapable de résister à la tentation, il s'empara d'un morceau de papier qu'il plia en forme de flèche.

– Ils les attachaient et VLAAANNN!

A ces mots, Jeremiah sauta sur la table et planta le papier dans la poitrine de Philip. Pris au jeu, ce dernier porta la main à la blessure imaginaire et tomba au sol pour agoniser.

– Cela suffit, maintenant. Retournez vous asseoir.

– Madame, marmonna Jeremiah, on ne peut jamais s'amuser avec vous.

A la fin de la journée, les enfants rangèrent avec soin leurs déguisements au fond de la salle pour la représentation du lendemain après-midi.

Tandis que je me lavais les mains pour retirer la colle de mes doigts, Jade défroissait avec le plus grand soin sa robe de squaw. Je lui dis :

– On va bien s'amuser demain. Tu dois attendre cette journée avec impatience.

Elle haussa les épaules.

– Il y aura quelqu'un de ta famille?

– Oui, maman. Et Saphir, bien sûr.

– Tant mieux!

A ce moment-là la cloche sonna la fin des cours. Jeremiah se précipita sur la porte en poussant un cri. Au bout d'une année passée avec lui, j'avais seulement obtenu qu'il dise au revoir avant de sortir comme un ouragan pour arriver le premier au car.

Une fois les garçons partis, je retrouvai Jade le dos contre le mur au bout de la classe. Je m'approchai d'elle :

– Je suis contente de te voir, parce qu'il faut que je te parle.

La fillette leva la tête, l'air méfiant.

– Tu veux aller dans le vestiaire ou tu préfères rester ici?

169

– Je ne peux pas ce soir, répondit-elle d'une voix prudente. Maman nous emmène Ambre et moi acheter des chaussures neuves.

– Cela ne prendra que quelques minutes.

Jade garda les yeux rivés au sol.

– Elle va nous acheter des chaussures avec des dinosaures dessus.

– Je voulais te dire que tu vas devoir consulter un spécialiste à la clinique psychiatrique, celle de Falls River où tu allais plus jeune. Tu t'en souviens?

Elle prit son pied dans la main et suivit le contour de son tennis du bout du doigt. Je poursuivis:

– Il arrive parfois que nos idées tombent malades, comme notre corps. Quand cela se produit, il faut aller voir un médecin qu'on appelle un psychiatre et qui essaie de vous guérir.

– Je vais avoir des chaussures à la mode. Ambre a envie des mêmes, mais maman ne veut pas parce qu'elle ne sait pas encore nouer les lacets. Alors elle aura une paire qui se ferme avec du velcro.

– M. Tinbergen et Mlle Peterson ne trouvent pas tes progrès satisfaisants et ils pensent que mon aide ne te suffit pas. Aussi jugent-ils préférable que tu ailles voir quelqu'un qui comprendra mieux tes problèmes. Tu vas rencontrer une dame très gentille qui s'entend très bien avec les enfants. Pour ma part, je crois que c'est une bonne idée et tu ne dois pas prendre cette mesure comme une punition. Bien sûr, tu viendras toujours en classe.

– J'aime ces chaussures, parce qu'elles laissent des empreintes de dinosaures, comme si la bête venait de passer par là.

– *Jade!* Est-ce que tu m'écoutes?

Le doigt toujours autour de son tennis, elle se raidit et laissa retomber sa jambe.

– Pourquoi faire? Puisque vous ne m'écoutez jamais.

22

La première tempête de neige survint le mercredi, veille de Thanksgiving. Le paysage se métamorphosa et les plaines s'habillèrent de blanc. Vues de ma fenêtre, les étendues immaculées se confondaient avec le ciel.

Par chance, tous mes élèves purent venir en classe, même Jeremiah qui habitait le plus loin. Fidèle à son habitude, il avait plein de nouvelles extraordinaires à raconter.

– Je vous ai vue à la télé hier soir, déclara-t-il alors que nous prenions place pour notre discussion matinale.

– Vraiment?

– Ouais! Nous regardions un film avec deux femmes en train de se battre. L'une d'elles vous ressemblait. Je l'ai dit à Micah, mais il a prétendu que c'était impossible.

Réprimant une envie de rire, je finis par répondre :

– Micah a raison. Ce n'était pas moi.

– Pourtant, elle vous ressemblait, insista Jeremiah. Vous êtes sûre?

– Absolument certaine.

– Elle se battait contre cette grue et au moment où elle allait la plaquer au sol, pan! Elle a sorti un grand couteau qu'elle lui a planté dans le cœur. Je vous jure qu'elle vous ressemblait. Quand elle a tué son adversaire, le sang a giclé partout. C'était drôlement bien, vous auriez dû voir ça.

– Hmm!

– C'était vraiment pas vous?

– Jeremiah, je n'ai jamais tourné de film.

– J'ai expliqué à Micah que vous étiez une nana très forte et que ça venait de là. Je le *sais*.

Il eut un sourire insolent.

– Où as-tu vu cette histoire?

– A la télé. L'ami de ma mère a un copain qui peut avoir des films gratuitement. Alors, il les rapporte à la maison.

– Et Micah et toi vous les regardez ?

– Ouais, répondit-il avec enthousiasme. Bon sang, ils sont rudement bien.

– Et tu crois vraiment que ça existe en réalité ?

– Vous voulez parler de la bonne femme qui a tué l'autre d'un coup de couteau ?

J'approuvai d'un signe de tête.

Jeremiah se tut un instant.

– Non, pas vraiment, mais ce n'est pas faux non plus. Ça pourrait très bien arriver. Je veux dire que certains trucs à la télé existent pour de vrai, comme les infos et toutes ces merdes. Alors, j'ai toujours cru que si on nous les montrait, c'est que ça pouvait être vrai.

J'observai Jade, cassée en deux. Jeremiah était costaud, avec les deux pieds sur terre. Et pourtant, il avait du mal à distinguer la réalité de ce qu'il voyait à la télévision. Raison de plus pour qu'une enfant confrontée à la violence pornographique l'applique à la vie quotidienne.

Dans l'ensemble, la journée se déroula bien. La neige, le spectacle et la perspective de quatre jours de vacances énervaient les élèves qui commettaient moult bêtises, mais tout ceci avait un côté bon enfant. Philip et Jeremiah furent les plus intenables. Ils se poussèrent dans la classe, caracolèrent avec leurs coiffes d'Indiens et organisèrent le concours de celui qui ferait pipi le plus haut contre le mur des toilettes. L'excitation ambiante gagna Reuben, mais ce changement dans ses habitudes le perturba plus qu'autre chose. Bruce réagit de même. Quant à Jade, elle avait un comportement bizarre. En classe, elle entretenait plutôt de bons rapports avec les garçons, surtout avec Philip et Jeremiah. Mais là, elle gardait ses distances. Recroquevillée sur elle-même, les bras collés contre son corps, elle nous opposait un silence irritant.

L'après-midi, nous rejoignîmes les autres classes dans les coulisses et l'énervement atteignit son point culminant lorsque Philip urina dans sa culotte à force de rire. Cet incident calma les autres qui jouèrent sans la moindre faute. Après le spectacle, nous regagnâmes nos classes respectives où les familles avaient été conviées pour un goûter. Tous les parents étaient présents, sauf ceux de Jeremiah. Aussi je le laissai passer les plats de gâteaux.

La maman de Jade arriva, accompagnée de Saphir et d'Ambre, qui n'avait cours que le matin. Je me surpris en train de les observer à la dérobée tout en remplissant mon rôle d'hôtesse. Elles se parlaient peu mais la façon dont Jade se tenait rendait tout contact difficile. Mme Ekdahl accepta ce que Jeremiah lui offrit et elle donna un verre à Saphir, assise par terre à ses côtés. Depuis l'autre extrémité de la pièce, je l'étudiai avec attention. Était-ce là le visage d'Ellie? De Pam? De Sue Ellen? Se transformait-elle en monstre pour maltraiter ses enfants au point d'annihiler la personnalité de Jade?

Rien d'anormal ne transpira. Elle avait fait un effort pour s'arranger, mais son fard à paupières turquoise et ses coups de blush avaient quelque chose de pathétique. Mon cœur se serra devant ses bonnes intentions si dérisoires, mais, incapable de chasser ma méfiance, j'essayai de déceler le moindre indice qui permettrait d'attester les confidences de Jade.

Après le départ des enfants, l'ambiance de fête régnait toujours dans l'école. Je rejoignis mes collègues dans la salle des professeurs pour boire un café et grignoter des biscuits. Personne ne parla travail et les discussions tournèrent exclusivement autour du repas de Thanksgiving et des caprices de la météo.

Il avait neigé toute la journée, et au moment de rentrer chez moi, il y en avait vingt centimètres. En démarrant la voiture, j'attendis un bon moment avant que la vitre arrière ne se dégivre et je mis les essuie-glace pour déblayer le pare-brise. Lorsque j'enclenchai la marche arrière, il ne se passa rien. En renouvelant la tentative, j'entendis le son bien connu de pneus qui patinent dans le vide.

Ma voiture avec sa traction avant était trop légère pour sortir de cette couche de neige. Irritée de ne pas avoir songé à me garer dans l'autre sens, je mis mes gants et sortis prendre la pelle dans le coffre.

En regardant du côté passager, j'eus la stupéfaction de voir une mèche de cheveux blonds dépasser du pneu avant. Je tentai de la dégager, mais sans succès car j'avais roulé dessus.

– Qu'est-ce que c'est?

Surprise, je me retournai pour découvrir Lucy, derrière le véhicule voisin.

– Qu'avez-vous trouvé?

– On dirait l'une des poupées que j'ai apportées en classe.

173

Elle semble bien coincée. Il va falloir que je bouge pour la récupérer.

– Que diable fait-elle ici?

J'avais déjà atteint la portière et tirai ma voiture en avant sur quelques centimètres. Lucy attrapa la poupée blonde qui avait été scalpée et effleura son visage abîmé.

– C'est celle de Jade? Comment expliquez-vous sa présence ici? Voilà un endroit bien curieux!

Je la lui pris des mains.

– Je sais qu'elle vous attend parfois. L'a-t-elle jetée pour se venger de vous? On dirait bien que... c'est fait exprès.

Ma gorge se noua :

– On dirait qu'elle a cherché à la faire écraser.

De retour chez moi, l'incident de la poupée hantait mon esprit. Je l'avais trouvée perpendiculaire à mon pneu avant, la tête contre la roue et le reste du corps sous la voiture. Autrement dit, il n'y avait aucun moyen de l'éviter. Il s'agissait forcément d'un acte délibéré. Mais dans quel but puisque selon toute vraisemblance, je n'aurais jamais pu deviner la présence de cette poupée sous mes roues et j'aurais roulé dessus sans même m'en apercevoir.

Le message me paraissait assez clair. Tout le monde, à commencer par moi, avait identifié cette poupée à moi. La détruire de façon aussi brutale faisait forcément allusion à mes rapports avec Jade. Même si ce geste mal intentionné me mettait mal à l'aise, il n'y avait pas de quoi s'inquiéter. Je savais que je jouais un rôle important dans la vie de mes élèves et l'intensité de nos rapports me transformait parfois en cible toute désignée pour des instincts destructeurs. Ainsi, au fil du temps, beaucoup d'enfants avaient tenté symboliquement de me tuer. Le simple fait d'avoir la veille conseillé à Jade de consulter un psychiatre pouvait motiver un sentiment de haine. Peut-être avait-elle l'impression que je l'abandonnais? S'estimait-elle trahie en croyant que j'avais raconté ses secrets? Ou bien l'idée que je devine la vérité la gênait-elle? Toutes ces raisons suffisaient à générer une inimitié. Mais cette histoire n'avait pas de sens. Pourquoi avoir placé cette poupée sous mes roues afin que je la détruise sans le savoir? S'il s'agissait d'un acte de colère ou de défi, pourquoi aurais-je dû n'en rien savoir?

Je me rendis en ville aux aurores. Normalement, j'aurais dû partir la veille au soir pour dormir chez Hugh, car sa sœur, qui habitait l'État voisin, nous avait invités à passer la journée de Thanksgiving avec elle et sa famille. Mais la météo m'avait fait reculer et la situation en ce jeudi matin me donnait à penser que je n'arriverais jamais à temps chez Hugh et à plus forte raison chez Annie. Ne voulant pas jouer les trouble-fête par un trop grand retard, je téléphonai à Hugh pour lui dire de partir sans moi et de m'excuser auprès de sa sœur. Comme j'avais les clefs de son appartement, il me trouverait à son retour.

Le voyage fut éprouvant. Il ne neigeait plus mais le blizzard balayait la route et il n'y avait pas âme qui vive sur l'autoroute, à part moi et quelques chasse-neige. Par deux fois, une voiture de police me doubla et je m'attendais à ce qu'ils m'informent que la voie était bloquée. Valhalla, Harmony et tous les petits villages avaient disparu sous une vaste houppelande immaculée et on distinguait à peine les poteaux télégraphiques et les arbres. L'odomètre constituait mon seul point de repère et, à son bruit régulier, j'en conclus que je continuais à rouler. Mais très lentement, puisque je ne dépassais pas les cinquante kilomètres à l'heure.

Malgré les conditions atmosphériques, mon humeur s'améliorait au fil du voyage. J'avais toujours aimé conduire car les longues distances me détendaient. Même si la météo m'obligeait à me concentrer beaucoup plus que de coutume, je n'en tirais pas moins un profit certain. En effet, je n'avais plus le temps de songer à ce que je laissais derrière moi.

A mon arrivée, j'eus la surprise de trouver Hugh chez lui qui m'attendait. Il déclara en prenant mon sac de marin :

– Par ce temps, ça ne valait pas le coup. Et puis moi là-bas et toi ici... cela n'avait pas beaucoup de sens. Qu'en penses-tu ?

Devant son sourire, j'éclatai de rire.

– Je nous ai préparé un petit repas de fête.

– Quoi ? Maintenant ? Mais tu ne savais pas quand j'allais arriver...

Mon étonnement était d'autant plus grand que Hugh ne se distinguait pas par ses talents culinaires.

– Je ne t'ai pas dit que je suivais des cours de cuisine ?

A ces mots, il sortit une boîte de surgelé qu'il plaça dans le four à micro-ondes.

– La sonnerie va retentir dans quatre minutes. As-tu faim ? D'attaque pour un repas pantagruélique ?

Nous nous entendions beaucoup mieux depuis que nous nous voyions moins. Les disputes et les tensions qui avaient eu raison de notre liaison n'avaient plus lieu d'être pendant ces brèves visites et nous faisions de notre mieux pour offrir le meilleur de nous-mêmes.

Je passai ces quelques jours de vacances à faire des choses radicalement contraires à mes habitudes. Hugh aimait les bars situés près des entrepôts au sud de la ville. Lui-même jouait de la guitare et il aimait ces ambiances enfumées et surpeuplées, rythmées par la country-music. Alors, nous fîmes le tour des bistrots jusqu'à l'aube. En raison de la neige et des vacances, il y avait moins de monde, et on pouvait évoluer sans problème sur les pistes de danse.

J'avais désespérément besoin de me changer les idées. C'est seulement le dimanche en début d'après-midi que mes pensées s'envolèrent vers Jade et Pecking. Après une nuit de folie, nous nous levâmes vers onze heures. Nous débutâmes la journée avec des petits pains, du bacon et un jus d'orange, lui allongé sur le canapé, moi sur le parquet, tous deux absorbés par la lecture des journaux. Le soleil avait fini par réapparaître et inondait la pièce à travers les baies vitrées.

Je me prélassais en parcourant les petites annonces lorsque sans aucune raison Jade surgit dans mes pensées.

– Sais-tu si ta librairie sur l'occultisme est ouverte aujourd'hui?

– Je crois que oui. Pourquoi?

– J'aimerais y faire un tour avant mon départ. Tu veux bien?

– Tu poursuis toujours ton idée?

– En quelque sorte. J'aimerais discuter une nouvelle fois avec cette jeune femme. Tu sais, la sorcière.

– Bonjour, Brenda! cria Hugh en pénétrant dans le magasin.

Les deux ou trois clients qui traînaient parmi les rayonnages se retournèrent pour voir les nouveaux venus.

– Bonjour, répondit Brenda d'une voix enjouée en nous voyant.

Elle me parut un peu plus miteuse que dans mes souvenirs. Ses cheveux fourchus et mal coiffés lui tombaient sur les épaules, lui donnant vraiment l'air d'une sorcière.

– Mes livres vous ont plu? Vous venez en chercher d'autres?

– C'était très intéressant.

Après un court silence, je repris:

– En fait, j'aurais aimé vous parler. Quelque chose m'est

arrivé l'autre jour et depuis je me pose des questions. J'espérais que vous pourriez m'expliquer si cet événement a un rapport quelconque avec l'occultisme.

– Ah oui? répondit-elle, les yeux étincelant d'intérêt.

– Il se peut tout simplement que quelqu'un ait voulu me faire une farce stupide, mais... comme ces histoires d'occultisme me passionnent, je me demandais...

Je regardai autour de moi pour voir si les autres clients se trouvaient toujours là. Hugh rôdait dans la section « New Age », avec une autre personne.

Devinant ma réticence à parler devant témoins, Brenda m'indiqua d'un signe de tête une pièce dissimulée par un rideau derrière la caisse.

– Entrez là, dit-elle. Si quelqu'un me réclame, je l'entendrai.

Je me retrouvai dans un réduit équipé de deux tabourets, d'une petite table sur laquelle étaient posés un livre de comptes et une théière. Il régnait une forte odeur d'infusion de sauge.

Brenda tira un des tabourets pour moi et s'installa sur l'autre.

– Que se passe-t-il?

– J'ai offert à quelqu'un une poupée qui me ressemble un peu. La personne en question m'a identifiée à cette poupée et je l'ai encouragée dans ce sens. Je vous parle d'une petite fille qui a des problèmes d'ordre émotionnel et je pensais ainsi l'aider à mieux les affronter si elle avait sous les yeux quelque chose qui lui rappellerait la stabilité de nos rapports.

– Ah oui? commenta la jeune femme, bouillant de curiosité, les coudes sur les genoux.

– L'autre soir en rentrant chez moi, ma voiture s'est enlisée dans la neige pour sortir du parking. C'est là que j'ai découvert la poupée placée sous le pneu avant, côté passager.

Je mimai la position.

– De sorte qu'en reculant, je devais forcément lui écraser la tête.

Brenda ouvrit de grands yeux et ses pupilles se dilatèrent. Je repris.

– Attention. Je n'exagère pas quand je dis que cette enfant a des problèmes psychologiques graves. La conclusion qui s'impose est qu'elle a dû mettre elle-même la poupée à cet endroit. Alors je me demande si cette démarche n'a pas un lien avec l'occultisme. Se peut-il que quelqu'un d'autre que la fillette se trouve impliqué?

– Je ne m'y connais pas très bien dans ce genre de chose, mais je sais ce qu'ils ont en tête.

– Quoi au juste?

Brenda me dévisagea un long moment avant de reprendre :

– Je doute que vous ayez envie de l'entendre. Je veux dire, je ne vous connais pas et j'ignore la nature de vos activités.

– Je ne pratique rien de tout cela, mais s'il y a un rapport avec le satanisme, cela m'aiderait beaucoup de le savoir.

Brenda déclara avec prudence :

– Ils ne vous veulent pas de bien.

– Je l'avais deviné toute seule. Mais s'agit-il d'un rite satanique?

– J'ignore qui tire les ficelles, mais une chose est sûre, nous avons affaire à de la magie noire.

La jeune fille s'interrompit en se grattant la tête, puis elle laissa tomber sa main entre ses jambes qu'elle contempla longuement.

– Pour ma part, je pratique la magie blanche. Je cherche à entrer en contact avec la Mère de Dieu, vous voyez? Communier avec la terre et les esprits de la nature. Je n'ai rien à voir dans ces histoires de messes noires.

– Mais il s'agit à coup sûr de magie noire? Qu'est-ce que cela signifie au juste?

Brenda prit son temps avant de répondre.

– Eh bien... *ils*... disons que la magie noire... confère un pouvoir. Celui d'obtenir ce qu'on veut, d'influencer les autres et d'agir sur ses ennemis. Or pour détenir ce pouvoir, il faut appeler les forces des ténèbres. Vous notez la différence avec la magie blanche, laquelle n'a jamais recours aux forces des ténèbres.

L'espace d'une seconde, je pris du recul par rapport à cette conversation dont le côté absurde me frappa. Je me trouvais dans une arrière-boutique minable en train de deviser avec une sorcière sur la magie. *Moi?* Malheureusement, je dus me rendre à l'évidence que je ne rêvais pas. Il me fallait continuer.

– Dans la magie noire, les sacrifices sont monnaie courante. Invoquer les forces des ténèbres fait partie des rites, et si... eh bien, disons que si l'on veut supprimer un ennemi particulièrement puissant, on doit pratiquer de nombreux sacrifices pour obtenir l'aide des forces occultes.

La voix de Brenda mourut et elle se plongea de nouveau

dans la contemplation de ses mains. Elle reprit tranquillement :

– Ce rite joue un rôle primordial. Une victime volontaire donne plus de force qu'une victime récalcitrante.

– Vous pensez à une poupée vaudou ?

– En quelque sorte.

Je lui adressai un sourire réconfortant, car je devinais sa gêne d'avoir à m'avouer que j'étais la proie de ces pratiques.

– Je m'en doutais un peu et cela ne me dérange pas trop car je n'arrive pas à y croire. Alors, ils ne réussiront pas à me terrifier.

Après un silence, je repris :

– Cependant, une chose m'intrigue. Pourquoi a-t-on placé cette poupée avec la tête contre la roue et le reste du corps sous la voiture ? Seul le hasard a voulu que je la voie. J'aurais pu rouler dessus sans jamais rien savoir. Faut-il mettre cela sur le compte d'un manque de réflexion ? D'une erreur ? En admettant qu'ils cherchent à m'effrayer, j'aurais compris qu'on place la poupée de sorte que je la voie. Sinon, ce geste me paraît inutile.

Brenda répondit :

– Je ne crois pas qu'ils essaient de vous faire peur. A mon avis, on a caché la poupée de façon délibérée. Nous parlons de magie noire, pas d'un jeu de société. Leur but était que vous écrasiez cette poupée. Or vous ne l'auriez pas fait si vous aviez su qu'elle se trouvait là.

– Mais pourquoi ?

– La poupée vous ressemble, n'est-ce pas ? En détruisant votre totem, vous vous détruisez vous-même. Ce qui équivaut à un sacrifice volontaire. En fait, ils veulent que vous vous suicidiez.

23

Le retour à Pecking le dimanche soir me démoralisa. J'avais manqué de franchise en disant à Brenda que l'incident de la poupée ne m'avait pas effrayée. Il s'agissait plutôt d'une peur insidieuse et progressive qui mûrissait dans les recoins vacants de mon esprit. Et j'en avais conscience. Or tenir cette crainte en échec devenait plus difficile après quatre heures de voiture.

Croyais-je vraiment à ces histoires? Cela pouvait-il être vrai? Il paraissait difficile d'ignorer le suicide de June Harriman l'année précédente, et même s'il n'existait aucun lien direct, l'épisode de la poupée me donnait encore plus froid dans le dos. J'arrivais à un tournant inévitable. J'aurais pu accepter l'idée que Jade ait déposé le jouet sous ma voiture. Même si elle avait prétendu le contraire, j'aurais persisté à le croire, car atteinte de troubles de la personnalité, elle pourrait ne pas s'en souvenir. Mais la façon dont la poupée avait été placée impliquait la responsabilité d'une tierce personne. Après tout, Jade aurait très bien pu agir sur les ordres de quelqu'un.

Je ressassais sans cesse les différentes hypothèses. J'aurais aimé conduire sans fin, dépasser Falls River, Pecking et continuer sur l'autoroute vers une destination inconnue. En poussant suffisamment loin, j'atteindrais le Nouveau-Mexique où m'attendraient le soleil et la chaleur.

Le lundi matin, je déposai la poupée aux cheveux blonds sur le banc du vestiaire. Arrivé le premier, Jeremiah hurla :

– Ouah! Madame, venez voir! me cria-t-il. Il y a un con qui a foutu la merde avec vos poupées. Venez vite.

Je lui répondis sans prendre la peine de me déranger :

– Je suis au courant.

Puis les autres élèves allèrent déposer leurs sacs et leurs goûters dans le vestiaire.

– C'est *toi*! accusa Jeremiah.

Il se précipita dans la classe en criant :

– C'est cette connasse de fille la coupable. Demandez-lui. Vous lui donnez une belle poupée et vous voyez ce qu'elle en fait. J'espère que vous le regrettez maintenant et que vous ne lui donnerez plus rien. Ce sera bien fait pour elle.

– Jeremiah, calme-toi.

Il se pencha vers moi avec des yeux ronds.

– Vous allez la punir ?

Reuben et Philip sortirent du vestiaire, les yeux exorbités devant l'ampleur du drame. Bruce, comme à son habitude, ne remarqua rien. Et Jade ne se montra pas.

– Venez tous. Nous allons commencer notre discussion matinale.

Toujours pas de Jade.

– Je vous avais pourtant dit de ne rien lui donner à cette méchante fille. Maintenant, avec sa tête de sainte nitouche, elle va jurer qu'elle est innocente, alors qu'elle a saboté votre poupée.

– Jeremiah, s'il te plaît.

Je le conduisis à l'endroit réservé à la conversation. Puis je me dirigeai vers le vestiaire en criant :

– Jade ? Viens avec nous maintenant.

A part la poupée, il n'y avait personne.

– Jade ?

Je jetai un coup d'œil dans le couloir. Personne.

Je retournai dans la classe.

– Quelqu'un a vu Jade ce matin ? Jeremiah ?

– Oui, elle était là. Mais elle a dû partir en voyant la poupée.

Je fis traîner la discussion le plus longtemps possible, espérant que la fillette se hasarderait à réapparaître, mais en vain. Pendant la récréation, j'allai m'assurer de la présence d'Ambre qui me confirma que sa sœur était venue à l'école ce matin. Mais toujours aucune trace de Jade. Comme elle manquait toujours à l'heure du déjeuner, je dus me résoudre à prévenir sa mère.

– Elle est ici, me répondit Mme Ekdahl au téléphone.

Après avoir vomi à l'école, elle a préféré rentrer à la maison. Elle ne vous a rien dit?

Consternée, je raccrochai.

– Ce n'est pas moi qui ai fait ça.

Je sursautai, surprise par cette voix inattendue. Jade se tenait dans l'encadrement de la porte de la classe, vêtue d'un vieux jogging avec des chaussons aux pieds.

– Ta mère sait que tu es ici?

– Je n'ai pas abîmé la poupée. Je le jure.

Je fermai mon cahier d'emploi du temps.

– Je sais que tu n'es pas responsable. J'ai roulé dessus avec ma voiture parce que je ne l'ai pas vue dans la neige.

Après avoir refermé la porte derrière elle, Jade s'arrêta devant moi.

– Par contre, je crois que tu sais comment elle est arrivée sous les pneus de ma voiture. Et pour quelle raison.

La bouche de la fillette se tordit et les larmes inondèrent son visage.

Je l'observai sans bouger :

– Eh bien! Qu'as-tu à répondre?

Voyant qu'elle pleurait de plus belle, je partis chercher la poupée dans le vestiaire :

– A mon avis, dis-je en revenant dans la classe, nous devrions essayer de la réparer.

Je la déposai près du lavabo pour lui retirer ses vêtements souillés.

– Il n'y a que la tête d'abîmée. La neige a dû la protéger. On pourrait l'envoyer dans une clinique de poupées pour la remettre en état.

A mes côtés, Jade ne perdait pas un seul de mes gestes.

– Mais d'abord, nous allons la laver. Donne-moi le produit à vaisselle.

Je remplis le lavabo d'eau chaude.

Toujours en larmes, Jade ne fit dans un premier temps aucun effort pour chercher la bouteille de détergent. Puis, avec hésitation, elle ouvrit la porte du placard.

– Quand les choses vont mal, expliquai-je, il faut essayer de les arranger. Ce n'est pas toujours possible, mais le fait d'essayer nous donne le contrôle des événements, même si nous échouons.

Curieusement, une fois propre, la poupée paraissait en plus piteux état. Le visage écrasé contrastait avec les courbes harmonieuses du corps.

En appui contre le mur, Jade me regarda la sécher avec une serviette. Alors, avec précaution, elle lui caressa le bras.

– Si je parle, demanda-t-elle à voix basse, est-ce que la police recherchera Tashee?

Je la regardai droit dans les yeux. Elle insista :

– Ils vont vraiment essayer de la trouver?

– Tu le souhaites?

– Je me suis toujours occupée d'elle. Nous avions le même âge et elle était plus petite que moi. J'ai fait de mon mieux, mais...

Je continuai à essuyer les jambes de la poupée.

Jade demanda :

– Ils me croiront?

– Nous ne le saurons jamais si nous ne tentons rien.

Elle leva la tête.

– Vous resterez avec moi si je parle? Et si je disais tout maintenant?

J'approuvai d'un signe de tête.

– Bien sûr, je ne te quitterai pas. On va trouver M. Tinbergen?

Après un long soupir, elle répondit :

– D'accord.

Une nouvelle fois, le même scénario se déroula. A peine entrée dans le bureau du directeur, Jade refusa de parler, reprit sa position tête baissée et cassée en deux, comme pour se protéger. Aussi je narrai tous ses moments d'intimité. Assise sur une chaise en plastique à côté de Jade sous la lumière fluorescente du bureau, je recréai l'univers du vestiaire.

Plus mon récit avançait, plus M. Tinbergen paraissait affligé. Il blêmit et ses yeux balayèrent la pièce. Cet après-midi-là, il ne put soutenir mon regard.

– Qu'attendez-vous de moi? demanda-t-il lorsque j'eus terminé mon histoire.

Je fus déroutée par le ton plaintif qu'il employait tandis qu'il regardait de nouveau autour de lui.

– Je crois que cette affaire me dépasse un peu, murmura-t-il, et il nous faut de l'aide. Je ne peux pas prendre de décision tout seul.

Je jetai un coup d'œil sur Jade, assise à côté de moi. Complètement cassée en deux, elle avait cette rigidité des malades atteints de paralysie cérébrale, les membres collés au corps et les doigts agrippés à ses vêtements. Elle penchait la tête si bas que je ne pouvais distinguer son visage, mais je savais qu'elle serrait les dents.

– Vous êtes sûre de ce que vous avancez? insista le directeur en dévisageant Jade. Elle a vraiment conscience de ce qu'elle dit?

– Oui.

– Dans ce cas, nous avons besoin d'aide.

M. Tinbergen commença par téléphoner à Arkie pour lui demander de venir à l'école immédiatement. Il raccrocha et réfléchit un moment, le combiné rivé au menton. Puis il composa le numéro des services sociaux à qui il exposa brièvement la situation afin qu'on lui envoie quelqu'un.

Ces deux responsables se trouvant à Falls River, elles n'arriveraient qu'une demi-heure plus tard, ce qui me laissait le temps d'aller chercher le dossier de Jade et mes notes. Avant de sortir, je demandai à la fillette si elle voulait m'accompagner, mais elle resta muette et immobile sur sa chaise.

Je m'agenouillai près d'elle pour voir son visage tout en repoussant ses cheveux en arrière.

– Tu crois que tu pourras parler?

Pas de réponse.

– Je sais que tout ceci te terrifie. Mais vas-tu réussir à parler? Je vais rester auprès de toi.

Toujours rien.

– Il faudra bien qu'elle dise quelque chose, répliqua M. Tinbergen.

Sans qu'elle lève la tête, les yeux de la fillette croisèrent les miens. Avec un faible mouvement des bras, elle appuya les doigts contre sa bouche.

Arkie arriva la première.

– Eh bien! Vous ne vous avouez jamais vaincue, me dit-elle en me rencontrant devant la porte du bureau.

Je crus discerner dans sa voix une pointe d'irritation. Elle pensait sûrement que, victime de mon imagination débordante, j'exagérais la situation, alors que le problème aurait pu se résoudre dans le calme entre gens civilisés. Ou bien, tout simplement, elle était fatiguée et contrariée de ne pas pouvoir rentrer chez elle.

L'assistante sociale, une petite femme rondelette d'une cinquantaine d'années, s'appelait Doreen. Elle portait de grosses lunettes de hibou qu'elle avait plantées sur le haut de son crâne. Ses cheveux très courts, noirs à la racine et blond

184

platine aux pointes, étaient ébouriffés comme ceux de Jeremiah avant qu'il aille chez le coiffeur. Cependant, elle arborait un sourire affable et me donna une poignée de main chaleureuse.

En guise d'introduction, elle déclara :

– Ainsi, nous devons envisager l'hypothèse d'un acte criminel. D'après ce que je sais, il va falloir mettre cette enfant sous surveillance, pendant un certain temps. Le seul moyen d'obtenir un placement dans les plus brefs délais est de coopérer avec la police. Alors j'ai téléphoné au commissariat. Un officier devrait arriver dans quelques instants.

Cette discussion se déroulait dans le couloir, devant le bureau de M. Tinbergen qui tenait compagnie à Jade. Lui et moi avions décidé de nous relayer auprès de la fillette pour lui éviter d'être confrontée à trop d'inconnus à la fois. Nous savions tous deux que, dans l'immédiat, le problème le plus grave résidait dans son mutisme et non dans les sévices subis. Il fallait à tout prix qu'elle parle, ne fût-ce qu'à M. Tinbergen. Aussi faisions-nous la navette, dans ce qu'il convient d'appeler un désordre organisé.

Doreen m'expliqua :

– Je préfère avoir affaire à notre commissariat de Falls River plutôt qu'à celui de Pecking qui se compose de deux ou trois agents. Je ne peux pas leur faire confiance dans de telles circonstances. J'ai demandé une femme policier, comme l'exige la procédure habituelle dans pareil cas. Or celle de Falls Rivers a de l'expérience et c'est l'une des meilleures pour ce genre de situation.

Après une brève interruption, elle reprit :

– Eh bien, qui porte plainte ?

La mort dans l'âme, je réalisai que j'avais, comme Pandore, ouvert une boîte qui ne se refermerait plus jamais.

L'agent de police, Lindy, se présenta. Elle était beaucoup plus jeune que ce que j'avais imaginé et étonnamment belle. Ses cheveux et ses grands yeux bruns pétillants lui donnaient des allures de starlette d'Hollywood, impression renforcée par ses vêtements civils.

Ayant collaboré avec Doreen dans plusieurs cas de sévices sur enfants, elle paraissait compétente et fiable, ce qui me redonna courage. Le policier de Pecking, quant à lui, paraissait mal à l'aise. Il répétait que, faute de preuve, c'était la parole de la fillette contre celle de ses parents et qu'il faudrait trouver des traces de sperme si on voulait intervenir.

Subitement, je me surpris en train de minimiser l'hypothèse de l'occultisme. Dans le feu de mon récit à M. Tinbergen, j'avais mentionné sans la moindre hésitation la poupée brisée, le symbole des messes noires et les autres aspects étranges indiquant que ces exactions se déroulaient dans un cadre rituel. Mais les minutes passant et face à ce défilé de professionnels, je me sentais reculer. Oui, il y avait des indices irréfutables de sévices, surtout d'ordre sexuel. Oui, il se pouvait que plus d'une personne soit impliquée dans cette affaire. Mais devions-nous pour autant ouvrir une chasse aux sorcières? Lorsque Lindy me demanda qui, selon moi, maltraitait Jade, je marquai un temps d'arrêt. Qui au juste? En bafouillant, je tentai d'expliquer que la fillette employait des sortes de noms de code pour désigner ses tortionnaires. Arkie sauta sur l'occasion pour rappeler que la fillette souffrait de troubles de dissociations. Je n'opposai rien à cette argumentation, mon principal souci étant que la petite soit retirée de chez ses parents.

Jade ne nous aida en aucune façon, refusant obstinément de parler. Parfois, elle esquissait un hochement de tête, rien d'autre. Pétrifiée par la peur, elle restait repliée sur elle-même.

Jusqu'à dix-neuf heures quinze, nous dialoguâmes sur le genre de sévices subis par l'enfant, sur ses tortionnaires potentiels, sa psychologie et celle des membres de sa famille. Il fut décidé de la placer avec ses deux sœurs sous la garde des services sociaux pour une semaine durant laquelle la police tenterait de rassembler un maximum de preuves.

Puis le moment vînt où M. Tinbergen, Arkie et moi dûmes passer le flambeau. Les autorités avaient nos témoignages et nous n'avions rien d'autre à leur fournir. L'affaire ne nous concernait plus. En dépit de mon implication morale, je comprenais. Je ne pus néanmoins m'empêcher de signifier que j'étais inquiète pour Jade. Ne serait-il pas préférable que l'un d'entre nous l'accompagne dans le car pour éviter qu'elle ne se retrouve seule avec des étrangères? Lindy souligna la nécessité de ne pas influencer involontairement la fillette par ma simple présence. Aussi valait-il mieux éviter tout contact. Jade franchit docilement la porte de l'école sans se retourner, tenant Lindy par la main.

Vers vingt et une heures, Lindy me téléphona du commissariat de Pecking pour me prévenir que les parents se trouvaient au poste et qu'ils paraissaient complètement ahuris par ce qui leur arrivait. Interrogée à part, Ambre avait nié tout mauvais traitement éventuel. Quant à Jade, elle n'avait pas ouvert la bouche depuis son arrivée et refusait de parler à qui que ce soit. La voix de l'agent de police trahissait sa déception devant ce mutisme tandis qu'elle expliquait clairement à quel point cette obstination risquait de se révéler néfaste. Elle me précisa qu'elle avait d'abord appelé Arkie qui lui avait conseillé de s'adresser à moi.

Au commissariat, on me fit entrer par une porte fonctionnant électroniquement et on me conduisit dans une grande pièce au bout d'un couloir interminable. Il y avait beaucoup de monde appartenant aux services sociaux de Falls River ainsi que quelques policiers.

Lindy vint à ma rencontre.

– Nous avons émis un mandat pour mettre les trois fillettes en sécurité. Doreen a réussi à trouver une famille d'accueil à Red Circle qui les hébergera toutes les trois pour la semaine. Je trouve ça super car elles vont pouvoir continuer à aller à la même école. Cela me paraît la meilleure solution. Les jours à venir s'annoncent très éprouvants. Remarquez que nous n'avons toujours rien tiré de Jade et tous nos efforts risquent de tomber à l'eau si elle persiste dans son silence. Je prie le ciel pour que vous réussissiez à lui faire entendre raison.

– Si l'une ne veut pas parler, l'autre refuse de se taire, marmonna Doreen. Quand j'ai expliqué à la petite de six ans qu'elles allaient passer quelques jours dans une autre famille, elle a piqué une crise de nerfs.

– Cela s'annonce difficile, répondis-je.

– Pourquoi? demanda Doreen.

– La mère m'a raconté qu'elle n'avait jamais confié à quiconque l'une de ses filles, même pas à une baby-sitter.

– Seigneur! Vous plaisantez?

On me conduisit au parloir où Jade attendait. L'officier de police referma la porte sur moi.

La pièce n'avait pas de fenêtre et n'était pas plus spacieuse que notre vestiaire. Du liège recouvrait les murs pour renforcer l'insonorisation. Près de la porte, il y avait un bouton sur lequel on appuyait pour qu'une lumière rouge s'allume à l'extérieur, de façon à n'être pas dérangés. Pour tout décor, il y avait une table aux pieds métalliques, trois chaises et un classeur. Jade était tellement courbée en deux que sa tête frôlait la table.

– Une longue nuit nous attend, dis-je en m'approchant.

Je m'assis à ses côtés et demandai :
– Tu es fatiguée ?

Elle répondit oui d'un signe de tête.

Moi aussi. Après cette soirée pénible sur le plan émotionnel, je me sentais vidée. Une profonde tendresse pour la fillette me gagnait, une sorte d'amour maternel, et j'aurais voulu la prendre dans mes bras pour la protéger. De toute évidence, je n'avais pas envie d'exécuter ce qu'on m'avait demandé.

– Ils t'ont expliqué ce qui va se passer ? Tes parents vont bientôt être relâchés, mais il vaut mieux pour toi et tes sœurs que vous ne rentriez pas à la maison pendant quelque temps. Jusqu'à ce que la situation soit clarifiée. En attendant, vous serez chez une famille de Red Circle. Un peu comme Philip, avec une maman et un papa qui prendront soin de vous.

Jade posa les coudes sur la table, la tête sur ses mains. Rien dans son comportement n'indiquait qu'elle m'avait écoutée. Je crois que l'épuisement nous paralysait toutes deux.

– Tu viendras toujours en classe. Ainsi, nous continuerons à nous voir.

Près de la fillette, il y avait trois poupées en chiffon, l'une habillée en femme, l'autre en homme et la troisième en petite fille. Jade prit la dernière.

– Tu dois dire quelque chose, sinon tout ceci ne servira à rien.

– Vous leur avez parlé de Tashee ?

– Mais Jade, c'est toi qui dois leur parler de Tashee. Je ne peux pas le faire à ta place, car toutes ces histoires t'arrivent à toi. Toi seule sait ce qui se passe, pas moi.

– Je ne peux pas.

– Tu le dois.

– Impossible. Il y a des araignées ici, je les ai vues, et elles vont tout répéter à Ellie.

– Tu ne risques plus rien, ma chérie. Nous allons tout arrêter immédiatement.

– Non, répondit-elle d'une voix triste, puisque les araignées nous observent.

La fatigue eut raison de ma patience et je poussai un soupir exaspéré.

– Écoute, Jade, crois-tu qu'une bombe d'insecticide pourrait t'aider ? Si j'en vaporise partout dans cette pièce, accepteras-tu de parler ?

Au bord des larmes, elle me dévisagea.

– Non, s'il vous plaît. Vous devez tout leur raconter pour moi.

A la fin de notre entretien, une assistante sociale conduisit Jade auprès d'Ambre. Dans la pièce, il y avait un petit coffre rempli de jouets usagés, mais les fillettes paraissaient trop lasses pour avoir envie de jouer. Je rejoignis Lindy et Doreen pour discuter des difficultés qui nous attendaient si Jade s'entêtait dans son mutisme. Environ dix minutes plus tard, nous entendîmes des portes claquer et des voix dans le couloir.

– M. et Mme Ekdahl s'en vont, déclara Doreen en repoussant sa chaise. Je vais chercher les enfants pour qu'elles leur disent au revoir.

Une fois tout le monde parti, je sortis dans le couloir. J'étais gênée car je me savais à l'origine de ce drame familial sans savoir avec certitude si j'avais désigné les vrais coupables. Je redoutais de les croiser et en même temps la curiosité me poussait à aller les voir. Tous deux avaient l'air hébété. M. Ekdahl, petit et sec, les cheveux en bataille, se tenait en arrière lorsque Ambre courut à leur rencontre.

– Maman! Maman! hurla-t-elle. Emmène-moi avec toi! Je veux rentrer à la maison.

Dans ses vêtements débraillés, Mme Ekdahl serra sa fille contre elle.

Rien dans leur attitude ne les différenciait de millions d'autres familles. Devant cette scène, je priai le ciel de me venir en aide. J'aurais tant voulu que le mal transpirât de leurs personnes pour m'assurer que j'accusais les vrais criminels. Ces sévices devaient exister. Même si on ne pouvait prouver le rapport avec l'occultisme et que Jade ait inventé la plupart de ces horreurs, j'avais la certitude qu'il se cachait à la base quelque chose de terrible. Mais l'idée d'accuser des innocents m'épouvantait.

Plusieurs personnes attendaient devant la porte électronique et Ambre s'agrippait frénétiquement à sa mère en pleurant. J'en profitai pour me faufiler dans la pièce où les deux fillettes avaient attendu. Jade y était toujours, assise par terre près du coffre à jouets, une poupée Barbie en piteux état dans les mains.

– Tes parents s'en vont. Tu veux aller leur dire au revoir?

– Vous avez vu la longueur de ses cheveux, me répondit-elle. J'ai des poupées Barbie à la maison, mais aucune d'elles n'a des cheveux aussi longs.

– Je viens de te dire que tes parents s'en vont maintenant.

– Je n'ai pas de vêtements. J'aimerais bien emporter cette Barbie.

– Jade...

Elle finit par lever la tête vers moi, sa tignasse noire retombant sur ses épaules.

– Dites-leur au revoir pour moi, d'accord?

Décontenancée, je la dévisageai.

– Tu ne veux pas les voir un moment? Ambre est en train de les embrasser. Tu n'as pas envie d'y aller?

– Non, je joue, répondit la fillette d'une voix dénuée de toute émotion.

Au bout du couloir, on essayait d'arracher Ambre à sa mère. Je restai en arrière, de peur qu'on me voie, terrifiée par ce que j'avais provoqué ce soir-là. Finalement, la porte s'ouvrit avec un déclic et les parents sortirent. Un grincement puis un nouveau déclic signalèrent que tout était verrouillé. Une assistante sociale ramena Ambre dans ses bras, toujours en sanglots.

Dans le silence qui suivit, Jade se précipita vers la porte pour essayer de l'ouvrir. Doreen courut derrière elle.

– Chérie, ils viennent de partir.

Jade secoua la poignée.

– Trésor, je regrette. Il n'y a plus personne.

La fillette renouvela sa tentative.

– Je voulais simplement vérifier que la porte était bien fermée.

24

Le lendemain, Jade ne vint pas en classe, ce qui semblait logique après les événements de la veille. Elle arriva le jour suivant, littéralement métamorphosée. Ses cheveux, toujours ébouriffés, étaient soigneusement séparés par une raie de côté et maintenus par une barrette blanche. Un ruban rouge les retenait en couettes. Sa coiffure avait un côté vieillot et pittoresque. Pour couronner cette transformation, elle portait une robe à carreaux rouges et blancs avec des manches en dentelle, qui visiblement ne lui appartenait pas.

– Ouah! s'écria Jeremiah en la voyant. Visez un peu la nana! Quel canon!

Il courut derrière la fillette en faisant des baisers sonores avec sa bouche.

– Va-t'en, rétorqua Jade d'une voix agacée.

J'ordonnai au garçon de s'asseoir.

– Ouais, mais regardez un peu ses cheveux. Elle fait tout pour tourner la tête des hommes, voilà ce qu'elle cherche avec ses frisettes.

Il réfléchit un moment avant de reprendre :

– C'est une femme fatale.

– Ne faites pas attention à lui, déclara la fillette avec mépris.

Visiblement plus détendue, Jade bougeait avec plus de souplesse. Elle finit par tolérer les marques d'attention de Jeremiah, permit à Philip de travailler avec elle et, pour la première fois depuis une éternité, elle remarqua l'existence de Reuben et de Bruce. Pendant le cours de mathématiques, alors qu'elle était allée déposer son classeur sur le rebord de la fenêtre, je la surpris en train de regarder la maison de ses parents.

Je demandai en lui effleurant l'épaule.

– La maison te manque?

– A Ambre oui.

– Et toi?

Elle se mordit les lèvres avant de hocher lentement la tête.

– A moi aussi. C'est surtout maman qui me manque quand elle venait m'embrasser le soir avant de m'endormir. Et puis mes poupées Barbie. Je n'ai pas mes jouets avec moi et je me demande ce qu'ils en ont fait. Je voudrais tout retrouver comme avant.

Pour la première fois de sa vie, Jade rejoignit ses camarades à la cantine. Après avoir conduit tout le monde au réfectoire, je voulus retirer de mes mains la pâte à modeler que j'avais utilisée avant que la cloche ne retentisse. Aussi je fis le détour par les toilettes avant d'aller prendre mon panier-repas dans la classe.

Il y avait quelques enfants qui s'empressèrent de filer en voyant arriver un professeur. Cependant, j'eus la sensation d'être observée et, en me retournant, j'aperçus Ambre sur le seuil de la porte.

Tout comme sa sœur, elle avait l'air beaucoup plus soignée : ses cheveux blonds bien brossés étaient retenus par un catogan et elle portait une robe légèrement démodée qui devait provenir d'un don de charité.

– Bonjour!

– Qu'avez-vous fait à papa et à maman?

– Rien du tout.

En réalité, j'avais moi-même quelques doutes à ce sujet.

– Alors, pourquoi on ne peut pas retourner à la maison?

– Si tout se termine bien, tu rentreras chez toi. Mais la police et les assistantes sociales veulent s'assurer que tout est en ordre, et pour cela, ils ont besoin d'un peu de temps.

Ambre pencha légèrement la tête de côté.

– Vous avez écouté les histoires de Jade, dit-elle d'une voix presque rauque.

– Nous voulons simplement avoir la certitude que tout se passera au mieux pour vous trois.

– Jade ne peut pas changer. Elle est née de travers et elle ne sait pas ce qu'elle dit. Mais ce n'est pas sa faute. Alors, vous ne devriez pas la croire.

Cet après-midi-là, à la récréation, Jade resta près de moi. Le vent de décembre éparpillait les tas de neige qui avaient été faits pour dégager la cour.

– Je ne pourrai plus vous parler le soir, me dit-elle après un long silence.

– Pourquoi?

– Parce que maintenant Ambre et moi nous venons à l'école en taxi. Alors je ne pourrai plus rester après la classe comme avant. Il faudra que vous me conduisiez à la voiture, tout comme vous le faites pour les garçons.

Elle parlait avec une pointe de fierté et semblait heureuse de ressembler aux autres.

– On trouvera toujours le moyen de parler, si tu en as envie.

Jade se rapprocha, tandis que les rafales de vent rabattaient la neige contre ses bottes.

– Vous leur avez raconté l'histoire de Tashee?

– Et toi?

Elle secoua la tête.

– Ils ne me croiront pas. Mais vous, si vous parlez, ils vous croiront, parce que vous êtes un adulte.

Je répondis en la regardant dans les yeux:

– Je leur ai expliqué tout ce que je savais. Je ne peux rien faire de plus... Ces choses-là ne me sont pas arrivées à moi.

– Ils ont sorti des poupées avec des trous. Vous savez des trous dans le derrière et des poils sous les bras. Berk!

Puis elle ajouta avec une grimace:

– L'homme a un zizi, et le petit garçon aussi.

– Ça te facilite le travail pour leur expliquer ce qui s'est passé.

– Ma sœur ne veut pas les toucher. Elle en a peur parce qu'elles ressemblent à celles que J.R. fabriquait avec un gros zizi tout dur. Elle fait des cauchemars la nuit à cause de ces poupées.

– Tu l'as dit à l'assistante sociale?

Jade resta muette.

– Il le faut. Je ne plaisante pas. Je peux confirmer tes histoires, mais pas si je suis la seule à les leur raconter. Comme je n'ai pas assisté à ces séances, je risque de me tromper, or nous devons absolument dire la vérité.

Elle se colla contre moi pour se protéger du vent.

– Je parle sérieusement, Jade. Tu *dois* parler. Il faut que tu leur expliques tout en détail avec tes propres mots. Ils ne se contenteront pas de ma simple version des faits.

En guise de réponse, elle murmura:

– Ambre ne vous aime plus.

– Je sais.

– Elle vous déteste.

– Je m'en doute.

– Je lui ai expliqué que vous agissiez pour notre bien et pour nous sortir de là. Je lui ai dit qu'elle devait vous aimer parce que vous étiez Dieu. Mais elle prétend que ce n'est pas vrai.

– Sur ce point, elle a raison.

La fillette haussa les épaules.

– Tu ne dois plus croire une telle chose, parce que je ne suis pas Dieu.

– Je m'en moque.

– Il est normal que ta sœur m'en veuille, car elle me croit responsable des choses terrifiantes qui viennent de se produire.

Jade pencha la tête de côté.

– Pourtant, Tashee vous aime toujours.

– Vraiment?

– Tashee prétend qu'Ambre ne sait rien. Je dois prendre soin d'elle parce qu'elle est encore une petite fille. Tout comme Saphir.

Après un court silence, elle ajouta :

– Mais Saphir ne peut pas vous détester parce qu'à son âge, elle ne comprend rien.

Je la regardai avec inquiétude.

– Comment Tashee a pu te raconter tout ça?

– Elle l'a fait, c'est tout. Je crois qu'après sa mort son fantôme est entré en moi, pour que je puisse continuer à lui parler. Lorsque je pense à elle, je peux l'entendre. Je réfléchis à ce qu'elle pourrait avoir envie et à la façon de la rendre heureuse. Alors je fais de mon mieux pour y arriver.

25

La semaine se déroula dans un tourbillon de réunions, de coups de téléphone et de conversations cahotiques. Par deux fois, les assistantes sociales vinrent à l'école questionner les enfants avec leur attirail de poupées. La police fit son apparition, éplucha le dossier scolaire de Jade, me parla en privé, ainsi qu'à M. Tinbergen et à Alice Havers qui avait eu la petite deux ans dans sa classe. Puis quelque temps plus tard, des voitures de police se garèrent devant chez les Ekdahl.

Très peu d'informations filtrèrent au sujet des recherches, ce qui dans un premier temps me dérouta, puis finit par me démoraliser. Je me retrouvais exclue de l'enquête et je craignais qu'ils ne trouvent aucune preuve substantielle avant la fin de la semaine.

Le plus pénible fut de respecter la consigne de ne pas parler à Jade. Tandis qu'on me demandait de poursuivre ma classe comme d'habitude, je ne devais pas favoriser le dialogue avec la petite afin d'éviter toutes questions préjudiciables pour le cas où l'affaire passerait en justice. En fait, au cours de cette semaine, j'eus la désagréable sensation que les avocats de la famille Ekdahl tentaient de démontrer que c'était moi qui avais insufflé toutes ces idées baroques dans l'imagination de leur fille.

La tournure des événements ne m'incitait guère à maintenir mon accusation au sujet des pratiques occultes. Jade refusant de parler, les charges se limitaient à des soupçons de mauvais traitements, mais on ne savait pas par qui. Si la défense apprenait ma visite dans une librairie spécialisée dans l'occultisme et mes contacts avec une prétendue sorcière, il lui serait facile de démontrer que s'il y avait le moindre lien avec le satanisme, il ne pouvait venir que de moi et que je cherchais à m'en dégager pour sauver ma carrière.

Dans l'intimité du bureau de Lindy, je lui avais fait part de mes craintes à ce sujet. Comment expliquer que Jade connaisse l'usage d'un magnétoscope sans en avoir vu auparavant? Et si ces sévices sexuels étaient filmés? Cela justifierait les nombreuses fois où la fillette m'avait demandé si je les avais vus à la télé? Peut-être les avait-elle regardés au cours de projections privées croyant assister à des émissions en direct? Le rapport avec ces mystérieux personnages de « Dallas » devenait alors plus clair. Et s'il s'agissait d'une machination pour ne pas être identifiés. Ainsi, tous les participants pourraient mettre ces élucubrations sur le compte de l'imagination fertile de l'enfant.

Un autre exemple frappant étaient les fréquentes allusions de Jade au Coca-Cola. Dans l'un des livres sur le satanisme, on mentionnait l'emploi de Valium ou autre tranquillisant versé dans des sodas pour rendre les victimes plus dociles. Même si cela semblait tiré par les cheveux, Jade avait trop souvent parlé de Coca avant les cérémonies pour rejeter ce fait qui pouvait expliquer ses trous de mémoire.

Lindy parut prendre ces détails au sérieux et montra un intérêt particulier pour l'incident des poupées, car elle aussi voyait là la possibilité d'une intervention extérieure. Cependant, elle afficha ce scepticisme des gens de métier en me disant:

– En racontant toutes ces histoires cauchemardesques, vous brouillerez davantage les pistes. Or, il nous faut avant tout protéger ces enfants. Selon vos dires et le comportement de l'aînée, les sévices sur Jade sont indéniables et je n'ai pas envie de voir les fillettes rentrer chez leurs parents. Mais, Torey, si vous vous mettez à parler de fantômes et de sorcières, on va nous harceler de questions et la défense fera de nous une bouchée. Vous comprenez mon point de vue?

Effectivement. Comment pouvais-je apporter un témoignage solide alors que je doutais toujours de la véracité de cette version? Les conséquences sur ma vie professionnelle et l'idée de passer pour une illuminée, ou pis encore, me mortifiaient. Mais à moins que la preuve du contraire ne surgisse au cours de l'enquête, il me paraissait trop simple de rejeter l'hypothèse du satanisme.

De retour chez moi, je m'écroulai dans un fauteuil face à la télévision, totalement anéantie. N'ayant envie de rien, j'allumai le poste et regardai défiler les images sans les voir.

La sonnette de la porte d'entrée retentit.

A contrecœur, je m'arrachai de mon siège pour aller ouvrir. C'était Lucy.

– Bonjour, dit-elle d'une voix fébrile en regardant autour d'elle. Je ne vous dérange pas?

Nous avions passé beaucoup de temps ensemble, mais elle n'était jamais venue chez moi et je crois qu'elle m'imaginait menant la grande vie des citadins. La vue de mon appartement vide sembla la décevoir légèrement.

– Entrez!

Réalisant soudain que je portais encore mon manteau, je l'ôtai en me justifiant:

– Je viens d'arriver.

– Je ne voudrais pas vous importuner, mais comme je passais dans le coin, et comme je ne vous ai pas vue depuis un certain temps...

Elle marqua un temps d'hésitation et me regarda:

– Torey? Je voudrais savoir si vous allez bien. Nous comprenons tous ce qui se passe et nous ne parlons plus que de ça dans la salle des professeurs...

Je l'invitai à s'asseoir avec un sourire:

– Que désirez-vous boire? Un soda ou une tasse de café?

– Non, je ne vais pas rester longtemps. Comment allez-vous?

Elle s'installa dans un fauteuil.

Je m'assis face à elle, mon manteau sur le bras. Elle connaissait déjà beaucoup de choses sur l'univers étrange de Jade, mais maintenant je lui racontai tout par le menu: mes inquiétudes quant à des événements plus horribles que des sévices sexuels, sans oublier de préciser mes doutes sur la question. Je lui parlai des problèmes rencontrés par Lindy et la police, de la complexité d'établir un lien entre les différentes données. Lucy m'écouta attentivement, le menton dans les mains.

Je n'avais jamais eu l'intention de l'impliquer dans cette affaire. Je l'aimais bien et elle était mon unique confidente à Pecking. Pendant nos moments de répit à l'école, nous discutions de détails de notre vie intime, comme les hommes, l'argent, les teintures de cheveux, les crèmes anti-rides et les régimes efficaces. Nous nous amusions bien et nous nous remontions mutuellement le moral. Mais Lucy avait un côté fleur bleue qui m'empêchait de tout lui confier. Sans vouloir paraître cynique, mon réalisme se mariait mal avec les idéaux de ma compagne. Cependant, épuisée et inquiète, j'avais besoin de trouver une oreille sympathique. Alors, je vidai mon sac.

Elle écouta, l'air songeur, sans m'interrompre une seule fois.

– Vous y croyez vraiment? Je veux dire à toutes ces histoires rituelles? Pensez-vous qu'une petite fille a été assassinée?

– En toute franchise, je ne sais que penser. Je demeure perplexe et mes idées sont confuses.

– Mais Jade y croit, elle?

Je répondis oui d'un signe de tête.

– La police a trouvé quelque chose?

– Je ne sais pas grand-chose et le pire dans toute cette affaire est le manque d'information. Je n'ai pas le droit de lui parler afin de ne pas l'influencer par mes questions. Et la police ne dit rien. De leur côté, les services sociaux me tiennent vaguement au courant. Après tout, je ne suis qu'un simple professeur. Quant à Jade... elle se tait.

Je poussai un gros soupir.

– Tout va tomber à l'eau, je le sais. Parce qu'ils ne trouveront aucune preuve. J'ai déjà eu affaire à des cas d'enfants martyrisés, et, croyez-moi, le genre de preuves que cherche la police... En arriver là pour retourner à la case départ!

En disant cela, j'eus envie de pleurer.

Lucy me regarda :

– Vous avez choisi la meilleure solution.

– Mais que va-t-il se passer s'ils ne trouvent rien et que Jade retourne chez ses parents? Tout cela parce qu'elle refuse de parler et que je suis piégée avec cette histoire de meurtres d'enfants et de vaudou?

– Le fait qu'elle se taise ne signifie pas pour autant qu'elle ne vous ait pas parlé. Et ce n'est pas parce qu'ils ne découvrent aucune preuve qu'il ne s'est rien passé. Continuez à écouter votre conscience. Cela peut paraître complètement fou, mais rien n'est impossible.

– Mais nous sommes à Pecking, murmurai-je.

Lucy eut un sourire.

– C'est moi qui devrais répondre cela, pas vous.

Je lui rendis son sourire.

– Il vaudrait peut-être mieux se demander pourquoi pas à Pecking?

A la fin de la semaine, Arkie apparut à l'entrée de la classe.

– Nous avons un rendez-vous aujourd'hui. Vous le saviez?

– Oui. J'en ai entendu parler.

– Lindy nous attend au commissariat à 16 h 30. Il leur faut prendre une décision quant à la suite des événements. Doreen pense obtenir une prolongation de vingt-huit jours pour le placement des enfants, mais j'ignore les intentions de la police. S'ils n'engagent pas de poursuites judiciaires, les fillettes devront réintégrer le domicile familial.

– Pourquoi exigent-ils notre présence?

Arkie haussa les épaules.

– Pour régler les derniers détails, je suppose.

Je la regardai. En une semaine, nos rapports s'étaient nettement refroidis. De toute évidence, elle n'approuvait pas ma position dans cette affaire et elle craignait que les médias ne s'en emparent, ce qui envenimerait les choses. Sa comparaison de l'autre jour entre le *New York Times* et le *National Enquirer* me revint à l'esprit. A ses yeux, je m'étais dévalorisée sur le plan professionnel et cela m'atteignait d'autant plus que je n'étais pas sûre d'avoir raison.

– Qu'attendez-vous au juste? lui demandai-je.

– Que justice soit faite.

En dépit de ma morosité, Noël était partout. Des décorations pendaient aux réverbères et aux arbres de Falls River. Un père Noël aux cheveux blancs était posté à l'angle du poste de police et faisait sonner sa cloche. Ce tintement lugubre se mêlait aux flûtes qui jouaient des cantiques.

– Bonjour, s'écria Lindy en venant à notre rencontre. Passez par derrière.

Je pensais qu'il y aurait foule à cette réunion de bilan. En fait, nous étions trois : Lindy, Arkie et moi. Devant ma surprise, Lindy expliqua :

– Il s'agit d'une réunion informelle pour essayer une dernière fois d'y voir plus clair.

Arkie et moi approuvâmes d'un signe de tête.

Nous entrâmes dans une petite salle peinte en gris et prîmes place autour d'une grande table. Lindy s'installa face à nous, une pile de dossiers sous le bras.

– Je dois avouer que nous avons affaire à un cas très délicat. J'aurais aimé vous donner de bonnes nouvelles, mais...

Tout en parlant, elle fouilla dans ses papiers.

– Nous avons examiné les fillettes et rien ne nous permet d'affirmer qu'elles ont subi de mauvais traitements, à part cette cicatrice ronde sur le ventre de la petite de six ans. Hormis une hygiène douteuse, elles nous ont paru en bonne condition physique.

» Pour ce qui concerne les sévices sexuels, eh bien... les trois ont perdu leur hymen. Cela se produit parfois de façon naturelle, et bien sûr les parents défendent cette thèse, mais cela est plutôt rare chez une enfant de dix-huit mois. Cependant, il paraît difficile de constituer un dossier en se basant uniquement sur ce point. L'aînée et le bébé montrent une dilatation anale, due à une éventuelle pénétration, mais là encore, il peut s'agir de simple constipation, phénomène très courant chez des enfants de cet âge. Sinon, nous n'avons décelé aucune trace de sperme, de liquide séminal, de sang, d'irritations ou d'infections vaginales. En bref, nous n'avons rien de solide pour défendre l'hypothèse de sévices sexuels.

Lindy sortit un autre dossier.

– Notre psychologue a organisé trois séances de jeux. Elle a pris les fillettes à part au cours des deux premières puis les a réunies pour la dernière. A chaque fois, elle a utilisé des poupées à l'anatomie fidèlement reproduite. Rien de significatif ne s'est produit avec les deux plus jeunes. Par contre, pour votre Jade, son initiation sexuelle ne fait aucun doute puisqu'elle a mimé des coïts, des sodomisations et des fellations. Mais nous ne devons pas oublier qu'elle a presque neuf ans.

» Le Dr Denning, de la clinique psychiatrique, a évalué les deux plus grandes sur le plan de la stabilité et du fonctionnement général. Elles sont d'une intelligence normale, note-t-il, même si Jade a refusé de participer aux tests oraux. Dieu seul sait donc à quoi ces renseignements peuvent nous servir.

» Torey, suite à vos allusions sur l'intervention d'un groupe occulte ou pornographique, nous avons perquisitionné chez les parents. Cela n'a pas donné grand-chose. Une pile de *Playboy* sous le canapé, deux livres sur l'astrologie, un sur la numérologie, six boîtes de bougies et une petite boîte pleine d'ossements que le labo a identifiés comme étant d'origine animale.

Je lui demandai :

– Comment explique-t-on les ossements et les bougies ?

– M. Ekdahl prétend qu'il ramasse tous les os qu'il trouve dans le champ afin de reconstituer des squelettes. Il prétend que son rêve était de devenir taxidermiste mais qu'il n'a jamais eu les moyens de se payer les études. Il a confirmé ses dires en exhibant le squelette d'un écureuil et celui d'un chat.

Lindy plissa le nez.

– C'était plutôt rebutant à voir, parce qu'il les a figés dans de drôles de positions. Nous les avons confisqués, mais j'imagine mal quelqu'un en train de s'adonner à la magie noire devant un écureuil assis sur un banc rouge avec un journal entre les pattes.

» Quant aux bougies, elles sont de qualité ordinaire et servent en cas de panne de courant. Six paquets semble un peu excessif, mais Mme Ekdahl a précisé qu'elle les avait achetées en solde. Alors...

– Cela ne suffit pas, commentai-je.

– Pour entamer des poursuites judiciaires, non.

– Et tous ces personnages de Dallas? Elle en parle avec tant de conviction...

– Oh non! rétorqua Lindy, et c'est bien là le problème. C'est vous qui en parlez, mais elle, elle ne dit pas un mot. Je n'ai jamais entendu cette enfant prononcer le moindre son. Nous avons essayé d'exploiter certains faits que vous nous avez rapportés, et à moins que vous ne soyez en mesure de fournir de plus amples détails, nous ne pouvons rien faire. Par exemple : vous racontez que cinq ou six personnes seraient mêlées à ces sévices sexuels. Au mieux, nous nous retrouvons avec deux suspects. Où sont les autres et qui sont-ils?

Arkie intervint :

– A mon avis, il faut exclure l'existence de ces individus. Je sais à quel point c'est pénible pour Torey en raison de ses rapports étroits avec la fillette. Celle-ci lui a donné sa confiance et elle fait preuve d'une vivacité remarquable quand elle accepte de parler. Il y a peut-être des sévices, mais n'oublions pas que Jade présente de sérieux troubles mentaux et tout porte à croire que nous poursuivons des chimères.

Je regardai Arkie d'un air consterné.

– Torey, il faut l'admettre.

– Mais pourquoi refuser cette possibilité?

– Parce que c'est impossible. Nous avons affaire à une enfant malade. Je n'ai pas envie de recommencer la chasse aux sorcières de Salem sur mon propre territoire. Car enfin, il s'agit bien d'enfants hystériques qui accusent des adultes innocents. La nature humaine n'a pas changé et je n'ai pas envie de détruire des vies. Torey, nous parlons d'une famille pour qui rien ne sera jamais plus pareil. Vous, moi et la police, nous sortirons de cette histoire indemnes, mais pas les Ekdahl. Ces histoires de sorcières et de Satan m'effraient à cause du mal qu'elles peuvent provoquer. Ces théories ne manquent pas d'intérêt et pimentent un quotidien insipide ou des rapports de police plutôt ternes, mais il ne faut pas perdre de vue les vies humaines que nous risquons de briser.

Je me tus. Un silence de plomb s'abattit sur nous tandis que Lindy feuilletait ses dossiers.

Puis elle leva la tête vers moi :

– Qu'en pensez-vous ? Croyez-vous vraiment qu'elle vous ait raconté la vérité ?

Une lassitude extrême me gagna :

– Je ne sais plus, mais... Pourtant, certains détails m'intriguent. Par exemple Tashee qui a toujours froid, et qui est plus petite que Jade. Pas plus tard que la semaine dernière, un de mes élèves d'origine sioux parlait de coiffes et d'autres accessoires folkloriques de son père. Jade a alors expliqué que Tashee portait une paire de chaussures indiennes et mima à son camarade la façon dont ces mocassins montaient sur les chevilles. Elle a décrit quelque chose qui n'avait rien de commun avec ce que l'on vend aux touristes. Cet incident m'a frappée d'autant plus qu'elle ne parle jamais de Tashee autrement qu'à moi seule. Bien sûr, il s'agit d'un fait mineur, mais mentir à ce point nécessite une imagination remarquable et étrangement précise pour un cas psychopathologique.

– Ça ne prouve rien, rétorqua Arkie. Elle aurait pu avoir envie de ces chaussures et tout naturellement transposer ce désir à travers Tashee.

Lindy se mordit les lèvres.

– En fait, nous ne sommes pas tellement plus avancés que la semaine dernière.

26

– Qu'est-ce qu'on va faire? demanda Jeremiah. Vous allez nous acheter un arbre de Noël?

Ce mardi matin, nous étions assis autour de la table. La classe avait commencé depuis une demi-heure, mais personne ne travaillait. Bruce se démenait avec un crayon auquel il parlait en le tenant devant son visage:

– Ba, ba, ba.

Reuben avait terminé son premier problème de mathématiques, qui avait pour solution le chiffre «12». Un puis deux, cette idée l'inspira et il continua à remplir sa feuille: trois, quatre, cinq et ainsi de suite. Par deux fois, j'avais tenté de l'arrêter. En vain. Il en était au chiffre 736. Philip avait dessiné un énorme sapin qu'il décorait d'étoiles. Jade restait assise sans rien faire.

– Noël est encore loin, Jeremiah. Pour l'instant, on s'occupe de chiffres.

– Chiffres à la con. Et si on s'amusait?

– Plus tard. Quand on aura travaillé.

Il tapota son crayon sur la table et sur sa chaise. Puis il jeta un œil sur le dessin de Philip.

– Regardez, madame. Regardez ce que fait ce conard. Alors, petit bébé, qu'est qu'il va t'apporter Papa Noël? Tu as été sage? Il va mettre des cadeaux dans ta petite chaussure?

– Jeremiah, assieds-toi.

Je pris un papier sur l'étagère derrière moi.

– Et toi Philip, voilà une autre feuille pour les mathématiques.

– Moi, je ne mets plus mes chaussures dans la cheminée, annonça Jeremiah. Maman dit que je suis trop grand pour trouver quelque chose dedans.

Il ajouta après un haussement d'épaules.

– C'est pas grave parce que ce que je veux ne rentre pas dans ma chaussure. Vous savez ce que je veux?

Il s'allongea sur la table, son visage juste en dessous du mien.

– Une BMX.

Je m'occupai de Bruce, résolue à l'ignorer, ce qui était difficile puisqu'il se trouvait presque sur mes genoux.

Il s'adressa à Jade et rampa jusqu'à elle:

– Et toi, qu'est-ce que tu vas avoir?

– Fiche-moi la paix, d'accord? rétorqua-t-elle.

Je pris Jeremiah par le collet et par la ceinture pour l'expédier à sa place.

– Eh! Vous avez vu ça les mecs! On a affaire à une nana super costaud. Elle m'a soulevé comme une plume. On a intérêt à faire gaffe. Ben mon vieux, vous savez comment vous y prendre avec les hommes.

– Jeremiah, au travail.

Après vingt minutes de répit, il releva la tête.

– Et si on racontait ce qu'on veut pour Noël?

– Tu nous as déjà parlé de ton vélo. Maintenant, retourne à tes devoirs.

– Non, je parle de ce qu'on voudrait pour les autres, comme la paix dans le monde et ce genre de truc.

Cette idée éveilla mon intérêt.

– D'accord. À toi.

– Qu'on n'embête plus les gens qui ont la peau foncée. Que la couleur de la peau n'ait plus d'importance et que plus personne ne soit battu simplement parce qu'il ne ressemble pas aux autres.

– Voilà un souhait très noble, Jeremiah. Ce serait merveilleux s'il pouvait se réaliser.

– Et toi? demanda-t-il à Jade.

Après un moment de réflexion, elle haussa les épaules et je crus qu'elle ne répondrait pas. Finalement, elle déclara:

– Plus de dispute, je crois. Et le bonheur pour tout le monde sur terre.

Énervé, Philip sautait sur place.

– Mmoi! Mmoi!

– D'accord, à ton tour. Que veux-tu?

– Hhhhann Huh, dit-il avec force gestes et un large sourire tout en désignant Jade du doigt.

– Excuse-moi, mais je n'ai pas très bien compris. Sers-toi de tes signes.

En effet, il disposait maintenant d'un large dictionnaire gestuel.

Il s'exécuta avec frénésie et bondit à nouveau de sa chaise.

– Hhhhaann Hhuuuhhhh!

– Debout?

Tout en souriant, il désignait toujours Jade.

– Tu veux que Jade se lève?

À nouveau, force signes et gestes.

– Ton souhait pour Noël est que Jade... se redresse.

Ravi, le garçon opina du chef.

– C'est pas gentil, protesta Jeremiah. Tu n'as pas trouvé mieux que de lui faire remarquer son défaut? Elle n'y peut rien si elle est infirme, et toi, tu es un sacré con.

Je voulus prendre Jeremiah par le bras, mais Jade intervint :

– Je ne suis pas infirme, et je sais me tenir droite.

Il la regarda.

– Je peux y arriver.

Alors, lentement, en faisant craquer ses os, comme la première fois dans le vestiaire, elle posa les mains sur la table et déplia son corps en prenant appui sur la chaise. Puis elle prit une profonde respiration, repoussa son siège, et au prix d'un effort surhumain, elle se leva en se tenant droite.

Philip paraissait si content que je crus un moment qu'il allait s'évanouir.

– Huuuuhhh! Huuuhhh! hurla-t-il même si personne ne pouvait le comprendre.

Jade appuya sur son ventre.

– Que se passe-t-il? Tu es malade?

– Non, répondit-elle d'une voix indécise.

En s'arc-boutant en arrière, elle tâta la région autour de son nombril.

Nous avions tous les yeux braqués sur elle.

– Je n'ai pas mal, reprit-elle, stupéfaite.

Jeremiah retrouva l'usage de la parole.

– Ça alors! s'écria-t-il avec admiration, tu te tiens vraiment droite.

La fillette le regarda.

– Tu te tiens droite, Jade, comme si tu étais normale.

La cloche de la récréation retentit et tout le monde se précipita dans le vestiaire pour prendre son manteau. Je retins Jade par le bras.

– Tu veux bien qu'on parle un peu? Mme McLaren va

emmener tes camarades dans la cour, ainsi personne ne nous dérangera. J'aimerais rester seule avec toi.

Elle leva les yeux sur moi.

– Cela fait huit jours aujourd'hui que vous vivez à Red Circle, tes sœurs et toi.

Elle approuva en silence.

– On t'a expliqué ce qui allait arriver maintenant?

Jade haussa les épaules.

– Des gens sont venus, si c'est que vous voulez dire. Le docteur n'arrête pas de regarder nos fesses. Et puis il y a cette dame avec ses poupées.

– Je voulais parler du futur. Quelqu'un t'a-t-il raconté la suite des événements?

– D'après Mme Verney, on va nous mettre dans une autre famille nourricière. Elle dit qu'Ambre et moi nous passerons d'abord à la maison chercher nos jouets puis nous partirons ailleurs, parce que nous ne pouvons pas rester à Red Circle. Ils ne gardent pas longtemps les enfants là-bas.

– On t'a parlé de la possibilité de retourner chez tes parents?

Elle leva les yeux. Incapable de rester droite, elle avait retrouvé sa position habituelle, agrippée au dossier d'une chaise pour ne pas se courber davantage.

– Que penses-tu de cette idée?

Ses yeux s'embuèrent aussitôt, et j'attendis patiemment qu'elle trouve la force de parler. Enfin, elle jeta la tête en arrière et, du doigt, elle essuya une larme qui roulait sur sa joue.

– Je voudrais rentrer. C'est ce que je souhaite vraiment pour Noël. Je voudrais retrouver ma famille, comme avant, avec ma chambre et mes jouets. Et puis je voudrais qu'Ambre s'arrête de pleurer autant.

Sachant qu'il y avait de fortes possibilités pour que les fillettes réintègrent le domicile parental, cet aveu me soulagea car je craignais un refus de sa part.

– Alors, tu serais d'accord?

– Mais je ne peux pas.

– Peut-être que si. En fait, il y a même de grandes chances pour que cela se réalise. Hier au commissariat, ils m'ont expliqué que lorsqu'ils auront la certitude que tout est normal, tes sœurs et toi rentrerez chez vos parents.

– Mais il se passe des choses pas normales, se lamenta Jade en me regardant. Il y aura Ellie et si nous rentrons maintenant, elle va nous tuer.

206

Cassée en deux, Jade se tordait les mains, les remontant sur le ventre. Elle murmura :

– Je ne peux pas retourner à la maison. C'est impossible.

Tout en torturant ses doigts, elle gémissait d'une voix à peine audible :

– Oooohh !

Je la regardai, impuissante.

– Vous savez ce que je pense, finit-elle par chuchoter, la tête toujours penchée en avant. Je crois que Tashee a trouvé la meilleure solution et j'aimerais bien être avec elle. Plus personne ne se mettrait en colère après moi.

– Je ne suis pas en colère après toi. Je me sens seulement un peu désarmée.

– Je ne veux pas y aller.

– Je sais.

Elle me dévisagea d'un air étrange, comme pour me défier. Je compris soudain que je n'employais pas la bonne méthode.

Le silence retomba. Je jetai un coup d'œil à la pendule, priant le ciel pour que Lucy garde les garçons si nous dépassions l'heure de la récréation.

Jade tourna l'avant-bras vers le ciel et murmura en désignant la veine bleue de son poignet :

– Vous savez ce qu'on peut faire ? On prend un couteau et quand on coupe ici, le sang coule. Ça va vite et on meurt.

Je reçus comme une décharge électrique et ma gorge devint sèche comme du buvard.

– Jade, il ne faut pas penser à ça.

– Ce n'est pas si terrible. Une fois mort, on n'a plus d'ennuis.

– Non. Ça ne résout rien.

– Pourquoi ?

Que répondre à cela ?

À court d'arguments, je tendis une main tremblante vers Jade qui se laissa faire, le doigt appuyé sur sa veine.

– Je ne reviendrai pas. Je me moque de votre avis ou de ce que les autres diront. Je ne reviendrai plus jamais.

Je dis d'une voix rauque :

– J'ai une bien meilleure idée.

Elle me regarda.

– Il faut leur parler de Tashee et tout leur raconter.

– Je l'ai déjà fait et ils ne m'ont pas crue.

– Non, tu n'as rien dit du tout parce que tu m'as laissée parler à ta place. Alors c'est *moi* qu'ils n'ont pas voulu croire. Si tu leur racontes tout, comme tu me l'as raconté, ils te croiront. Personne ne peut rester indifférent devant ce genre d'histoire.

La fillette se remit à effleurer sa veine.

– Essaie au moins.

Pas de réponse.

– Tu as peur? C'est cela? Mais de quoi? D'Ellie et de ses araignées? Et si on appelait Lindy au commissariat pour qu'elle vienne ici? Tu pourrais aller dans le vestiaire et fermer la porte à clef? Cela te faciliterait les choses? Si je lui téléphone maintenant, elle passera ce matin avant que tu ne rentres chez toi. Tu voudras bien lui parler? Jade, si tu lui parlais...

– Je ne peux pas.

– Tu veux te tailler les veines, c'est bien cela? Mais que va-t-il arriver à Ambre et à Saphir?

Des larmes brillèrent dans ses yeux.

– Tu as songé à ce qu'elles deviendront quand tu ne seras plus là?

– C'est impossible.

– Mais si, c'est possible. Exactement comme tu as pu te tenir droite parce que tu l'avais décidé. De même tu pourras parler si tu le décides.

– Les fantômes n'ont pas de bouche, répondit-elle à voix basse.

– Peut-être, mais tu es une petite fille, Jade, et tu as une bouche. Tu dois parler, je t'en prie.

– Je ne peux pas, chuchota-t-elle, ramassée sur elle-même.

– Tu le peux.

– Dites-leur à ma place.

– Je leur ai déjà tout raconté. Maintenant, c'est ton tour.

Elle se mit à pleurer.

– Jade, redresse-toi.

Laborieusement, elle s'exécuta. Puis elle me regarda en hochant la tête.

– D'accord.

27

Lindy arriva à onze heures et quart. Les enfants et moi étions assis autour de la table lorsque la porte s'ouvrit. Sans un mot, Jade se leva de sa propre initiative en la voyant et la conduisit dans le vestiaire. On entendit le déclic de la serrure.

– Qui c'est? demanda Jeremiah. Qu'est-ce qu'elle fait avec Jade?

– Elle vient pour lui parler.

– Pourquoi?

– Jade a des problèmes à la maison et la dame veut l'aider.

– Ouah! s'exclama-t-il, c'est une belle femme. La gamine a de la chance.

– Peut-être.

La cloche sonna l'heure du repas et mes élèves rejoignirent la horde de Lucy tandis que je restais dans la classe. Aucun bruit ne parvenait du vestiaire. Ce vieux bâtiment avait des murs épais et on n'entendait presque rien d'une pièce à l'autre. Je ne parvenais même pas à discerner si Jade parlait ou non. Anxieuse et intriguée, j'avais envie d'aller écouter à la porte, mais je n'en fis rien. Je craignais surtout que Lindy ne se soit déplacée pour rien et qu'elle ne se retrouve à nouveau confrontée au silence obstiné de Jade. D'un autre côté, cela durait depuis si longtemps que tous les espoirs restaient possibles.

Je m'inquiétais pour cette enfant. En la voyant avec ses poignets tournés vers le ciel et les doigts collés à ses veines, je savais que son allusion au suicide était sérieuse. J'ignorais ce que la mort représentait pour une fillette de huit ans, mais elle en comprenait fort bien le concept. Seule autour de cette table, j'essayai de m'occuper pour tromper mon attente.

M. Tinbergen entra dans la classe aux environs de midi.

– Elles sont toujours là? demanda-t-il en désignant le vestiaire de la tête.

– Oui.

Il s'assit près de moi en silence.

A midi trente-cinq, la porte s'ouvrit sur Jade qui sortit en premier, blême mais presque droite. Elle semblait épuisée comme si elle manquait de sommeil, mais il se dégageait d'elle un certain détachement.

– Jade, demanda le directeur, tu as faim? Je crois qu'on t'a gardé quelque chose à manger.

En se levant de sa chaise, il lui tendit la main.

Lindy surgit, plus pâle que la fillette, et s'installa à la place de M. Tinbergen. Elle attendit qu'ils sortent :

– J'ai envie de vomir, murmura-t-elle, les yeux rivés sur la porte de la classe.

– Jade a parlé?

– Je ne plaisante pas. J'ai la nausée.

De fait, son visage avait verdi et elle s'accrochait à la table avec une telle force que ses articulations étaient devenues toutes blanches. Je jetai un coup d'œil autour de moi, cherchant à lui venir en aide.

– Je vais vous donner un verre d'eau.

Lindy déclara :

– Voilà six ans que je travaille dans la police, et je n'ai encore rien entendu de tel.

Elle but une gorgée d'eau.

– Elle vous a raconté ce que ces... gens... ont fait à cette petite fille et comment ils l'ont tuée?

Je fis signe que oui.

– J'ai vu beaucoup de sang et d'horreurs, c'est le métier qui veut ça et on s'y habitue. Mais lorsqu'un enfant, un petit enfant, vous raconte de telles choses... Ce couteau. Le sang, le goût du sang.

Lindy frissonna.

– Je me sens souillée, vous comprenez ce que je veux dire? J'ai envie de rentrer chez moi pour brûler mes vêtements et prendre une douche afin de me purifier. J'ai l'impression d'être sale depuis les aveux de la fillette...

Un bref silence s'installa entre nous. La pièce baignait dans la pénombre de ce jour gris tandis que le rire des enfants nous parvenait à travers les fenêtres closes. Lindy reprit :

– Et ce chat! Quelle horreur! Elle m'a décrit la façon dont ils ont déchiré l'animal en lui tirant sur les pattes jusqu'à ce qu'il éclate sur elle.

Elle fit une grimace avant de poursuivre :

– ... Et tout ce sang... ils ont enduit leurs mains avec le sang de l'animal et en ont badigeonné le visage et le corps de Jade...

Elle porta les mains à sa bouche.

– ... Ensuite, ils l'ont léchée et soumise au cunnilingus, alors qu'elle était encore pleine de sang.

Lindy pâlit et ouvrit de grands yeux.

– Le chat, murmura-t-elle. Le squelette du chat, c'est sûrement cela, non?

– Nous devrions écouter des chants de Noël, décréta Jeremiah.

– Et moi je crois que tu devrais travailler. Il te reste encore la moitié de l'exercice de maths à faire et la lecture.

– Merde, on ne peut jamais s'amuser.

– Jeremiah, au travail.

– Il faut d'abord que je taille mon crayon.

– Prends le mien.

Je m'empressai de le déposer devant lui.

Le calme régnait depuis deux bonnes minutes lorsque Jeremiah releva la tête.

Sans lui laisser le temps d'ouvrir la bouche, je dis :

– Écoute, nous avons eu une matinée difficile avec ces allées et venues incessantes. Résultat, nous avons pris du retard sur notre programme et il ne nous reste plus que quarante minutes avant la fin des cours. Si tout le monde s'y met, on doit pouvoir terminer en une demi-heure, ce qui me laissera le temps de vous lire une nouvelle histoire. Qu'en penses-tu?

– Allez, pourquoi on n'écouterait pas un peu de musique? Bon sang, c'est le moment ou jamais. Un peu d'ambiance, que diable.

– Si je mets un disque, tu recommences à travailler?

– Oui, madame, répondit-il. Vous me prenez pour un con ou quoi?

Je choisis des cantiques et la douce mélodie nous calma tous. Finalement, tout le monde s'attela à la tâche.

De l'autre côté de la porte, M. Tinbergen me fit signe de le rejoindre dans le couloir. Doreen l'accompagnait.

– Je suis venue chercher Jade, expliqua-t-elle, comme Lindy le lui a promis.

Je l'interrogeai du regard.

— La police a décidé de poursuivre ses recherches. Apparemment, ils ont un mandat pour creuser dans le jardin des Ekdahl... Je viens de passer chez eux pour prendre les affaires des fillettes, car tout a été placé sous scellés. On dirait que ça commence à bouger.

Elle désigna la classe d'un signe de tête.

— Bref, nous estimons préférable de retirer Ambre et Jade de l'école, plutôt que de les...

Elle ne termina pas sa phrase.

— Reviendront-elles plus tard?

Doreen répondit:

— Je sais que vous entretenez des rapports étroits avec Jade et nous avons essayé de prendre ce point en considération, mais il ne nous paraît pas souhaitable qu'elle reste ici. Lindy m'a un peu raconté... vous savez... et nous avons décidé de leur faire quitter la région sur-le-champ. Par chance, les médias n'ont pas eu vent de cette affaire, mais on ne se montre jamais trop prudent. Et puis, la maison des parents se trouve juste en face...

Je hochai la tête.

En ouvrant la porte, je regardai mes cinq enfants assis autour de la table, avec pour bruit de fond les accords de « Douce Nuit ». Sans me quitter des yeux, Reuben fredonnait les paroles en silence.

— Jade?

Elle se leva et s'approcha.

— Mme Verney est venue vous chercher, Ambre et toi, pour vous conduire dans une nouvelle famille d'accueil.

La fillette nous regarda tour à tour. Elle se tenait presque droite.

— Ça sera aussi à Red Circle? demanda-t-elle.

— Non, répondis-je tandis que Doreen se contentait d'un signe de tête. Tu vas un peu plus loin, ce qui signifie que tu ne reviendras pas dans notre classe.

— Jamais? s'enquit-elle d'un ton surpris. Où m'emmène-t-on? Je vais aller dans une vraie école? Dans une vraie classe?

— Peut-être, nous verrons cela, répondit Doreen avec un sourire.

— Quoi? hurla Jeremiah en bondissant de sa chaise. Où va la petite? Pourquoi vous les laissez l'emmener?

— Je vais quelque part où tu ne peux pas aller, rétorqua Jade avec une pointe de fierté inattendue dans la voix.

– Comment cela? protesta le gamin. Où? Que veux-tu dire? Madame, qu'est-ce qu'elle veut dire? Elle va aller dans une vraie classe? Comment elle a fait pour sortir d'ici?

Jade était allée chercher ses affaires dans son placard.

– De quoi parles-tu? cria-t-il en courant derrière elle. Une classe normale? Mais nous sommes normaux ici et dans une classe normale. Tu pars?

– Oui, répondit Jade.

Il s'arrêta, stupéfait.

– Jeremiah, je vais dans ma nouvelle maison.

Puis elle disparut dans le vestiaire.

Après un long moment, elle revint avec son manteau, ses bottes, sa trousse, ses crayons de couleur, ses cahiers et ses dessins. En nous rejoignant dans le couloir, elle marqua un temps d'arrêt pour me regarder. Je plongeai dans ses yeux bleus, limpides comme le cristal.

– Au revoir, ma chérie. Nous nous reverrons bientôt.

– C'est pour vous.

Elle inclina la tête pour désigner entre ses doigts un petit morceau de papier plié, que je pris.

– Elle s'en va pour de vrai? insista Jeremiah.

Par la porte vitrée, il regarda Doreen d'un air inquiet.

– Vous l'emmenez vraiment?

– Ça m'est égal, répondit Jade en passant devant M. Tinbergen pour sortir.

Ils partirent tous les trois.

Jeremiah resta près de moi, manifestement choqué par le départ subit de Jade. Au moment où le petit groupe arrivait en haut de l'escalier, il se mit soudain à crier :

– Hé! Madame! Attendez! J'ai quelque chose à vous dire.

Doreen s'arrêta et tourna la tête vers lui.

– Vous n'avez rien remarqué, madame? Vous avez vu que notre petite se tient droite?

A cet instant, le disque s'arrêta et un silence de mort s'abattit sur notre classe. Personne ne broncha. Nous nous regardâmes à tour de rôle. La rapidité des événements avait dérouté tout le monde.

Puis Reuben entonna d'une voix de soprano : « Douce Nuit. » Jeremiah et Philip se précipitèrent à la fenêtre et je les rejoignis.

La porte de l'école s'ouvrit et Doreen, Jade et Ambre se dirigèrent vers la voiture garée dans le virage.

– Je veux qu'elle se retourne et qu'elle nous regarde, chuchota Jeremiah en faisant de la buée sur la vitre. Elle ne va même pas se retourner? Allons, gamine, dis-nous au revoir.

Arrivée au coin de la rue, Jade s'arrêta. Tenant Doreen par la main, elle jeta un coup d'œil par-dessus son épaule en direction des fenêtres de notre classe.

– Hé! Elle nous a vus! hurla Jeremiah. Jade! Jade! Au revoir, Jade!

Il agita les bras en tous sens, imité par Philip, et la fillette esquissa un timide sourire en leur faisant signe à son tour.

J'abandonnai les garçons pour retourner dans la classe, tenant toujours à la main le petit morceau de papier que Jade m'avait donné. Je le dépliai avec soin pour y lire ce simple mot :

« *Merci.* »

Épilogue

Le drame de Jade dura plusieurs mois après son départ de l'école. Pendant cette période, la police, qui avait pris les accusations de la fillette très au sérieux, mena une enquête intensive, creusant le jardin de la famille Ekdahl et démontant la grange à la recherche des ossements de Tashee.

Cette affaire continua à nous diviser et à provoquer des disputes. Les récits de Jade correspondaient-ils à des expériences vécues? Ou bien émanaient-ils de l'imagination d'une enfant gravement perturbée?

Beaucoup de facteurs portaient à croire que tout était faux. En premier lieu, il y avait l'historique de son étrange comportement, qui offrait tous les symptômes d'une pathologie grave, avec toutefois l'absence d'hallucinations. En outre, sous de nombreux aspects, ses histoires rappelaient la phobie et les obsessions d'enfants malades. Peur des insectes, hantise des araignées, visions du sang qui coule sur le corps... que de fois n'avais-je pas rencontré ces troubles lorsque je menais des recherches sur les jeunes psychotiques. Je savais alors, sans l'ombre d'un doute, qu'il s'agissait de phénomènes mentaux n'ayant aucun rapport avec la réalité. De la même façon, Jade pouvait fort bien avoir gravé elle-même ce symbole sur le ventre d'Ambre ou même avoir tué Jenny. En fait, si elle était aussi atteinte que la nature de ses récits le laissait supposer, de telles mutilations ou tortures cadraient parfaitement avec son comportement.

Ne pas prendre ses histoires pour argent comptant n'excluait pas pour autant la possibilité de sévices sexuels. Et on en vient à la conclusion professionnelle, basée sur des preuves solides. A un moment de sa vie, Jade aurait été gravement maltraitée, sans doute sur le plan sexuel, et ce traumatisme se serait répercuté sur son psychisme à l'âge de huit ans. Son mutisme résulterait alors de la crainte de révéler les sévices subis et sa façon de se tenir cassée en deux trahirait sa volonté de ne rien laisser sortir d'elle et/ou de protéger ses zones génitales. A partir de ce raisonnement, Tashee existait, non pas en tant qu'être réel, mais en tant que fragment de la personnalité de Jade. Elle incarnait la genèse de ses troubles de personnalité, et représentait à ses yeux ce qu'elle voulait préserver de son moi souillé. Son souci constant de protéger Tashee et de s'occuper d'elle ainsi que ses fréquentes allusions à des « discussions » avec elle devenaient alors cohérentes. De la même manière, les personnages de « Dallas » prenaient une certaine signification. L'idée que son père ait pu commettre ces sévices paraissait difficile à concevoir, mais si sa mère y participait, ou bien si elle ne faisait rien pour les empêcher, Jade avait pu éprouver la nécessité de créer une femme méchante en la personne de Ellie, laissant intact le concept de l'amour maternel. Si des étrangers matérialisés par la télévision perpétraient toutes ces horreurs, alors Jade se sentait en sécurité auprès de ses parents.

Durant les semaines d'enquête policière et de réunions interminables avec des assistantes sociales ou des experts en santé mentale, cette explication psychologique reçut l'approbation générale. A diverses reprises, je me surpris en train de partager cette opinion, jugeant qu'il n'y avait pas d'autre conclusion possible. Tout devenait clair et les questions les plus difficiles prenaient un sens. Et pourtant... Si les grandes questions semblaient avoir trouvé leur réponse, certains petits faits continuaient à me tarauder. Pourquoi Jade avait-elle peur de se faire prendre en photo ? Où avait-elle appris à se servir d'un magnétoscope et d'un caméscope à une époque où ce type de matériel n'était pas encore répandu ? Pourquoi Ellie et les autres « dissimulaient leur visage » et portaient « des vêtements de fantômes » ? Que penser du symbole de la croix dans un cercle si souvent dessiné par Jade ? Les hypothèses émises par la Sandry Clinic l'été dernier, à savoir que le cercle représentait le vagin et que la croix, « l'endroit marqué d'une croix », signifiait « on m'a violée ici », étaient-elles fondées ? Mais dans ce cas, pourquoi Jade aurait-elle gravé ce symbole sur le ventre de sa sœur ? Et puis, de façon plus subtile, pourquoi avait-elle manifesté autant de curiosité quant à mon travail avec des enfants souffrant de mutisme électif ? Pourquoi ces questions sur mes recherches pour savoir s'ils avaient fini par parler, et le cas échéant, si je croyais à ce qu'ils m'avaient dit? Et si j'avais pu les aider?

Mais il restait l'autre conclusion possible : Jade m'aurait raconté la vérité et elle ne serait pas une enfant psychotique dans un monde équilibré, mais plutôt le contraire. Cela expliquerait sa terreur face à une situation qu'elle ne pouvait pas contrôler.

Prendre les histoires de Jade au sérieux, c'était inéluctablement en venir aux sévices rituels. Ainsi elle et ses sœurs auraient été torturées dans le cadre de cérémonies organisées par un groupe. Étant donné la nature de ses propos, le lien avec l'occultisme, ou plus exactement avec le satanisme, s'imposait.

Le satanisme n'est pas la négation de Dieu, mais plutôt l'antithèse du christianisme, et la plupart des rites sataniques sont l'exact opposé des rites chrétiens. Prenant le contrepied de l'amour pour autrui, il devient un culte égocentrique, centré sur ce que l'individu peut obtenir pour lui-même. L'attrait essentiel du satanisme pour ses adeptes, des êtres faibles et malheureux pour la plupart, réside dans l'accent mis sur le pouvoir individuel. L'attirance vient également de son côté créatif. Aucune règle et aucune restriction n'existent dans le satanisme. Alistair Crowley, l'un de ses représentants les plus hauts en couleur, a exercé une forte influence sur le développement du satanisme moderne, sa loi universelle du « fais ce qui te plaît » justifiant violence et exactions sexuelles.

Il se dégageait des récits de Jade un fort parfum de satanisme. Même si les dessins de la fillette différaient de ce que j'avais pu voir dans les livres spécialisés, les messes noires ont pour symbole une croix dans un cercle. Jade se limitait à un cercle en quatre parties. L'emblème traditionnel est une croix avec un trait à chaque bout, comme deux I majuscules entourés d'un cercle. Cependant, la fillette avait fait d'autres signes étranges, mais plus rarement. L'un d'eux, un T à l'envers avec un petit cercle juste au-dessus de la barre transversale ressemblait à une marque que l'on retrouve dans les pratiques sataniques. Les autres signes restèrent inexpliqués.

La messe noire en elle-même correspond à une forme pervertie de la messe catholique. De toute évidence, il existe une grande variété dans la pratique des rites, mais on retrouve toujours un autel avec de nombreux objets, comme des bougies, des croix à l'envers, de l'encens, des dagues, des ossements, des bijoux, des cloches, des gongs, des calices et des bols contenant des herbes et des sels. La plupart de ces objets sont noirs, blancs ou en argent. Les participants portent généralement des vêtements noirs, blancs, rouges et/ou se peignent le visage ou le corps. Dans la messe catholique, l'hostie symbolise l'union spirituelle avec le corps du Christ. Pour la messe noire, la communion se fait avec de l'urine, du sperme ou des matières fécales, représentant l'esprit charnel de Satan. Pour le satisfaire pleinement, des rites sexuels sont pratiqués pendant les cérémonies. La souffrance et le masochisme jouent également un rôle important. Souillant les pratiques chrétiennes qui mettent l'accent sur la vie, la mort occupe une place prépondérante. Ainsi un cercueil trône sur l'autel des messes noires et les adeptes s'y livrent à des actes sexuels.

Beaucoup de lucifériens revendiquent le droit de pratiquer leur religion sans contrainte, comme le garantit la Constitution américaine. Ils nient l'existence de mutilations d'animaux et de sacrifices humains et prétendent que ces histoires sont inventées de toutes pièces par les médias, les auteurs de livres d'épouvante ou les défenseurs des théories religieuses fondamentalistes. Nombre de policiers dans de grandes villes comme Chicago ou San Francisco ne partagent pas cet avis. Tout le monde sait que les sacrifices et l'absorption du sang des victimes font partie du culte satanique. Mais les enfants torturés et les sacrifices humains demeurent toujours un enfer obscur entre la fiction et la réalité puisque les enquêteurs n'ont jamais pu découvrir de preuves solides. Pourtant, depuis ces dix dernières années, un nombre considérable d'enfants ont raconté des histoires curieusement similaires où il est question de drogues, légales comme des décontractants musculaires, ou illégales, versées dans des boissons ou administrées par injections, et d'incantations aux démons. Une fois les victimes étendues sur l'autel dans un état second, on répand sur leurs corps de l'urine ou des excréments. On les force à avaler des insectes sous prétexte qu'ils symbolisent les messagers de Satan et qu'ils les espionnent partout où ils vont. On leur fait subir les actes sexuels les plus pervers : on les enferme dans des cercueils, on les y torture avec des serpents ou encore on les attache sur une croix renversée. Plusieurs de ces enfants prétendent avoir assisté à des sacrifices d'autres enfants, à qui on aurait planté un couteau dans le cœur, tranché la gorge ou que l'on aurait brûlé sur une croix. Ils mentionnent aussi des offrandes d'animaux écartelés. Tous ces témoignages ne concernent pas seulement de très jeunes enfants, mais de nombreuses personnes dispersées sur le territoire des États-Unis, ainsi qu'au Canada, en Grande-Bretagne et en Europe. En raison du caractère criminel de ces faits, la police possède sur tous ces cas de très nombreux dossiers. Les associations pour la protection de l'enfance, le milieu médical et notamment les hôpitaux pour enfants ont déployé toutes leurs connaissances pour mieux cerner le problème. Le FBI et le ministère de la Justice ont reçu des rapports détaillés sur des enquêtes menées pendant les années 80. Malgré l'absence de preuves concrètes, les pouvoirs publics ont pris fait et cause pour ces enfants.

En dépit de l'engagement des autorités, le fait de se trouver confronté à de telles théories nécessite une certaine ouverture d'esprit pour ne pas les rejeter sur-le-champ. Pour ma part, aujourd'hui encore, tous ces récits ainsi que ceux de Jade me paraissent tirés par les cheveux. Voilà pourquoi nous avions tous du mal à croire à cette hypothèse pour expliquer les histoires de Jade. Au début, je ne savais rien de l'occultisme hormis les horreurs rapportées par les médias, notamment sur l'affaire Manson. Mes seules expériences dans ce domaine se limitaient au jeu des tarots comme tous les adolescents. En conséquence, le fait d'avoir établi le lien entre le satanisme et le comportement de Jade relevait du plus pur hasard. En effet, si Hugh n'avait pas eu vent de cette librairie spécialisée, l'idée d'un rapport entre la croix dans un cercle et le satanisme ne me serait sans doute jamais venue à l'esprit. En toute honnêteté, je n'y aurais même pas songé lorsque Jade a commencé à me parler du chat et du sang. Cela venait en partie de mon ignorance sur la question. Comment croire à quelque chose d'inconnu? D'autre part, il y avait chez moi un certain aveuglement. J'avais l'habitude de considérer tout comportement en termes de psychologie ou de psychiatrie, excluant ainsi tout autre point de vue. Il y avait également à n'en pas douter un certain refus de ma part. Je ne *voulais* pas voir. Comme les OVNI, l'abominable homme des neiges ou le monstre du Loch Ness, les aspects les plus courants de l'occultisme font partie du folklore moderne dans le sens où il s'adresse au côté secret que nous avons tous en chacun de nous. Ils incarnent les trolls et les fées de notre temps. Cependant, il faut du courage pour admettre que l'on croit à ces phénomènes. Lorsque les faits se sont précisés pour Jade, j'hésitais toujours à reconnaître que quelque chose d'aussi extravagant puisse entrer en ligne de compte. Étant encore jeune et ma carrière fragile, je subissais la pression du « professionnalisme ». Il m'avait donc paru dangereux de compromettre mon statut de spécialiste en épousant des idées qualifiées de farfelues.

La situation paraissait d'autant plus désespérée qu'il n'y avait aucune source valable d'informations sur l'occultisme. Brenda et sa librairie étaient mes seules références et j'avais presque honte d'aller puiser des renseignements dans pareil endroit. Depuis, les années ont passé et ce que je sais maintenant sur le sujet provient de sources beaucoup plus fiables.

Étant beaucoup mieux informée, je dois reconnaître qu'aussi incroyable que cela puisse paraître, on ne peut nier les similitudes de certaines histoires rapportées par Jade avec les pratiques des sectes occultes. Jade parlait souvent d'Ellie et d'autres personnes qui « se cachaient le visage » ou qui portaient « des vêtements de fantômes », faisant peut-être allusion à de la peinture, à des masques ou à de longues robes. Cela expliquerait également la raison pour laquelle elle était incapable d'identifier les membres du groupe. Sa peur des araignées proviendrait d'une tactique psychologique pour l'empêcher de révéler la vérité. Le poteau auquel on les attachait, ses sœurs et elle, « la tête en bas », était peut-être la croix à l'envers. L'absorption d'excréments, le sacrifice de Jenny, et bien sûr, les poupées vaudou concordent avec les pratiques sataniques telles que nous les connaissons. Les tourments et les sévices racontés par Jade offrent sûrement la théorie la plus convaincante car ils coïncidaient avec des dates importantes du calendrier païen. Par exemple, l'agonie de Jenny aurait eu lieu aux environs du 30 avril, ou Beltane, c'est-à-dire le deuxième Sabbat par ordre d'importance. Le premier étant Halloween, époque à laquelle se seraient déroulés le meurtre de Tashee et les épreuves subies par Saphir.

Cela nous ramène évidemment au problème de Tashee. Si l'on prend au sérieux les récits de Jade, cette enfant aurait bel et bien existé et Jade aurait pu assister à son exécution dans le cadre d'un sacrifice rituel. En fait, une grande partie des histoires de la fillette cadrent bien avec l'occultisme. Tashee avait six ans ; or cet âge passait pour une étape capitale au sein du groupe car il confère un certain pouvoir. Dans les sectes fondées sur la magie et la sorcellerie, le chiffre six revêt une grande importance car, en tant que multiple de trois, il est doté d'un pouvoir encore plus grand. Chez les satanistes, il est également considéré comme une partie du chiffre 666, le sceau de Satan, la Bête Immonde. D'après Jade, on avait tranché la gorge de Tashee avec une dague aux sculptures sophistiquées en forme de croissant, arme réservée pour les sacrifices. Et puis bien sûr, il y avait le sang et les allusions fréquentes de Jade au « pouvoir » dont bénéficiait le groupe en sacrifiant une enfant de six ans.

La police de Pecking et de Falls River prit au sérieux les propos de Jade au sujet de la mort de Tashee. Une enquête très serrée fut menée, on fouilla la maison des Ekdahl ainsi que les alentours et les bois environnants. Cependant, les recherches restèrent vaines. Tout fut tenté pour établir l'identité de la petite fille mais aucun enfant de cet âge et correspondant à sa description n'avait été porté disparu dans la région. Ils étendirent leurs investigations aux villes voisines et enfin sur tout le territoire des États-Unis. Des milliers de dossiers d'enfants disparus leur passèrent entre les mains, mais ils ne retrouvèrent pas trace de Tashee. Cela ne veut pas dire qu'elle n'ait jamais existé, car on découvre souvent des cadavres d'enfants, ce qui peut en soi constituer une réponse suffisante. L'identité exacte de Tashee et son existence posent des problèmes. D'un point de vue satanique, elle pourrait être le produit d'une « poulinière » : en effet certaines jeunes femmes de la secte accouchent clandestinement sans déclarer la naissance des bébés puisqu'ils sont voués à des sacrifices. Si cela choque trop le sens commun, mieux vaut alors situer Tashee parmi les milliers d'enfants anonymes enlevés des années auparavant.

Tout comme l'explication psychologique du cas de Jade, la version occulte tient debout et, à condition d'admettre le facteur d'improbabilité, elle prend un certain sens. Là encore, beaucoup de questions demeurent sans réponse. Comment expliquer la scène du magnétoscope ? Il s'agissait apparemment d'un détail banal comparé au reste, mais cela revenait fréquemment dans les conversations de Jade. Aucun livre ne fait mention de l'utilisation de ce matériel comme faisant partie des attributs des activités occultes. En fait, le respect du secret inhérent à certaines contre-cultures exclut ce genre de pratique. Une autre faille remet en cause cette thèse, à savoir que Jade n'a jamais parlé, ni à moi ni à la police, de Satan, du diable, ou d'une divinité quelconque. Mais il se peut que ce groupe, visiblement mené par une femme, n'appartienne pas directement au satanisme mais plutôt à une sorte d'association de magie noire.

Tout ceci nous amène à la seule explication possible. Quelqu'un utiliserait ces fillettes à des fins pédophiles, vraisemblablement pour tourner des films pornographiques. Les activités occultes serviraient de prétexte pour effrayer les enfants et leur imposer une obéissance sans réserve, ou bien elles faisaient partie des films. Voire les deux.

Sous cette optique, on comprend mieux la vidéo et la hantise de Jade d'être prise en photo. Les sodas dont elle parlaient auraient pu contenir de la drogue, ou des décontractants comme le Valium. Cette méthode s'imposait, non seulement pour s'assurer la coopération des enfants mais aussi pour donner aux rapports sexuels et à certains actes plus pervers une impression de naturel. En exploitant la peur inspirée par l'occultisme, un enfant sous Valium se laisse plus facilement manipuler par les tours de passe-passe auxquels on a recours pour certains effets spéciaux.

Si la pornographie enfantine était la clef des expériences de Jade, selon toute vraisemblance, les parents, au moins l'un des deux, devaient se trouver directement impliqués dans cette affaire sans pour autant y participer. Leur rôle pouvait fort bien se limiter à prêter leurs enfants, ce qui expliquerait pourquoi Jade ne se souvient pas de l'endroit où se trouvaient ses parents pendant les séances avec Ellie et les autres. En tant que groupe organisé ayant pour but de fabriquer un produit, ils n'avaient pas forcément les structures que Jade imaginait. Ellie pourrait être une actrice, voire une vedette, qui suivrait le scénario d'un film sans pour autant que son attitude soit directement dirigée contre les fillettes. Et si c'était le cas, ses tendances sadiques s'assuraient ainsi la docilité des enfants pendant le tournage.

L'utilisation des personnages de « Dallas » devient plus claire quand on sait que les rapports de police mentionnent l'emploi de noms tirés de bandes dessinées, fait courant dans les cas de tortures rituelles ou de pédophilie. Ces noms de code empêchent les enfants d'identifier leurs bourreaux et de les dénoncer. Ainsi, on met ces fables sur le compte de l'imagination débordante d'une enfant qui regarde trop la télévision. Cette version cadrait fort bien dans le cas de Jade.

Dans l'ensemble, ses histoires évoquaient la pornographie mettant en cause des enfants. L'horreur et l'occultisme surviennent régulièrement dans ce genre de films qui mêlent le sexe et la violence. Dans ce lamentable univers clandestin, la torture d'enfants et d'animaux, voire les deux en même temps, est monnaie courante, surtout lorsqu'elle atteint son apogée dans l'acte sexuel. Le récit de Jade sur la mort de Jenny et la pratique sexuelle qui suivit répondent à ces conditions. D'autres aberrations d'ordre sexuel, comme l'utilisation de produits corporels, se retrouvent souvent dans les films les plus sordides.

Si l'on admet la théorie satanique, Tashee aurait vraiment existé. Les films où un meurtre est commis en direct devant la caméra sont assez rares, même si de nombreux amateurs de porno les considèrent comme des *morceaux de choix*. En conséquence, il semble peu probable que Jade ait pu assister à un meurtre. Vraisemblablement, l'assassinat a été mis en scène pour les besoins du film et il fallait que Jade y croie vraiment pour la véracité de son interprétation. A l'âge de six ans et sous effet de la drogue, elle ne pouvait plus discerner le vrai du faux. Cette version expliquerait mieux pourquoi Jade affirmait avoir parlé à Tashee après sa mort, ce qui paraissait logique si elle vivait toujours. Ce point justifierait le manque de preuves relevées au cours de l'enquête policière. L'identité précise de Tashee demeurait du domaine de la spéculation. Comme pour le satanisme, il pouvait s'agir d'un enfant kidnappé ou fugueur. Plus vraisemblablement, tout comme Jade, on l'avait confiée sciemment à la secte.

Il faut reconnaître que si la pornographie expliquait les récits terrifiants de Jade, les personnes impliquées avaient une connaissance précise de pratiques occultes. Si leur influence sur le contenu de ces films peut se discuter, il paraît évident qu'ils s'en servaient pour exercer un contrôle psychologique considérable sur leurs victimes. De jeunes enfants, en particulier entre quatre et dix ans, sont facilement influencés par la magie. C'est l'âge du Père Noël, des contes de fées, de toutes les superstitions qui dominent l'enfance, et quiconque a passé un certain temps avec les enfants sait avec quelle force ils y croient. Il s'agit d'une étape normale du développement, mais qui peut aisément s'exploiter. L'adulte trouve là un moyen de terrifier un enfant sans aucune difficulté, mais en ajoutant des images cauchemardesques et des pouvoirs surnaturels, on obtient à coup sûr la coopération des plus récalcitrants.

Durant les mois qui suivirent les révélations de Jade, les professionnels ont accordé un grand intérêt à ces hypothèses psychologiques, sataniques ou pédophiles. Curieusement, l'acceptation de l'une ou l'autre de ces thèses variait selon l'appartenance de chacun à un groupe professionnel précis. Les assistantes sociales et les membres du service de la santé mentale épousèrent comme un seul homme la thèse psychologique, tandis que la police et le corps médical marquaient leur préférence pour quelque chose de plus concret. La police, surtout, fut séduite par la théorie satanique et par la possibilité que Tashee ait pu être victime d'un crime authentique.

Et moi? Quel était mon avis? Je ne saurais le dire. Pourtant, j'aurais aimé trouver une réponse. Dix ans ont passé et ce cas m'a toujours semblé le plus pénible de toute ma carrière, en partie parce qu'il contredisait tous les efforts conjugués pour tirer les choses au clair. En rédigeant ce livre, j'aurais aimé donner une conclusion satisfaisante pour rendre cette histoire moins sordide. J'ai parfaitement conscience qu'un épilogue précis valoriserait cet ouvrage, mais cela deviendrait de la fiction.

Après toutes ces soirées passées à écouter Jade parler de cette façon qui n'appartenait qu'à elle, il me paraît impossible de ne pas croire à ses récits. D'instinct, je devine que tous ces personnages ont dû exister d'une façon ou d'une autre et qu'ils ont commis des actes ignobles. En dépit de leur côté rocambolesque, ces histoires paraissaient possibles. D'un autre côté, ces trois explications continuent de choquer mon bon sens. Si je devais choisir l'une d'elles, j'opterais pour la dernière, à savoir que Jade aurait été victime d'un groupe de pédophiles, mais là encore, je ne peux me résoudre à y adhérer pleinement ni à rejeter les autres versions en bloc. En conséquence, pour moi les questions demeurent toujours sans réponse.

Il m'a toujours paru évident qu'il se passait quelque chose d'anormal et de suffisamment grave pour provoquer un trouble émotif, non seulement chez Jade, mais aussi chez Ambre. Malgré les renseignements embrouillés et le manque de preuves, j'avais le devoir d'agir. Ma loyauté a pris le parti de Jade et mon unique souci était de les savoir en sécurité, elle et ses sœurs. Par ailleurs, une fois les fillettes placées dans des familles nourricières, il fallait également défendre les droits de toutes les parties, d'autant plus qu'il n'y avait aucune preuve tangible contre les accusés.

Le côté sensationnel de ce genre de cas pose l'un des problèmes les plus épineux. La menace essentielle vient surtout des médias et de la curiosité morbide du public, car si les professionnels répugnent à admettre l'hypothèse de sévices perpétrés dans le cadre de l'occultisme, les médias font preuve d'un enthousiasme déplacé. C'était une arme à double tranchant. D'abord, cette théorie tendait à renforcer les plus conservateurs d'entre nous dans la conviction que le satanisme existait seulement dans les romans et les films d'horreur et, qu'en aucun cas il ne pouvait s'appliquer à la réalité quotidienne. Inquiets de la montée des croyances fondamentalistes, ils craignaient que nous ne semions des graines dangereuses, si on surprenait « l'élite » en train de discuter de ce sujet le plus sérieusement du monde, risquant de susciter des réactions en chaîne sur la compréhension du public face aux maladies mentales. Ensuite, la présence des médias avides d'événements à sensation drainait la crainte d'une chasse aux sorcières, tant au sens propre qu'au sens figuré. Les parents de Jade méritaient le droit inaliénable à la présomption d'innocence ainsi qu'un jugement équitable jusqu'à la preuve de leur culpabilité. Cependant dans l'univers radical des reporters, un bon papier fait tout. Le rapport lecteur/témoin également, mais pas les préjugés. Un jeune enfant au physique attrayant qui raconte des histoires sordides de tortures, de meurtres et de sexe constitue une cible en or. Malgré nos points de vue divergents sur le cas de Jade, je respectais la véhémence avec laquelle Arkie défendait les parents de la fillette. Devinant l'hystérie latente, la jeune femme était terrorisée à l'idée de provoquer un nouveau Salem et sa crainte me paraissait justifiée.

L'enquête dura plus de six mois, pendant lesquels la police suivit toutes les pistes possibles. Les services sociaux organisèrent des visites régulières chez Phyllis Ruiz, la psychiatre de Falls River. Finalement, les deux fillettes furent hospitalisées dans un service psychiatrique pour effectuer des contrôles plus poussés afin de mieux comprendre leur cas. Pour ma part, je repris mes cours à Pecking, tout en continuant à voir régulièrement Jade en dehors des heures de classe.

Jade fit forte impression avec ses histoires. Pendant son séjour à l'hôpital, elle noua des liens étroits avec l'un des médecins du service pour enfants et elle lui raconta presque mot pour mot la plupart des faits qu'elle m'avait confiés. Par contre, la santé d'Ambre se dégrada durant son séjour. Troublée et profondément malheureuse, la petite paraissait souffrir plus que ses sœurs des conséquences provoquées par les aveux de Jade. Elle résolut de bloquer dans sa tête tout ce qui lui déplaisait, ce qui compliquait la tâche, et elle réussit à gommer tout souvenir de cette époque. A-t-elle voulu aussi oublier autre chose? La question reste posée.

Malgré tous ses efforts, la police n'a jamais trouvé la moindre preuve attestant les propos de Jade. Des détails comme le squelette du chat, que Lindy, moi-même et quelques autres avions attribué à Jenny, pouvait être un effet du hasard puisqu'il n'y avait aucun moyen d'établir le lien avec l'animal dont Jade avait parlé. M. Ekdahl maintenait qu'il avait trouvé ce chat écrasé sur le bord de la route, et il y avait suffisamment d'os brisés pour attester cette version. L'idée de ramasser un chat écrasé, de nettoyer les os et de reconstituer le squelette pouvait paraître un passe-temps répugnant, mais pas illégal.

A juste titre, les conclusions de l'enquête nous ont laissé un profond sentiment de frustration. Lorsque l'on croit qu'un crime a été commis, qu'il s'agisse de sévices sur un enfant ou de quelque chose d'encore plus monstrueux, le désir de justice est très fort. Cependant, la vie ne se déroule pas toujours comme on le souhaiterait et il faut se satisfaire de peu. Pourtant, nous avons eu gain de cause. Grâce à nos efforts, les trois fillettes furent retirées de la garde de leurs parents et par là même, du moins nous l'espérions, soustraites à tout autre nouveau traumatisme. Jade s'est épanouie au sein de sa nouvelle famille et elle est devenue plus ouverte et plus stable, ce qui lui a permis de suivre avec succès un cycle scolaire normal. Lorsque dix-huit mois plus tard les Ekdahl ont demandé à la Justice qu'on leur rende Jade, les services sociaux ont jugé plus sage de ne pas perturber sa stabilité récemment acquise et la petite est restée dans sa famille nourricière. Les parents n'ont pas contesté cette décision. Quelques années plus tard, nos actions ont trouvé leur justification avec l'arrestation de M. Ekdahl, accusé d'avoir molesté une écolière de huit ans près de chez lui. Il est maintenant en prison. Jade, Ambre et Saphir furent définitivement retirées à leur famille d'origine.

Aujourd'hui Jade se porte à merveille. Elle aura bientôt vingt ans et elle vit depuis six ans dans une famille qu'elle considère comme sa vraie famille. De son propre chef, elle n'a gardé aucun contact avec ses parents naturels, même si elle conserve des rapports étroits avec ses sœurs qui sont toutes deux dans des familles différentes, pas très loin d'elle. Dès son arrivée chez ses parents nourriciers, elle a fréquenté une école normale. Étudiante brillante, elle fit des progrès rapides et devint au lycée l'une des meilleures de sa classe. Elle étudie actuellement dans une grande université de la côte Est avec l'intention de devenir professeur de littérature anglaise.

C'est maintenant une jeune fille exceptionnellement belle avec ses cheveux sombres et ses yeux bleus. Elle ne présente plus la moindre séquelle de ses anciennes attitudes physiques, à part un dos légèrement voûté. En fait, quand je la regarde, j'ai du mal à imaginer la Jade ratatinée et silencieuse d'autrefois.

Et si le vent souffle dans sa longue chevelure indisciplinée, je revois son fantôme, rien d'autre.

La vraie Jade est beaucoup trop occupée à vivre sa vie.

Ce livre est imprimé sur
du papier contenant plus
de 50% de papier recyclé
dont 10% de fibres recyclées.

Achevé   Imprimerie
d'imprimer Gagné Ltée
au Canada Louiseville